中華人民共和国
白頭山
2744
清津
咸鏡北道
両江道
慈江道
楚山
咸鏡南道
新義州
咸興
平安北道
朝鮮民主主義
人民共和国
平安南道
元山
平壌
南浦
江原道
日本海
金剛山
1638
黄海北道
平康
黄海南道
金化
板門店
開城
鉄原
議政府
江原道
江陵
黄海
江華島
ソウル
鬱陵島
仁川
原州
京畿道
水原
烏山
忠清北道
天安
大韓民国
忠清南道
慶尚北道
大田
大邱
浦項
蔚山
慶尚南道
釜山
巨済島
対馬
日本
対馬海峡
済州島
済州道
0
100km
1950
漢拏山

日韓キックオフ伝説 ❖ 目次

第三章❖解放と動乱の中で

第四章❖日韓戦への道のり

第五章❖日韓激突・伝説の一戦

❖表記原則

・朝鮮半島の国名は、朝鮮時代および日本の植民地時代は、「朝鮮」と表記する。ただし、現在との関連において、「韓国」と表記する場合もある。
また解放後、政権樹立の直前までは、原則として、三八度以南は「南朝鮮」、三八度以北は「北朝鮮」と表記する。
・韓国の首都ソウルは、朝鮮時代は漢陽、漢城、日本の植民地時代は京城と呼ばれたが、「ソウル」は首都という意味であり、昔から、この名称が使われていたので、単独の地名としては、時代のいかんに関係なく「ソウル」と表記する。ただし、京城運動場、京城蹴球団などの固有名詞や、他の文章を引用する場合は、「京城」という地名も使用する。
・韓国・朝鮮の地名、人名に関しては、北朝鮮〈朝鮮民主主義人民共和国〉と韓国で読み方が異なる場合、韓国の読みに近い形で表記する。
また、言語の名称も韓国語とする。
・本文中の引用文献のうち、韓国で出版されたものは、原題が漢字で記されているものを省き、日本語訳のタイトルで表記する。
・（　）は説明、注釈、出典、所属など。〈　〉は略称、通称、正式名称など。
――――は、他の文章からの引用を表わす。
・文中は敬称略。

日韓キックオフ伝説

ワールドカップ共催への長き道のり

プロローグ❖韓国人の誇り

二一世紀最初の大会であり、アジアで開催される最初の大会でもある二〇〇二年のワールドカップの開催地をめぐっては、日本と韓国の間で激しい招致合戦が繰り広げられてきたが、結局、日本と韓国による、これまたワールドカップ史上初の共同開催の形で行なわれることに決まった。

共同開催は、FIFA〈国際サッカー連盟〉内部の権力争いがもたらした産物であるという話もあり、共同開催決定後、日本では何か割り切れなさを感じる空気が支配的であった。また、前例のないことだけに、解決していかなければならない課題が多いのも確かである。

しかし、ぎくしゃくとした関係の続いている、一衣帯水の隣国同士が、国際的なイベントを共同で開催することの意味は、そうした困難にも増して大きいのではないだろうか。とくにサッカーにおいて日本と韓国は、常に世界の舞台への出場権を賭《か》けて戦ってきた宿命のライバルであるが、それだけに、サッカーを通しての両国のつながりには深いものがある。その日本と韓国が、アジアで最初のワールドカップを共同で開催することになったのも、決して偶然ではないと思う。

それにしても、共同開催が決定する直前まで繰り広げられてきた日韓の招致合戦は、まさに国を挙げての総力戦の様相を呈していた。とりわけ韓国においては、国民のほぼ一〇〇パーセントが、韓国がワールドカップの招致活動をしていることを知っており、また国民の大半が、韓国で開催されると思っていたという。

韓国において招致熱が高まった背景には、いくつかの理由が考えられる。

まず、競争の相手が、日帝三十六年（韓国では、日本に植民地支配された時代をこう呼んでいる）という屈辱の歴史を味わわされた当事者である日本だということが、最大の理由であったことは間違いない。その上、日本の政治家による過去の歴史に対する「妄言」が相次いだことや、竹島（韓国では独島《トット》）の領有権をめぐって、日韓関係が険悪な状況になっていたことも、招致熱に火をつける要因となっていた。

しかし、それ以外にも、ワールドカップの開催権を得ることによって、南北共催への動きが始まり、そのことが統一の一助になるという願いが韓国には強くあったこと、さらにワールドカップを開催することによって、韓国の国際的地位を高め、国際競争力が強化されるという期待があったことも、招致熱が高まった大きな要因と思われる。

もうひとつ、大きな要因として、見逃してはならないのが、韓国人のサッカーに対する特別な思いだ。

「サッカーは、韓国の自尊心だ」

韓国における招致熱の高まりは、日本でもかなり報道されたので、このような言葉を耳にした人も多いと思う。では、この言葉は、何を意味するのか。そのことは、本書のテーマの一つでもある。

私がこのテーマに関心を持ちはじめたのは、九三年一〇月にカタールの首都ドーハで行なわれた、ワールドカップ・アメリカ大会のアジア最終予選の時からである。また、韓国が招致活動を本格的に始めたのも、実は、この時からであった。

九三年一月に、現代重工業顧問で国会議員の鄭夢準《チヨン・モンジユン》が、大韓蹴球協会の会長に就任し、その際、鄭夢準はワールドカップの招致に乗り出すことを宣言した。しかし、当時は、韓国内ですら悲観論が支配的であった。

そうした流れが変わったのは、日本のサッカーファンなら一生忘れることができないであろう、あの「ドーハの悲劇」であった。

九三年一〇月二八日、アジア最終予選の日本対イラク戦。ロスタイムに入ってから決められたイラクの同点シュートにより、日本がほぼ手中に収めていたワールドカップの出場権は夢と消えてしまった。

日本にとっては、悪夢としか言いようのないこの瞬間、諦《あきら》めかけていた出場権を手にしたのは、同じ日に北朝鮮〈朝鮮民主主義人民共和国〉に三対〇で勝った韓国だった。韓国はこれで八六年のメキシコ大会、九〇年のイタリア大会に続き、三回連続してワールドカップ出場を果たしたのだった。思わぬ幸運に、韓国中が沸き上がったのは言うまでもない。日本にとっての「ドーハの悲劇」は、韓国にとっては「ドーハの奇跡」であった。

「神は結局、韓国を選んだ」

九三年一〇月二九日、韓国の有力紙である『東亜日報』のスポーツ面には、こんな見出しが躍った。

しかし、韓国選手にとっては、ワールドカップへの出場を決めた喜びもさることながら、無事に国に帰るメンツが立ったという、安堵《あんど》の気持ちのほうが強かったのではないだろうか。それは、当時の韓国代表チーム監督であった金浩《キム・ホ》による次の談話の中にも端的に表われている。

——死境をさまよっていたら、生き返った感じだ。日本に負けた後は、なかなか寝つけなかった。北韓〈北朝鮮〉に勝ち、イラクのおかげでチケットを手に入れたが、本選では、こんなことのないように最善を尽くします。国民のみなさんに、心配をかけて、申し訳ありません。——『韓国日報』（九三年一〇月二九日付）

日本対イラク戦のわずか三日前の一〇月二五日、日本は三浦知良《かずよし》が決めた一点を守り、一対〇で韓国に勝った。この試合は、一対〇という点差以上に、内容的には日本の大勝であった。

日本が韓国に勝ったのは、九二年八月に北京《ペキン》で行なわれたダイナスティカップの決勝戦においてＰＫ戦の末、勝利を収めたのに続き、二試合連続ではあったが、大きな国際大会の出場権を賭けた試合としては、五九年一二月、東京の後楽園競輪場で行なわれたローマオリンピックの予選以来、実に三四年ぶり。ワールドカップの予選としては、初めての勝利であった。

それだけに韓国の衝撃は大きく、マスコミを中心に失望や非難の声に包まれた。敗戦の翌日の第一面に、「亡身」（恥辱の意）という大見出しを掲げた『スポーツソウル』の記事の中に、次のような一文があった。

――韓国人は長い間、日本に対して一つ大きな自負心を持っていた。他のことはともかく、サッカーだけは、日本に負けないということだ。――

同年一月から翌年の九月まで、韓国語を学ぶため、ソウルで留学生活を送っていた私は、この記事を読んだ時、「何とも大袈裟《おおげさ》な表現だ」といった程度の認識しかなく、その意味するところも、よく分からなかった。というよりも、韓国サッカーの現状とのギャップを感じたというのが、偽らざる実感であった。

もともと、スポーツに関心を持っていた私は、韓国のプロサッカーの試合にも、たびたび足を運んだ。しかし、その光景は、韓国に来る前に聞いていた、「国技サッカー」のイメージとはおよそかけ離れ、スタンドには空席ばかりが目についた。それだけに、韓国が日本に負けた時の、あの反響の大きさは、理解に苦しむものであった。そして、あの「大袈裟な表現」は、以来、私の頭の隅にこびりつくこととなった。

一方、このアジア最終予選によって韓国は、「日本が一度も出場したことのないワールドカップに三回連続出場を含めて四回出場している、サッカーにおけるアジア最強国である」という、ワールドカップ招致のための大義名分を獲得し、招致活動にも拍車がかかることとなった。

九四年のワールドカップ・アメリカ大会は、自国が出場するとあって、韓国でも大変な盛り上がりを見せた。この大会に向けて、特集記事を組んだ雑誌や単行本も多数発行されたが、そうした中に、サッカー解説者の辛文善《シン・ムンソン》が書いた、『94U・S・Aワールドカップ・ガイドブック』(ハヌルメディア刊)という本があった。この本には、ワールドカップ・アメリカ大会の出場国の紹介などとともに、韓国のワールドカップ挑戦の略史も記されていた。その中に、私にとっては、驚くべき記述があった。

韓国がワールドカップに初出場を果たしたのは、五四年のスイス大会である。この予選において日本と韓国は、初めて対決している。しかも、その試合に勝ったほうが、スイスで開催される本選に出場できるというものであった。しかし、その試合が開催されるまでには、かなりの紆余曲折《うよきよくせつ》があった。とりわけ、反日主義者として知られる当時の大統領・李承晩《イ・スンマン》は、日本と試合をすることに対して強硬に反対した。そして、さまざまな説得工作が行なわれた末、ホーム・アンド・アウェーではなく、二試合とも日本で行なうことを条件に、渡日の許可を与えた。しかも李承晩は、日本と試合をするにあたって、次のような発言をしたという。

「もし日本に負けたら、玄界灘《げんかいなだ》にそのまま身を投げろ」

日本の植民地支配がもたらした韓国における反日感情については、メディアを通して、あるいは実際に韓国に暮らして、それなりに分かっているつもりではいた。しかし、サッカーに対する韓国人の思いについては、それだけでは説明のつかない何かがあると感じたのは、その時からであった。

韓国人にとってサッカーとは何なのか。それが対日感情に、どのような影響を及ぼしているのか。そもそも韓国において「サッカーが国技である」ということは、何を意味しているのか。それを知るには、日韓戦の原点に立ち返る必要があると感じた。

私が、今から四十年以上も前に行なわれたサッカーの試合に関心を持つようになったのも、こうしたことがきっかけだった。

さらに、この最初の日韓戦に関して、もう一つ気になることがあった。試合が行なわれたのは、五四年三月のことである。これは朝鮮戦争の休戦協定が締結されてから、わずか七ヵ月余りしかたっていない時期であり、朝鮮半島には戦争の傷痕《きずあと》が生々しく残っていた。一方の日本は、朝鮮戦争の特需により、復興への足掛かりをつかんでいた時期である。

こうした状況だけを見れば、日本が負けるはずがない試合であった。しかし、この試合に勝ったのは韓国であった。韓国は戦争で、とてもサッカーどころではなかったはずではないのか。では、なぜ日本は負けたのだろうか。

このようなことを考えながら、私は日韓サッカーの歴史を探る取材を始めた。そして、五四年の日韓戦に出場した日韓双方の選手の中で、現在も健在な方々に、一人ひとりお会いしながら取材を進めていった。

取材の初期の段階でお会いした、ある元韓国代表選手は、私の取材の趣旨を聞くと、こう語った。

「それは、いいところに目をつけました。あの時の試合は、中身としてはともかく、韓国の国民感情という面では、意味のある試合だったと思います」

このころの日韓関係については、詳しくは後で触れるが、きわめて険悪な状況であった。そして、韓国においては、日本の植民地支配の残滓《ざんし》を取り除くという意味もともなって、反日政策が強力に推し進められていた時代であった。

一九四五年八月一五日、日本の敗戦とともに、朝鮮は三十六年におよぶ日本の植民地支配から解放された。しかし、その瞬間、朝鮮の人たちの心の中から植民地支配の記憶がすべて消え去ったわけではないし、日本人のほうにも支配者意識がなくなったわけではなかった。

しかも最初の日韓戦が行なわれた当時は、五二年四月二八日にサンフランシスコ講和条約が発効し、日本は主権を回復して、四八年八月一五日に政権樹立を宣言した韓国と、独立した国家同士として向かい合いはじめたころでもあった。

まさに、韓国の人たちにとっては、日本の植民地支配、南北分断、朝鮮戦争といった「民族受難の歴史」が、歴史の記述の中にあるのではなく、現実の記憶として生々しく残っている時代であった。

そして、五四年の日韓戦の時の韓国選手団には、韓国代表チーム監督の李裕瑩《イ・ユーヒョン》をはじめとして、日本統治の時代に日本代表選手だった人も少なからずいた。また、この時の日本代表チーム監督の竹腰重丸《たけのこししげまる》と、韓国代表チーム監督の李裕瑩は、旧知の仲でもあった。

さらに、韓国代表チームの中には、朝鮮戦争という動乱のさなかに、北朝鮮から韓国に来た選手もいた。また、解放後に本格的にサッカーを始めた当時の若手選手たちは、日本の皇民化政策が最も徹底して行なわれていた時代に育った人たちであり、日本に対する感情にも複雑なものがあった。

日本と韓国の代表チームが、独立した国家同士として対戦するのは、五四年の試合が最初であったが、その対決の歴史は、日本が朝鮮を植民地支配していた時代に遡《さかのぼ》らなければならない。しかも、この五四年の対決にしても、日本統治時代から続いている戦いを、ある意味では受け継いだ形で行なわれていた。

すなわち、日本と韓国の最初の試合は、日韓サッカーの歴史に新しい一ページを刻む試合であったと同時に、日本統治時代から続いていた戦いに、一つの決着をつける試合でもあったのだ。

したがって、日韓サッカー最初の激突に触れる前に、日本統治下において朝鮮のサッカーが、どのような歩みをたどったかを述べておく必要がある。なぜならば、サッカーの歩みと、朝鮮半島の歴史は、切り離せないものがあり、そうした歴史の延長線上に、戦後の日韓サッカーの歴史があるからだ。

第一章 ❖ 日本の植民地支配と朝鮮のサッカー

朝鮮サッカーの胎動

サッカーは、「イギリスが最も成功を収めた輸出品」と言われる。サッカーが東アジアに伝わってきたのも、イギリスをはじめとする欧米列強のアジア進出と時を同じくしている。当時は清国《しんこく》の時代であった中国にサッカーが入ってきたのも、アヘン戦争（一八四〇〜四二年）後、清国が近代化を図っていく過程で、外国人教師や宣教師、留学生によって持ち込まれた一九世紀後半のことだとされている。

日本にも、文明開化の息吹とともにサッカーが上陸した。日本サッカーの始まりは、一八七三年、東京・築地《つきじ》にある海軍兵学寮の教官で、イギリス海軍のダグラス少佐が、訓練の合間に部下たちとボールを蹴《け》ったことだという説が一般的である。

一八七九年には、体操伝習所（後の東京高等師範学校。その後、東京教育大学などを経て、現、筑波《つくば》大学）の教科にフットボールが取り入れられ、その卒業生たちが教師として全国各地に赴任してサッカーを広めた。

また、一八九九年に、日本人だけの最初のサッカーチームが神戸の御影《みかげ》師範に誕生したが、日本におけるサッカー普及の歩みは、ゆっくりとしたものであったという。こうしたなか、一九〇二年に日英同盟が結ばれると、英語教師として来日するイギリス人が増え、それにより、学校を中心としてサッカーの普及が加速することになった。

日本にサッカーが入ってきたとされる一八七三年ごろ、朝鮮ではまだ、鎖国政策が続いていた。もちろん朝鮮にも、外国の勢力は押し寄せてきており、武力衝突に発展したこともあったが、朝鮮側は一八六六年にフランス艦隊を、七一年にはアメリカ艦隊を退けた。これによって、当時、政治の実権を握っていた国王・高宗《コジョン》の実父である興宣大院君《ホンソンデウオングン》（以下、大院君）は、鎖国の意志をいっそう強固にしていった。

しかし、一八七三年、高宗が満二一歳の時に、国王による「親政」を布告すると、大院君は隠居の身となり、政治的実権は王妃である閔妃《ミンビ》に移った。

そして、大院君が失脚してから二年後の七五年八月に、日本の軍艦・雲揚号が、ソウルの中心を流れる漢江《ハンガン》の河口にあたり、首都防衛の要《かなめ》である江華島《カンファド》に接近したことに端を発して武力衝突が起きた。この時、日本側は、江華島の南にある永宗島《ヨンジョンド》にも攻撃を加え、民家などを焼き払った。この戦闘は江華島事件と呼ばれている（雲揚号事件ともいう）。

この事件を契機として日本側は、朝鮮に国交を開くことを迫り、七六年二月に日朝修好条規が調印された。これは朝鮮に治外法権を認めさせるなど、日本がペリー提督にやられたことを、朝鮮にやり返した条約だと言われている。

その後、朝鮮は、八二年の四月にはアメリカ、イギリスと、五月にはドイツと修好条約を調印して国交を開いた。

しかし、国内には、開放政策に対する反発が根強くあり、「正」としての儒教的社会体制および国家を守護し、「邪」としての西洋および日本勢力を排斥しようとする衛正斥邪思想が高まっていた。こうした衛正斥邪論者と、門戸開放を推進してきた執権勢力の対立はしだいに激しくなり、深刻な事態に発展する兆しを見せていた。

朝鮮にサッカーが入ってきたのは、このように政治情勢がきわめて不安定な時代であった。では、具体的に、いつサッカーが入ってきたかということについては諸説あるが、『韓國蹴球百年史』（大韓蹴球協會編著、韓国・図書出版ラサラ刊）によれば、それは一八八二年六月のことであり、その地は仁川《インチョン》の済物浦《チェムルポ》だったという。

仁川はソウルの西側にある港町で、江華島事件において日本に攻撃された永宗島は、仁川のすぐ沖合にある。二〇〇一年には、永宗島に国際空港が開港している。

このように、昔も今も、首都ソウルに直結した玄関口となっている仁川に入港したイギリスの軍艦フライングフィッシュ号の乗組員たちは、退屈しのぎに、埠頭《ふとう》に降りてボールを蹴っていた。しかし、彼らは、上陸の許可を得ておらず、軍卒に追われてしまい、ボールを置いたまま、慌てて船に戻っていった。乗組員たちが置いていったボールは、彼らがボールを蹴る光景を珍しそうに見ていた子供たちが拾って、彼らの真似《まね》をして遊んだ。

これが、朝鮮におけるサッカーの始まりだとされている。

朝鮮にサッカーが上陸したとされる一八八二年の六月には、朝鮮の近代史において、ひとつの転換点となった事件が起きている。

朝鮮の政府は、一八七六年に続き八〇年五月にも、世界情勢の推移に即応した改革を進めようとする開化派の中心人物である金弘集《キム・ホンジプ》らを修信使として日本に派遣し、日本の情勢を調査させた。金弘集らが、日本の近代化の状況をつぶさに見て帰ったことは、国内の開化勢力の基盤を固めるとともに、開化政策の方向を設定するのに貢献したという。

そして、政府は開化勢力の提言をもとに、政府機構の改革を行ない、その一環として八一年四月に、新式の軍隊を導入するために別技隊を設け、日本人の軍事顧問を招聘《しょうへい》した。その後、政府は国家財政の悪化を理由に、新式軍隊に比べて旧式軍隊を冷遇するようになり、旧式軍隊の軍人たちの不満が高まっていた。こうしたなか、八二年六月、旧式軍隊の軍人たちは、支給された給米のうち半分は、米の代わりに砂が入っていることに気がつき、これをきっかけに日ごろからたまっていた不満が爆発して暴動へと発展した。

この暴動は、そうした軍人たちに、その家族や都市の貧民も加勢して大きく広がり、彼らは、大院君に陳情する一方で、政治の実権を握っていた閔氏一族、さらには日本公使館を襲撃した。この反日・反閔妃の騒乱は、壬午《イモ》軍乱と呼ばれている。

この時、軍事顧問の堀本礼造少尉は殺害され、閔妃は辛うじて王宮を脱出した。そして、政治の実権は、再び大院君が握った。

一方、日本公使の花房義質《はなぶさよしもと》は命からがら仁川まで逃れ、そこから小舟に乗って沖を漂っていたが、その時、花房義質を救出したのが、かのイギリス軍艦フライングフィッシュ号であった。朝鮮に初めてサッカーを伝えたのはフライングフィッシュ号の乗組員であるという説が、事実であるかどうかは定かでないが、もし事実とすれば、朝鮮にサッカーをもたらした人たちが、反日・反閔妃の暴動で避難してきた日本公使を助けたということになり、朝鮮のサッカーは、その出発点から日本とは何かの因縁があるように思える。

大院君が復活すると、保守勢力、すなわち衛正斥邪派が勢力を取り戻したが、それも束《つか》の間、この軍乱に日清両国が介入し、大院君は天津《てんしん》に拉致《らち》された。これによって、閔妃が復権し、衛正斥邪派は後退したが、今度は、清国との事大（宗属）関係を維持しようとする旧守派と、開化派との対立が激しくなってきた。これに、朝鮮における勢力拡張をもくろむ日本、清国、ロシアの勢力争いも加わり、朝鮮の権力抗争は、きわめて複雑な様相を呈していた。

このように、国内情勢は混乱の度を増していたが、サッカーは、開国とともに少しずつ朝鮮でも行なわれるようになっていった。とりわけ、サッカーを広めるのに中心的な役割を果たしたのが、語学の習得を目的に創立された外国語学校に赴任した外国人教師や宣教師たちであった。

外国語学校は、一八九五年五月一〇日に公布された外国語学校官制を法的根拠にしているが、これに先立って九〇年に日語（日本語）学校、九四年に英語学校が建てられており、続いて九六年に法語（フランス語）、俄語（ロシア語）、九七年に漢語（中国語）、徳語（ドイツ語）の学校が建てられた。

英語学校などに招かれた外国人教師は、休日や授業の合間に、生徒たちにサッカーを教えたと言われているが、そうした指導者として有名なのが、一九〇五年に法語学校に招聘されたフランス人のマーテルであった。マーテルは朝鮮に来る前に、イギリスに留学したことがあり、その時にサッカーを学んだ人物。サッカー以外に、陸上競技や徒手体操なども指導したという。法語学校は、この年の五月に運動会を開催したが、その競技種目の一つとしてサッカーの試合も行なわれている。

こうした外国語学校を卒業し、御殿通訳官などになった人たちも、休日になると、東大門《トンデムン》の外側にある訓練院（軍事訓練を行なうところ）などで、ボールを蹴って楽しんでいたという。

一方、朝鮮において、サッカーに限らず、さまざまな近代スポーツを広めるのに大きな役割を果たしたのがＹＭＣＡであった。ソウルの皇城基督教青年会は一九〇六年四月一一日に運動部を設置したが、この時、組織作りの先頭に立ち、サッカーチームの主将も務めた金《キム》鍾商《ジョンサン》という人物は、英語学校の卒業生であった。この一ヵ月前の三月一一日には、やはり外国語学校の卒業生たちが中心となって大韓体育倶楽部という体育団体が結成されている。

この二つの体育団体は、正式に結成される以前から活発に活躍しており、皇城基督教青年会は、一九〇五年の六月九日、運動会を開催し、その競技種目にサッカーも取り入れられていた。まず、紅白戦が行なわれ、その後、大韓体育倶楽部との試合も行なわれた。この時は、大韓体育倶楽部があっさりと勝ったが、敗れた皇城基督教青年会が再戦を申し込み、翌日、多くの観衆が応援合戦を繰り広げる中で再び試合が行なわれた。これが朝鮮における、サッカーの対抗戦の始まりだとされている。

また、朝鮮にサッカーを普及させる上で重要な役割を果たしたのが、開国後、朝鮮半島に渡ってきて、各地で布教活動にあたった宣教師たちである。そして、朝鮮の人たちがサッカーを教わり、サッカーを体験する場となったのが、宣教師たちが設立した教育機関であった。一八八五年、監理教（プロテスタントの一派）の宣教師であるアペンツェラー牧師がソウルに培材《ペジェ》学堂を設立したが、これが朝鮮における最初の近代教育機関である。同校は、一九〇二年には「サッカー班」があったとされ、これが記録上に残っている最も古いサッカー部となっている。

なお、培材学堂の伝統を受け継いでいる培材高校は、今日においても、韓国サッカーの名門校として健在である。

日本では、早稲田・慶応のライバル対決が、野球をはじめとする多くのスポーツの発展に寄与したように、今日の韓国においても、私学の両雄である延世《ヨンセ》大学と高麗《コリョ》大学がスポーツ界の発展に果たした役割は大きい。

現在、日本でも名前が知られている韓国のスポーツ選手の中にも、この二つの大学の出身者が多い。Jリーグ・サンフレッチェ広島やセレッソ大阪などで活躍した盧廷潤《ノ・ジョンユン》、アジア最高のリベロと言われ、柏レイソルなどでもプレーした洪明甫《ホン・ミョンボ》、元韓国代表監督・車範根《チャ・ボングン》、プロ野球では中日にいた宣銅烈《ソン・ドンヨル》、巨人の趙成珉《チョ・ソンミン》といった選手は高麗大学の出身であり、また、バルセロナオリンピック・男子マラソンの金メダリストである黄永祚《ファン・ヨンジョ》も、九六年に、趙成珉とともに高麗大学を卒業している。

一方、ジェフ市原で活躍している崔龍洙《チェ・ヨンス》、前韓国代表監督・許正茂《ホ・ジョンム》、九五年に日本のプロ野球・ダイエーへの入団を希望したが、かなえられなかった林仙東《イム・ソンドン》は、延世大学の出身である。

このように、今日の韓国スポーツ界においても確固たる位置を占めている高麗大学と延世大学であるが、これらの学校が設立されたのは、朝鮮にサッカーが入ってきた一九世紀末から二〇世紀の初頭にかけてのことであった。

高麗大学の前身は、李容翊《イ・ヨンイク》が一九〇五年に創立した普成《ポソン》学校である。李容翊は、一八八二年の壬午軍乱の時に、閔妃の避難を助けたことで高宗の信任を得た政治家で、親露反日の外交路線に立ち、一九〇四年の第一次日韓協約に反対したため日本に連行され、約十ヵ月の抑留生活を送った。そして、帰国後に創立したのが普成学校であり、これが後の普成専門学校、そして今日の高麗大学である。

普成学校の建学の精神は、「請広開校　教育人材　以復国権」という、いわゆる「教育救国」の理念に基づいたものであった。

このころ朝鮮、さらには一八九七年から国号を改めた大韓帝国は、日本に国権を奪われようとしている国難の時代にあった。

一八九四～九五年の日清戦争に勝利した日本は、朝鮮に対する影響力を強め、同時期の九五年には、勢力拡張のための障害であると見なしていた閔妃を、日本公使の三浦梧楼らが暗殺した。日露戦争が勃発《ぼっぱつ》した一九〇四年には、外交と財政を監督する日本政府派遣の顧問を置くことを定めた第一次日韓協約を締結、翌年には、大韓帝国を保護国とするために第二次日韓協約を締結させ、外交権を奪い、統監府を設置し、初代統監には伊藤博文が就任した。一九〇七年の第三次日韓協約では内政干渉体制を整え、ついに一九一〇年には植民地にしてしまった。

こうした一連の動きに反発して、各地で義兵が蜂起《ほうき》し、その活動は朝鮮半島全体に広がった。その一方で、国を救うには人材の育成が重要だとする運動も展開された。これが「教育救国」という理念であり、高麗大学のほかにも、こうした理念のもとに多くの学校が創立された。

一方、延世大学のほうは、キリスト教精神に基づく「真理と自由」を建学の理念としている。一八八五年に、長老教会（プロテスタントの一派）の宣教師であるアンダーウッド牧師が、孤児院と孤児学校を設けたが、この学校がサッカーにおいても後に強豪となる儆新《キョンシン》中・高等学校の前身である。さらに一九一五年には、儆新学校大学部を開校したが、これが後の延禧《ヨニ》専門学校であり、今日の延世大学の始まりである。

このほかにも宣教師によって設立された学校は多く、名門女子大として知られる梨花《イファ》女子大も、一八八六年に監理教の宣教師スクラントン夫人によって創立された梨花学堂に始まる。「教育救国」の理念に基づいて設立された高麗大学、キリスト教精神に基づいて設立された延世大学。それぞれの出発の違いは、その後のスクールカラーにも表われている。

高麗大学は、バンカラ的な色彩が強く、酒にたとえれば、韓国独特の白濁酒であるマッコリだと言われている。一方、延世大学のほうは、その反対にハイカラ的な色彩が強く、酒にたとえればビールだと言われている。こうした特色からも分かるように、高麗大学は早稲田大学に校風が似ており、延世大学は慶応義塾大学に校風が似ている。実際に、高麗・早稲田、延世・慶応といった校風の似た学校同士は、多くのスポーツ競技において定期戦を行ない、交流を深めている。

やがて朝鮮サッカーの発展に大きな役割を果たすことになる高麗大学と延世大学であるが、そうなるのは開校からしばらくたってからのことである。

朝鮮半島のサッカーは、学校や社会団体が、単独または連合で行なう運動会や競技試合を通して広まっていった。しかし、この当時の運動会というのは、単なるスポーツイベントではなく、同時に演説会なども行なわれ、国権回復運動ともつながりを持っていた。このため、「社会秩序を乱す」「統治基盤を危うくする」として、統監府、もしくは日韓併合以後に設置された総督府からの弾圧にさらされるようになった。

このころの朝鮮におけるサッカーは、人数も両チーム同数であれば何人でもよく、試合時間もとくに決められていなかった。ゴールの高さもＧＫ〈ゴールキーパー〉の身長を目安に決められていたという。

そうしたなか、一九一四年に培材学堂に蹴球門、すなわちゴールポストが立てられた。ゴールポストと言っても、切った松の木を両柱にして、クロスバーは細い二本の木をつないだ程度のものだったが、それでもゴールポストができたという話を聞きつけたソウルの各サッカーチームから、試合の申し込みが殺到したという。

しかし、このゴールポストは、最初は白塗りであったが、ある時、黒く塗り替えられた。そのいきさつについて、『韓國蹴球百年史』（前掲書）には、次のように記してある。

――蹴球門を立てるにあたって、学校長のアペンツェラー氏は尹致昊《ユン・チホ》、李商在《イ・サンジェ》氏などの民族指導者たちとの協議のもとに決めたという。この時、日帝の弾圧が日増しにひどくなっている現状において、学生たちにサッカーを通して、どんな苦難にも屈することのない自主精神と闘争心を育てるために、言い換えれば、白衣民族（朝鮮民族のこと）思想を注入させるために、という意味から、蹴球門を白く塗ったということだ。

そんなある日、倭警（日本の警察）たちが学校に押しかけてきて、ちょうど盛り上がっていたサッカーの試合を中断させ、ゴールポストをなくさなければ、運動をできないようにするとして、撤去を強要した。なぜならば、三人集まるだけでも、集会許可を得なければならないという時代的状況において、ゴールポストを白く塗ることは、民族思想を意図的に鼓舞するためのものではないか、ということであった。アペンツェラー校長は、倭警たちの無知で粗暴な態度に怒りがこみ上げてきたが、これをこらえ、教職員そして民族運動家たちと協議の末、「我々が独立した時、ゴールポストを生き証人とするとして、倭警たちの視線を和らげる一時のごまかしとして、ゴールポストを黒く塗ろう」といった意味のことを言って、ゴールポストを白色から黒色に替えるようにしたということだ。――

このように、スポーツ活動一つとっても、警察などからさまざまな干渉を受けていた。

日本は、朝鮮を植民地統治するにあたり、一九〇七年に新聞紙法や保安法を制定して、多くの新聞や雑誌を廃刊に追い込み、政治結社を解散させるとともに、一〇年には「集会取締ニ関スル件」を公布して、政治的な集会を禁止した。

さらに、民衆の抵抗を武力で弾圧するために、憲兵隊が普通警察業務を兼ねるという憲兵警察制度が実施され、憲兵警察は義兵の討伐や犯罪に対する即決処分の権限が与えられただけでなく、日本語の普及や労働者の取り締まり、諜報《ちょうほう》の収集など、朝鮮人の生活全般に関与していた。その数も、日韓併合の年の一九一〇年から一一年にかけて三倍に増加し、反対勢力を頭から徹底的に弾圧しようとする、いわゆる「武断政治」が行なわれていたのであった。

日本の植民地統治が始まったころの朝鮮のサッカーは、学校や社会団体、または宣教師が布教活動にあたった地域などで個別に行なわれることはあっても、朝鮮としての、まとまった動きは見られなかった。サッカーをはじめとする朝鮮スポーツ界の変革への動きは、日本の植民地統治を根幹から揺るがした、ある反日独立運動の後、本格化することになる。

三・一独立運動とサッカーの発展

韓国では、三月一日は公休日である。そして、一九一九年のこの日に、何があったかを知らない人はいない。韓国の高等学校で使われている国史の教科書には、次のように記してある。

——民族を挙げての万歳示威運動を計画しながら、お互いに連絡を取っていた宗教関係の代表たちが先頭に立って、ついに一九一九年、三・一運動を起こした。孫秉熙《ソン・ビョンヒ》、李昇薫《イ・スンフン》、韓《ハン・》龍雲《ヨンウン》など民族代表三三人の名前で独立宣言を朗読し、独立を国内外に宣布した。

そうして、ソウル・タプコル（パゴダ）公園に集まった各学校の学生たちと愛国市民たちが市街地に出て、万歳示威を展開した。ほとんど同じ時期に、地方の主要都市でも、万歳示威が相次いで起きた。民族すべてがこれに加担し、太極旗の波と大韓独立万歳を叫ぶ喚声は、全国津々浦々に拡散、波及していった。——

独立宣言の朗読に始まる、史上最大の反日独立運動は、瞬く間に朝鮮半島全体に広がり、日韓併合後は所持することも禁止されていた太極旗（一八八二年、朴泳孝《パク・ヨンヒョ》が修信使として日本に向かう途上に創案し、八三年一月に国旗に制定された。現在、韓国の国旗）を振ってのデモが各地で繰り広げられた。

この独立運動に対する、日本側の弾圧は熾烈《しれつ》を極めた。憲兵、警察に加え、正規軍を動員しての鎮圧では、各地で虐殺行為も行なわれた。とくに、住民を教会の中に閉じ込めて火を放った堤岩里《チェアムリ》事件は「日帝の残虐行為」として広く知られている。

このように、運動が始まってから二ヵ月の間に、日本の銃剣によって殺された人は、公式に集計されているだけでも七五〇〇人余りに及び、負傷者も一万六〇〇〇人余りに達したという。

こうした三・一独立運動の犠牲者の中でも、韓国において、今日でも尊敬を集めているのが、「韓国のジャンヌ・ダルク」と呼ばれている柳寛順《ユ・グァンスン》である。

三・一独立運動は柳寛順が梨花学堂に在学中に起きた。朝鮮総督府は、デモに参加した群衆の主力が学生であることが分かると、各学校に休校を命じ、柳寛順は故郷に帰った。そして、帰郷した柳寛順は、そこで示威運動を計画し、自らデモの先頭に立ったが、その時、憲兵の発砲により、自分の両親を含む約三十人の死者を出す事件が起きる。柳寛順自身も負傷して逮捕された。

ソウルの中心部からほど近いところにある西大門《ソデムン》刑務所に収監された柳寛順は、「日本人の裁判を受ける理由はない」と主張して抵抗し続け、拷問のため二〇年一〇月一二日に、一六歳の若さで息を引き取った。柳寛順が獄死した西大門刑務所の跡は、今日、公園として整備され、柳寛順が収監されていた独房も公開されている。

さて、三・一独立運動によって朝鮮の独立を達成することはできなかったが、その意義は、現在でも高く評価されている。そして、この独立運動は、支配者の側であった日本にとっても、これまでの武断政治の限界を認識させるものとなった。

三・一独立運動が起きた年である一九年の八月、寺内正毅《まさたけ》、長谷川好道《はせがわよしみち》に続いて三代目の朝鮮総督に就任した斎藤実《まこと》は、「文化の暢達《ちょうたつ》と民力の充実」という、いわゆる文化政治をスローガンに掲げた。文化政治の実像は、民族の独立意識の弱体化と親日勢力の養成による民族の分裂を狙《ねら》ったものだと言われているが、その文化政治に基づく融和政策として、憲兵警察制度の廃止や朝鮮人による集会・結社の自由および言論の自由が、制限つきではあったが認められた。

この結果、翌二〇年には、今日でも韓国を代表する新聞である東亜《トンア》日報、朝鮮《チョソン》日報に加え、時事《シサ》新聞という三つのハングル新聞が誕生した。これらの新聞は、朝鮮総督府による事前検閲を受けなければならなかったが、朝鮮人にとっては、自分たちの言論媒体を持った意味は大きく、その影響はスポーツ界にも及んだ。

四月一日創刊の東亜日報は、一〇日付の紙面で「体育機関の必要を論ずる」という社説を掲載。これを契機に、朝鮮人による体育団体結成に向けての動きが活発化した。

これに先立つ一九年の二月には朝鮮体育協会という団体が結成されていた。しかし、これは京城庭球会と京城野球協会という二つの団体を統合したもので、実態は日本人による体育組織であり、大日本体育協会の支部でもあった。朝鮮人による体育団体として、まとまった機関は、まだ存在していなかったのである。

そこで、二〇年の六月一六日に発起人大会を開き、東亜日報の積極的な支援のもと、七月一三日に朝鮮体育会が結成された。

――……雄壮な気風を作り、剛健な身体を養育することで社会の発展を図り、個人の幸福を企望するのであれば、途はただ、天賦の生命を身体に暢達させる所に在り、その運動を奨励する他に道はない。

我々朝鮮社会に個々の運動団体がないのではないが、しかし、これを後援し、奨励して朝鮮人民の生命を円熟暢達する社会的、統一的機関が欠如していることは、実に吾人《ごじん》の遺憾《いかん》であり民族の羞恥《しゅうち》なるかな。吾人はここに感ずるところあり、朝鮮体育会を発起するので、朝鮮社会の同志諸君子は来《きた》れ、賛同あらん。――『韓國近代體育史研究』（李學來著、韓国・知識産業社刊）

創立趣旨書にもこう記されているように、スポーツを通して民族の発展、向上を図っていくところに、この会の目的があった。

朝鮮体育会が発足すると、各種スポーツ大会が企画され、まず一一月四日から三日間、第一回全朝鮮野球大会が開催された。さらに引き続き、二一年の二月一一日から三日間の予定で、全朝鮮蹴球大会が開催されることとなった。

この全朝鮮蹴球大会は、朝鮮のチャンピオンを決める初めてのサッカー大会であった。ルールは朝日新聞が発行した運動年鑑に記されているサッカー規則を韓国語に翻訳したものを採用したという。しかし、このころはまだ、地方ごとの慣例に基づいて試合が行なわれており、統一的なルールが浸透していないなど、準備不足の面もあり、朝鮮体育会理事長で普成《ポソン》専門学校校長であった高元勲《コ・ウォヌン》をはじめとして、開催の時期を延ばしたほうがよいという考えを持っている人もいたが、結局、推進派の意見に押され、早期開催となった。この二月という厳寒の時期に開催することになったのは、二月一三日がテボルム（陰暦の正月一五日）という、祭りの日であったため、多くの観衆が集まることが期待されたからだ。

この大会には中学団に七チーム、青年団には一一チームの計一八チームが参加した。主催は朝鮮体育会で、後援は朝鮮総督府の機関紙である毎日申報であった。

試合会場である培材《ペジェ》高普（この当時、日本人の中等教育機関は中学校、朝鮮人の場合は高等普通学校と呼ぶことになっており、学制も日本人の学校と朝鮮人の学校では異なっていた）のグラウンドは、二月の凍える寒さの中にもかかわらず、大勢の観客で埋まった。

しかし、試合が始まると一部の不安は的中し、トラブルが続出。審判の判定に対する抗議、さらには試合放棄も相次ぎ、大会関係者もさまざまな手を尽くしたが、トラブルは収まらず、結局、優勝チームも出せないまま、大会を打ち切らざるを得なくなった。

この大会の失敗を糧に、翌年の第二回大会は十分に準備をした上で開催された。二月一九日から三日間、今度は東亜日報の後援により、京城中学のグラウンドで行なわれた大会は、前回より中学団で一チーム増えた計一九チームで争われ、各チームが応援団を繰り出す中で熱戦が展開された。この大会において、中学団ではソウルの徽門《フィムン》高普が、青年団では平壌《ピョンヤン》の戊午《ムオ》蹴球団がそれぞれ優勝し、朝鮮体育会主催の大会としては、初代のチャンピオンになった。

また、朝鮮体育会によるサッカー大会の開催に刺激され、二一年の五月には平壌基督教青年会が主催して、東亜日報の平壌支局が後援となって全朝鮮蹴球大会を開催。これ以後、さまざまなサッカー大会が開催されるようになり、サッカー人気は飛躍的に広がっていった。

第一回全朝鮮蹴球大会が始まった一九二一年に、日本でも最初のサッカーの全日本選手権が始まっている。この全日本選手権が始まるきっかけは、ある外国通信社の誤報からであった。

一九一八年一月一二日と一三日の両日、大阪の豊中グラウンドで、日本フットボール大会が開催された。「日本」と言っても、参加したのは関西のチームだけで、「ア式蹴球」すなわちサッカーと、「ラ式蹴球」すなわちラグビーの二部門に分かれて行なわれた。これが今日、正月の風物詩となっている全国高校サッカー選手権大会と、全国高校ラグビーフットボール大会の前身である。

日本フットボール大会は、大阪毎日新聞社の幹部が、「フットボールは将来必ず野球に負けずに盛んになるスポーツだ」と評価したことから始まり、第一回のア式蹴球の部には八チームが参加した。

この大会の模様について、『日本サッカーのあゆみ』（日本蹴球協会編、講談社刊）には、こう記してある。

――8校中上位5校は東京高師卒業の教師による指導を受けている学校なのだが、関西にはまだサッカーの中心となるものがなかったので、新聞社の方が先に立ったのである。こうした時代に、新聞社が進んで大会を開いてくれたことには感謝しなければならない。ただ、蹴球関係者側の意見を尊重してもらう余地がなかったのは残念だった。野球担当の記者がラインズマンを手伝ったために、オフサイドはいっさい考えないという変則ルールになったり、最後に優勝カップ、メダル授与のあとは、「大阪毎日新聞社万歳！」を唱えて閉会したなどということは、現在なら当然批判されることだったと思われる。――

この大会においても、やはりサッカー草創期ならではの混乱があったことが窺《うかが》える。

また、この年には、関東蹴球大会、東海蹴球大会も行なわれていた。こうした関東、関西、東海の三つの大会は、それぞれ別個に企画され実施されたものであったが、これを、ある外国通信社が、「日本にも国内サッカーを統括する団体ができて、全日本選手権の地方予選が三ヵ所で同時に行なわれた」と間違って伝えた。

この記事を読んだロンドンのFA〈フットボール・アソシエーション〉が一九年三月に、日本におけるサッカー協会の結成を祝うとともに、全国大会の優勝チームに授与してほしいという趣旨から、大銀杯を送ってきた。しかし、実際にはそうした団体は存在しておらず、日本側は困惑したが、とりあえず、当時の大日本体育協会会長で講道館柔道の生みの親・嘉納《かのう》治五郎《じごろう》がイギリス大使館に行って大銀杯を受け取った。

こうしたことから、協会設立の機運が高まり、一九二一年九月一〇日に大日本蹴球協会が誕生した。そして一一月には東京の日比谷公園で最初の全日本選手権が始まり、東京高等師範、青山、豊島両師範の卒業生を集めて作られた東京蹴球団が優勝して、イギリスから送られてきた大銀杯、すなわちＦＡ杯を手にした。

このころ、野球はすでに日本における国民的スポーツとしての地位を確固たるものにしていた。一九一五年には、今日の全国高校野球選手権大会の前身である全国中等学校野球選手権大会が始まり、二四年には甲子園球場が完成。その年の大会では、五万人収容のスタンドが、満員の観衆で膨れ上がったという。

また、甲子園球場が完成した二四年、東京には明治神宮外苑競技場（現、国立競技場。以下、明治神宮競技場と略す）が完成した。この明治神宮競技場では、やがて、日本統治時代は日本と朝鮮が、解放後は日本と韓国が、サッカーを通して激しい戦いを繰り広げることになる。

一九二五年一〇月には、朝鮮においても本格的な競技場が完成した。一年がかりの工事の末、竣工《しゅんこう》した京城運動場がそれである。サッカーの大会は、それまでソウルで開かれる場合、培材高普や徽門高普などサッカー名門校のグラウンドを中心に各会場を転々として行なわれていたが、京城運動場が完成すると、そこをメイン会場として開催されることとなった。

この京城運動場は、もともと朝鮮神宮競技大会を開催することを主目的として建てられたものであった。朝鮮神宮とは、天照大神《あまてらすおおみかみ》と明治天皇を祭神とし、朝鮮各地に建てられた神社の総鎮守として、約五年の歳月をかけ、二五年一〇月に完成した神社である。朝鮮各地に建てられた神社への参拝は、朝鮮人にも強要され、その総鎮守である朝鮮神宮は、皇民化政策の象徴的意味を持っていた。

ソウルの中心に南山《ナムサン》という小高い山がある。その山頂には高さ約二四〇メートルのソウルタワーがあるので、ソウルを訪れたことのある人ならば、目にしたことがあると思う。現在、南山の植物園がある場所は、もとは朝鮮神宮の本殿があったところであり、伊藤博文を射殺し、韓国においては国民的英雄である安重根《アン・ジュングン》の記念館のある場所は、その境内にあたるとされる。

朝鮮神宮競技大会は、その朝鮮神宮の奉賛大会というわけだ。

また、京城運動場は、かつて訓練院のあった場所を中心に建てられたが、敷地の一部はソウルの城壁に掛かっていた。ソウルは元来、東西南北の四つの大門と、その中間にある四つの小門からなる城郭都市であった。京城運動場は、東大門《トンデムン》と、東・南大門の中間にある光熙門《クアンヒムン》の間の城壁を壊して造られた。

京城運動場の建築に関して、九三年五月二七日付の『東亜日報』の連載記事「定都六〇〇年　ソウル再発見」には、次のような逸話が紹介されている。

——一次築城当時、太祖《テジョ》は、ここの湿地の地盤を踏み固めるために、厚く石を敷いて、その上に堅固に城郭を積み上げたので、日帝はこのがっちりとした城郭を壊すため爆薬まで使用した。

　そして、その石は当時日本人住宅団地の建築が真っ盛りであった、會賢洞《フェヒョンドン》、筆洞《ピルドン》、厚岩洞《ファムドン》などに建築資材として積まれた。亡国は、山河の石ころにも恨《ハン》を宿すものなのか。——
(太祖＝朝鮮王朝の初代国王・李成桂《イ・ソンゲ》のこと)

　このように、競技場の建設一つとっても、当時の植民地政策と密接に絡み合っていたのだった。

　こうした背景はあるものの、以後、京城運動場は、サッカーのみならず、陸上、庭球など、朝鮮におけるスポーツの中心地となった。この京城運動場は、解放後はソウル運動場と名称が変わり、六八年のアジアユースサッカー選手権大会の開催に備えて全面的に改装され、八四年からは現在の名称である東大門運動場となった。

　東大門運動場は、その名前からも分かるように、日本でも知られている東大門市場のすぐ近くにある。市場や周辺の屋台に集まった人たちの雑踏をかき分けて東大門運動場のメインスタンドに座ると、バックスタンドの左後方に小高い丘が見える。ラクダが伏せたような形から駱山《ナクサン》と呼ばれているこの丘には、稜線《りょうせん》に沿って、丘を二つに分けるように壁が連なっている。この壁は、今日、ソウルに残された数少ない城壁のひとつである。

　一九二一年に全朝鮮蹴球大会が開催されたことにより、サッカーは地域的にも年齢的にも広がりを見せるようになり、子供たちが牛や豚の膀胱《ぼうこう》に空気を入れて、それを蹴り合って遊ぶ光景が、朝鮮半島各地で見られるようになった。

そもそも、イギリス中世に起源を持つフットボールは、村対村、教区対教区などで争う形で、豚の膀胱を膨らませたものなどをボールとして使い、それを相手の町の城門や、相手の村の木の根元などに運び込んだら勝負がつくといったものだったという。

こうして見ると、家畜の膀胱を膨らませたものをボールとして蹴り合うという光景は、サッカーの原風景に近いものなのかもしれない。

こうしてサッカーは、朝鮮半島にしっかりと根づき、朝鮮におけるスポーツの主役になっていった。一方、当時、朝鮮に在住していた日本人が盛んにやっていたスポーツは、やはり野球であったという。植民地統治という、日本との同化を強要されていた時代にあって、朝鮮人が日本人とは異なり、サッカーを好んで行なった要因は何だったのか。

「野球は道具にお金がかかるでしょ。当時、朝鮮は貧しかったから、日本人は野球をやっても、朝鮮の人はサッカーをやったのではないかと思います」

という見方を述べる韓国のサッカー関係者もいる。

たしかに、ボール一つあれば多くの人が楽しめるということは、サッカーが世界で最も人気のあるスポーツとなった要因であるし、バット、グラブ、ボールなど、さまざまな道具を必要とする点は、野球の盛んな国がごく限られていることの原因になっている。

また、日本統治時代を経験した、韓国の年輩のサッカー関係者の中には、

「韓国人はサッカーの民族であり、日本人は野球の民族だ」

という言い方をする人が多い。つまり、朝鮮民族の特性に、サッカーというスポーツが合っていたというわけである。

韓国人は恨の民族であるとされ、重苦しいイメージを持つかもしれないが、むしろ「韓国人はアジアのラテン民族」だという見方もある。

朝鮮には、朝鮮式の鉦《かね》や太鼓を打ち鳴らす「サムルノリ」という音楽がある。決して整然とはしていないが、サムルノリには、それぞれの楽器から湧《わ》き出る圧倒されるようなパワーがあり、そのリズムに合わせて、老若男女を問わず楽しそうに踊る光景を、今日の韓国でもよく見かける。こうした光景を見ていると、たしかにラテン的な気質というものを感じる。

日本で野球が盛んになった理由にもさまざまな見方があるように、朝鮮でサッカーが盛んになった理由についても、簡単に答えを出すことは難しい。しかし、こうしたラテン的な民族の特性が、サッカーというスポーツに合っていたという見方はできるのかもしれない。

また、サッカーが世界的に普及した要因として見逃すことができないのは、元来、ボールのようなものを蹴って遊ぶといったことは、世界中いたるところで行なわれていたという事実である。

日本であれば、蹴鞠《けまり》がそうした遊びの代表例であるが、蹴鞠はもともと中国から伝わってきたもので、当然、朝鮮でも行なわれていた。この蹴鞠に関しては、日本と朝鮮それぞれに、よく似た逸話がある。

日本の古代史における大事件といえば、六四五年に、中大兄皇子《なかのおおえのおうじ》や中臣鎌足《なかとみのかまたり》らが、当時の実力者であった蘇我氏《そがし》を倒した「大化の改新」が有名であるが、二人が親しくなったきっかけが蹴鞠だったという。つまり、蘇我氏を倒すために中大兄皇子に接近する機会を窺っていた鎌足は、飛鳥《あすか》の法興寺で行なわれていた蹴鞠の遊びにまぎれて中大兄皇子と親しくなったという話が伝えられているのである。

一方、かつて高句麗《コグリヨ》、新羅《シルラ》、百済《ペクチェ》の三国が並び立っていた朝鮮半島を、新羅が統一したのは、七世紀後半のことであった。この三国統一の基盤を作ったのが、新羅第二九代の王・武《ム》烈王《ヨルワン》、すなわち金春秋《キム・チュンチュ》であり、三国統一の英雄と呼ばれているのが、金庾信《キム・ユシン》であるが、この二人を近づけたのも、やはり蹴鞠であった。

金庾信の家の庭で蹴鞠をしていた若き日の金春秋は、その折、金庾信の家に上がって金庾信の妹に出会い、これをきっかけに二人は結婚することになる。これによって、やがて王となる金春秋の義兄となった金庾信は、新羅の領土拡大に大功を挙げることになったと言われている。

このように、蹴鞠にまつわる似たような逸話が、玄界灘を挟んで、それぞれに残されているという事実は、なかなか興味深いことである。

その後、蹴鞠は、日本では鎌倉《かまくら》時代後期に家元制度が確立し、蹴鞠に関する儀式、作法は、宗家の秘伝、口伝として伝わったという。江戸時代には庶民も蹴鞠を楽しんだと言われているが、主として貴族階層を中心に盛んに行なわれた。

一方、朝鮮半島においては、どうであったか。

――韓国の蹴鞠は、場所や人数に制限がなく、自由に行なわれ、鞠も思い思いに変形され、結局は、子供たちの遊びに変化したと推測されているが、それが、現在、行なわれている〝チェギ蹴り〟の原形だと思われる。――『韓国体育史』（郭亭基・李鎭洙・李學來・林榮茂著、韓国・知識産業社刊）

このように、朝鮮半島で蹴鞠は形式にとらわれない庶民の遊びとして行なわれていたようだ。ちなみに、「チェギ蹴り」とは、紙や布で包んだ銅銭などを、地上に落ちないようにして蹴り上げる遊びのことで、かつては子供たちが盛んに行なっていた。

このように、中国から伝わってきた蹴鞠は、時代の流れの中で、日本と朝鮮半島では異なった形で発展していった。一方、イギリスから伝わってきたサッカーも、やがて日本と朝鮮において、特徴の違いが出てくることになる。その具体的な事例については、追々触れていくが、蹴鞠における「形式の日本」「思い思いの朝鮮」という図式は、意外とサッカーにも当てはまる部分があるように思う。

サッカー都市・平壌

朝鮮におけるサッカー発展の歴史を語る時、決して欠かすことのできないサッカー都市がある。現在、北朝鮮の首都となっている平壌がそれである。

今日の韓国サッカー界で、元老と呼ばれている年輩のサッカー関係者たちは、しばしば「平壌はサッカーの都市だ」という言い方をする。

また、ある人は、こんな話をしてくれた。

「韓国には、南男北女《ナムナムプンニョ》という言葉がありますが、これをスポーツにたとえれば、南野球北蹴球ですよ。つまり、日本人の多かった南のほうでは野球をやる人も多いけれども、日本とは地理的に遠い北のほうではサッカーに人気があるということです」

ちなみに、南男北女とは、美人は朝鮮半島の北のほうに多く、男前は南のほうに多いという意味である。また今日、野球が最も盛んな都市は釜山《プサン》で、球都という言い方もされているくらいであり、釜山をフランチャイズとするロッテ球団は、韓国プロ野球有数の人気チームである。

さて、平壌にサッカーが、どのような経路で伝わったかについては、はっきりした資料はないが、その普及に大きな役割を果たしたのは、宣教師たちであったと言われている。

一八八四年に長老教会の宣教師が朝鮮半島に足を踏み入れて以来、多くの宣教師が朝鮮各地で布教活動を行なったが、とりわけ活発に布教にあたったのが、平壌を含む西北地方であった。南部の地方は、儒教思想の影響が強く、保守的であるのに対して、北部のほうは比較的開放的であることと、中央の官界は南部の人たちが握っているため、北部の人たちの進出の機会が限られており、そうしたことに不満を持っている人たちをキリスト教に吸収しやすかった、ということが、その理由とされている。

一八九〇年ごろには、神学校の学生たちがすでにサッカーをしていたという。そうした平壌サッカー黎明期《れいめいき》の強豪は、長老教会系の学校である崇実《スンシル》と、独立運動家・安昌浩《アン・チャンホ》が創立した学校である大成《テソン》であった。しかし、安昌浩が日本の官憲に追われ、一九一〇年、中国に亡命すると、大成も閉校となり、崇実が平壌サッカーの核となっていった。

さらに一八年には、崇実と大成を卒業した人たちが集まってサッカーチームを作り、その年の干支《えと》にちなんで戊午蹴球団と名付けた。戊午蹴球団はその後、ソウルの仏教蹴球団などとともに全朝鮮蹴球大会の覇権を常に争う朝鮮を代表するチームとなり、戊午蹴球団と崇実専門学校の試合には、平壌のサッカーファンが大勢詰めかけたという。

また、中学校においては崇実中学（この当時、朝鮮人の中学は高等普通学校と名称を変更しなければならなかったが、崇実中学のように、これを拒否する学校もあった。こうした学校は雑種中等学校などと呼ばれ、さまざまな差別を受けていた）、光成《クァンソン》高普、平壌高普、崇仁《スンイン》商業などが強豪として名を馳《は》せていた。

そして、平壌のサッカーは、ソウルのサッカーにも大きな影響を及ぼすことになる。

二〇年代後半以降、ソウルのサッカーの中心は、先にも記したように、延世大学の前身である延禧専門学校と、高麗大学の前身である普成専門学校など、専門学校勢であった（植民地時代の朝鮮において、大学は京城帝国大学以外は認められなかったので、この当時の専門学校は格の上では大学に相当する）。高麗大学の『六十年誌』（編纂《へんさん》・高麗大學校六十年史編纂委員会、発行・高麗大學校出版部）には、サッカー部躍進の要因について、次のように記してある。

――創設初期においては、その戦績を記すだけのものはなく、強敵としては、平壌の崇実専門、戊午蹴球団、ソウルの儆新学校ならびに延禧専門などだった。しかし、後期には、平壌の名将・林龍業《イム・ヨンオプ》が本校に入学し、引き続き、金元謙《キム・ウオンギョム》、厳東源《オム・ドンウオン》などの巨将たちが入学することによって、チームが強化され、少しずつ頭角を現わしはじめ、次の全盛期の基盤を固めることに努力した。――

林龍業と厳東源は崇実中学の出身、金元謙は光成高普の出身であり、このことからも、普成専門における平壌サッカーの比重の大きさが分かる。

ところで、日本統治下の平壌は、どんな街だったのか。朝鮮総督府鉄道局が三七年に発行した『朝鮮旅行案内』では、平壌を次のように説明している。

――人口十八万余を擁する西鮮一の大都会で大同江《テドンガン》の流域地方は豊饒《ほうじよう》なる農産物と石炭を産し地の利を得て附近には大工場簇出《ぞくしゅつ》し一大工業地帯を現出してゐる。又行政経済上にも枢要の地位を占め平安南道庁・旅団司令部等が置かれ、鉄路は十字形に走つて貨客の集散頻繁を極めてゐる。――

植民地時代における朝鮮半島の工業の特色は、電力や鉱業資源に恵まれた北部地域に金属工業、化学工業、ガス・電気業などが集中し、南部地域には紡績業などが集中しているところにあった。こうした産業分布の偏重は、南北分断後、経済面において、さまざまな弊害をもたらすことになる。

いずれにしても、平壌は当時、朝鮮随一の工業地帯であり、日本からも大日本製糖、日本穀物産業、鐘紡、小野田セメントなどの企業が経済進出し、平壌の中心を流れる大同江の左岸には工場が集中していた。こうした、工場同士の対抗試合も盛んに行なわれたが、これは学校サッカーが主であったソウルとは異なる点である。

そして、当時の平壌におけるサッカー人気の盛り上がりを知っている人たちの間で、今でも語り草になっているのが、平壌とソウルの対抗戦、つまり京平戦である。

全朝鮮蹴球大会は、中学の部であれ青年の部であれ、ほとんどの場合、ソウルと平壌のチームとの間で優勝が争われてきた。それが下地としてあるだけに、対抗戦の開催は熱狂をもって迎えられた。

この二大都市のオールスター戦が初めて行なわれたのは、二九年一〇月八日、ソウルの徽門高普のグラウンドにおいてである。朝鮮日報の主催で催されたこの対抗戦では、三試合の熱戦が繰り広げられ、第一戦は一対一で引き分け、第二戦は四対三、第三戦は四対二でいずれも平壌が勝った。

翌年は京城運動場で行なわれ、今度はソウルが三戦全勝を収めた。ソウル、平壌のサッカーファンだけでなく、朝鮮全体の関心を集め、盛り上がりを見せていた京平戦ではあるが、三一、三二年は主催者である朝鮮日報の都合で開催されなかった。

この京平戦は、大会が開かれるたびに、双方とも急ごしらえのチームを作って、試合に臨んでいた。しかし、効率の面からも、常設チームを作ろうとする気運がソウル、平壌の双方に高まっていた。

二〇年代前半、ソウルを代表するサッカーチームは、一八年に結成された仏教青年会の仏教蹴球団であった。このチームは、結成時、中学サッカーの強豪であった徽門高普の出身者が軸になっていたが、徽門には、現在の韓国においても代表的な寺刹《じさつ》である釜山近郊の通度《トンド》寺《サ》、大邱《テグ》近郊の海印寺《ヘインサ》の関係者が多く修学しており、こうした寺の僧侶《そうりょ》たちの斡旋《あっせん》で組織されたものだという。

しかし、仏教蹴球団はやがて財政難に陥り、そこを湖南《ホナム》地方（全羅道《チョルラド》）の大富豪が救済し、名称も朝鮮蹴球団と変わった。ソウルの常設チームである京城蹴球団は、三三年五月一一日に、この朝鮮蹴球団が母体となって誕生した。

一方、平壌のほうも、三三年一月五日に戊午蹴球団を引き継ぐ形で平壌蹴球団を結成した。そして、その結成を記念して、四月六日、この時はまだ京城蹴球団は結成されていなかったが、ソウルから全京城チームを平壌に招いて対抗戦を行なった。以後、春と秋の二回、試合会場をソウル、平壌と交互に代えて、定期戦が開催されるようになり、朝鮮のサッカーにおける最大のイベントとなった。

京平戦の盛況は、それを見に来ていた地方のサッカー関係者をも刺激し、各地に地域チームが生まれる契機となる。

この京平戦は、今でもオールドファンの脳裏に焼きついており、郷愁を誘う試合でもある。一九九〇年の秋に、南北統一サッカー大会が実現し、北朝鮮と韓国の代表チームが、お互いに平壌とソウルを行き来して、双方で試合を行なったが、この試合を見て、かつての京平戦を連想し、懐かしさに浸った人も多かったという。

朝鮮のサッカーファンを熱狂させた京平戦であるが、とりわけ平壌における熱気は相当なものだったという。平壌の出身で、五四年のワールドカップ・スイス大会に韓国代表選手として出場した朴在昇《パク・チェスン》は、少年時代を振り返りながら、こう語る。

「平壌で京平戦がある日は、店がほとんど閉まってましたね。平壌は妓生《キーセン》が有名なところなんですが、この日は、検番に札を返して、今日は営業しません、とするくらい人気があったんですよ。

平壌からソウルまでは、汽車で三時間くらいの距離なんですが、ソウルで試合をする時は、平壌の人たちは汽車に乗って応援に行くんですよ。（試合を）平壌でやる時、ソウルから来る人は、それより少なかったと思います。それだけ平壌の人たちが熱心だった、ということですよ」

このように、平壌でサッカーが熱烈に支持された理由は何なのだろうか。多くの人は、「平壌の人の気質に合ったからだ」と言う。では、平壌の人の気質とは、どういうことなのか。

平壌をはじめとする平安道《ピョンアンド》地方の人たちの気性をたとえた言葉に、「猛虎出林」という言葉がある。さらに、この地方の人たちの信条として、「大同江の水を飲んだ者は、誰にも負けない」という言葉もあるという。

いずれも、平壌の人たちの闘志の強さを表現したものであり、この闘志の強さが、体と体をぶつけ合うサッカーというスポーツに向いており、かつ平壌サッカーの特色になっていると言われている。

日本統治時代、平壌サッカーの実力が、日本のサッカー関係者にも知れ渡るようになったのは、二八年一月、甲子園球場で開催された第一〇回全国中等学校蹴球選手権大会における崇実中学の優勝であった。

一八年一月に、関西地方のチームを集めて始まった「日本フットボール大会」は、二六年の第九回大会からは全国規模の大会となって、名称も「全国中等学校蹴球選手権大会」と改まり、地区予選も行なわれるようになった。そして、この大会から朝鮮のチームも参加することとなり、最初の朝鮮代表となったのが、ソウルの培材高普であった。各地の予選を勝ち抜いた計八チームで争われたこの大会で、培材高普の初戦の相手は神戸の御影師範であった。

朝鮮におけるサッカー都市が平壌なら、戦前の日本におけるサッカー都市は神戸であった。この大会においても、第一回から七回までの優勝は、日本人だけのチームとしては最初のチームであった御影師範であり、第八回の優勝は神戸一中（現、神戸高校）といったように、いずれも神戸の学校であった。

神戸のサッカー史を語る上で、見落とすことができないのが、神戸在住の外国人クラブであるKRAC〈神戸レガッタ・アンド・アスレチック・クラブ〉である。今日まで続いている、日本で最も古い歴史を誇るサッカーの対抗戦は、このKRACと横浜在住の外国人クラブであるYCAC〈横浜カントリー・アンド・アスレチック・クラブ〉との間で一八八八年から行なわれている、いわゆるインターポートマッチである。

また、KRACは、一八七三年にダグラス少佐が日本にサッカーを伝える以前に、すでに「フットボール」（サッカー方式だったのか、ラグビー方式だったのかは不詳）を行なったという話もある。そして、御影師範など、腕に覚えのある神戸のチームは、KRACとの試合で実力をつけるとともに、時には、神戸港に入港する外国船の船員たちに試合を申し込んだりもしたという。こうしたことが、戦前の神戸サッカー全盛期を形づくる礎になったと言われている。

全国中等学校蹴球選手権大会に話を戻すが、その第九回大会において、神戸の御影師範と対戦した朝鮮代表の培材高普は、三対〇で敗れて、初戦を飾ることはできなかった。しかし、朝鮮のチームの出現は、日本サッカー界にも少なからぬ衝撃を与えた。

『高校サッカー60年史』（全国高等学校体育連盟サッカー部編、講談社刊）には、培材高普について、次のように記してある。

――本大会の一大掘出物である。ラグビーの南満とともに力量未知数のものとして期待されていたが、期待を裏切らず御影に善戦した。偉大な体軀《たいく》となりを生ずるシュート、猛烈なタックル、いずれも内地チームにみられない底力をもっていた。——

こうした驚きは、次の大会からは、脅威へと変わっていく。

大正天皇の崩御《ほうぎょ》により、二七年の大会は中止になり、翌二八年の第一〇回大会の朝鮮代表となったのが、平壌の崇実中学であった。崇実中学は一回戦、京都師範に一一対〇と大勝。続く二回戦は、一回戦で御影師範に五対四と競り勝って神戸の牙城《がじょう》を崩した東京高師付中と戦い、六対〇と圧勝。決勝戦は、広島一中(現、国泰寺高校)と対戦することとなった。

広島一中は、サッカーを校技にしたいと考えた校長が、一一年に、東京高師の主将であった松本寛次を教諭に迎えて以後、頭角を現わし、戦前の日本においては、神戸勢の最大のライバルであった。崇実は、その広島一中も六対一と一方的に破り、大会が始まって以来、神戸から動くことのなかった優勝旗は、一気に玄界灘を越え、平壌に渡った。

一九五四年に行なわれる最初の日韓戦で、韓国代表チームの監督を務める李裕瀅《イ・ユーヒョン》は、この二年後に崇実中学に入学することになる。李裕瀅は、凱旋《がいせん》する選手たちを迎えた平壌の街の様子を、こう振り返る。

「とにかく、日本に行って優勝したんだから、平壌の人たちの喜びようは大変なものでした。選手たちは、市内をパレードし、市民も街に繰り出して歓迎しました。歓迎会は、大勢の人たちで埋め尽くされた学校のグラウンドで開かれましたが、選手の紹介や楽隊の演奏なんかがあって、賑《にぎ》やかでした」

なお、この時の崇実中学のメンバーの中には、後述するベルリンオリンピック、幻の日本代表・金《キム》・永根《ヨングン》が入っていた。

翌年の第一一回大会も、朝鮮代表は平壌から平壌高普が出場した。平壌高普は一回戦、前回の準優勝校である広島一中に三対二で辛勝し、二回戦は大阪の明星商業に四対〇で勝って決勝に駒《こま》を進め、御影師範と対決することになった。

しかし、その決勝戦で平壌高普は、延長戦に突入する大熱戦の末、六対五で敗れている。第一七回大会で神戸一中が優勝した時のメンバーで、朝日新聞の記者として健筆を揮《ふる》った大谷四郎は、この時の決勝戦の印象を『高校サッカー60年史』（前掲書）において、こう語っている。

――第11回大会の決勝戦は私が小学生のころで見に行ってよくおぼえていますが、すごい試合だった。御影師範と平壌高普の試合で、前後半終了して4対4の同点。延長2対1、計6対5で御影師範が勝ったが、この大会史の中でも特筆すべき壮絶な試合だった。――

このように、敗れはしたものの、前回の崇実に続く平壌高普の健闘は、日本サッカー界に、平壌サッカーの実力を知らしめるに十分なものがあった。

朝鮮における政治の中心はソウル、当時の名称で京城であったが、平壌もまた、一地方都市として片づけられない確固たる地位にあった。スポーツの面でも、朝鮮を代表する体育団体は朝鮮体育会であったが、「平壌にも、まとまった体育指導機関がなければならない」という考えのもと、二五年の二月に結成された関西《クアンソ》体育会（平壌を中心とする西北地方を関西地方とも言う）は、同年五月から始まった全朝鮮蹴球大会をはじめとして、野球、スケート、シルム（朝鮮式の相撲《すもう》）、バスケットボールなどの全朝鮮大会を開催するなど、朝鮮体育会に準ずる勢力を誇っていた。

そんな関西体育会にとって、死活問題になりかねない案件が三四年四月、朝鮮総督府から持ち上がった。このころ、朝鮮総督府は、蹴球統制令を作成していた。その内容は、

一、全朝鮮的サッカー大会は、年一回に限って、（総督府の）学務局長の許可があれば開催でき、

二、各道内の大会は、道体育協会（日本人の団体）と蹴球連盟の主催で開くこと。

三、二道以上にまたがる対抗大会は、関係道体育協会の主催で開くこと。

四、試合は、原則として土曜日と日曜日に行なうこととし、平日は、業務に支障がないように、午後三時以降に開くこと。

といったものであった。

これは、正式に決定したものでなく、案の段階で外部に流れたものだが、もし、これが実施されると、関西体育会が開催してきた全朝鮮蹴球大会も存亡の危機に立たされることとなる。こうしたこともあり、関西体育会会長の曺晩植《チヨ・マンシク》は、朝鮮総督府に対して、抗議ののろしをあげた。

三四年四月一五日付の『東亜日報』は、「関西体育会を先頭に蹴球統制反対の烽火《ほうか》」という見出しを掲げ、曺晩植の次のような怒りの談話を掲載している。

——統制案の全体がまだ分からないので、ここで是非を論ずるのは難しい。

しかし、新聞紙上を通してその基準案というのを見ると、民間団体を全く無視したもので、万一これが事実であれば、我々は当局者が過去と現在において、民間団体の朝鮮体育界に対する功労を無視したもので、勇敢さと民間団体の将来を期待するだけの雅量のない、襟度の狭さに驚くしかない。

すべからく、これは当局者が官力万能の夢から覚めることができないため、体育発達においてまでも、民間団体の活動を制限しようとするものだ。

我々関西体育会は、過去十年間、朝鮮人の体育発達のために、実に涙ぐましい活動を続けているものとして、こうした統制案の実現を、そのまま黙過するということは、血と涙で綴《つづ》られた十年に及ぶ我々の歴史が許さず、この団体を通して、一つとなった我々の良心が許諾しないものであり、これから我々は、反対の対策を講究することに躊躇《ちゅうちょ》しないものである。

——

このような談話を発表した曺晩植は、ガンジーの無抵抗主義に心酔した独立運動家として知られている。こうした抗議を受けた総督府は、「民間団体の主催権に対する既得権を認めろという要請については了解し、もう少し、研究してみる」ということを約束し、統制案自体は実施されなかった。しかし、このころから、総督府もスポーツ活動に関して、かなり深く介入してくるようになっていった。

日本との交流の始まり

朝鮮体育会が結成され、朝鮮でのスポーツ活動が活発になろうとしていた一九二〇年七月、東京に留学している朝鮮人で構成された在東京朝鮮留学生蹴球倶楽部の母国訪問が実現し、朝鮮のサッカー界に新たな刺激を与えることになった。

この在東京朝鮮留学生蹴球倶楽部は、夏休みを利用して朝鮮に戻ってきたわけであるが、その折、大邱とソウルで一試合ずつ行なっている。これを皮切りに以後、不定期ではあるが、夏休みの七月か八月に、朝鮮各地で試合をするようになる。

今日の日韓関係についても言えることだが、日本への留学生および留学経験者が、両国をつなぐパイプ役として果たした役割は大きい。この時の、在東京朝鮮留学生蹴球倶楽部にしても、

――サッカーを科学的に研究し、日本と朝鮮のサッカーの長所、短所を分析し、朝鮮サッカー界にそれを提供することによって、朝鮮サッカー界の進歩を促進させるといったことを、東京朝鮮留学生蹴球倶楽部の使命としていたのだ。――『韓國近代體育史研究』(前掲書)

といったように、日本との交流の中から、朝鮮のサッカーを発展させることを主たる目的としていた。

また、二二年からは、上海《シャンハイ》の留学生も母国訪問をするようになり、こうした留学生たちの母国訪問は、朝鮮のサッカー界にとっては、視野を海の外に広げていくきっかけとなった。

そして、朝鮮のチームとして、初めて日本に遠征したのが、二六年に来日した朝鮮蹴球団であった。朝鮮蹴球団は、二五年四月に仏教蹴球団を引き継ぐ形で誕生したチームだが、同年四月に行なわれた朝鮮体育会主催の全朝鮮蹴球大会を制覇すると、一一月に行なわれた平壌基督教青年会主催の全朝鮮蹴球大会でも続けて優勝し、当時としては朝鮮随一の実力を誇っていた。

その余勢を駆って、朝鮮蹴球団は日本遠征を計画。翌二六年一〇月一六日、ソウルを出発した一行は、一八日に東京に到着。翌日、明治神宮競技場で東京高等師範と対戦して勝利を収めた。さらに、朝鮮蹴球団は翌日、早稲田大学（以下、早大）、二一日に東京帝国大学（以下、東京帝大）と試合をして、ともに一対一で引き分けている。

引き続き、水戸《みと》と広島で試合をして、トータル八試合を戦い、五勝三引き分けの成績で遠征を終えた。このように朝鮮蹴球団が日本の有力チームと対戦して、一試合も負けなかったということは、朝鮮サッカーの実力を日本のサッカー界に強烈に印象づけることとなった。

一方、日本では、サッカーの全日本選手権が始まる四年前に、最初の国際試合を経験している。一九一七年の第三回極東選手権大会は、東京の芝浦で開催されたが、この大会が日本で開催された最初の国際競技大会である。

極東選手権大会とは、一三年にフィリピンの提案で東洋オリンピックとして始まった、日本、フィリピン、中国の三国による総合スポーツ大会で、隔年で開催されていた。この第三回大会に、日本サッカーとしては、開催国の面目にかけても出場しないわけにはいかなかった。しかし、サッカーを統括する全国的な組織もなければ、代表チームを選ぶための全国規模の大会も、当時は存在していなかった。したがって、この大会では、日本サッカー界の伝統校である東京高等師範が代表として推薦され、出場することになった。

こうして、極東選手権大会に出場はしたものの、アジアの中においてさえも、その実力の差は如何《いかん》ともしがたく、日本サッカーが初めて経験した公式の国際試合の結果は、五月一〇日に行なわれた中国戦が〇対八、翌日のフィリピン戦は二対一五という完敗に終わり、まったく歯が立たなかった。

続いてマニラで開催された第四回大会には、日本のサッカーチームは出場せず、大日本蹴球協会が設立された二一年に上海で開催された第五回大会には、全関東蹴球団という選抜チームを作って、大会に選手団を派遣した。これが日本のサッカーチームとしての最初の海外遠征であったが、五月三〇日に行なわれたフィリピン戦は一対三で敗れ、六月一日の中国戦にも〇対四で負け、前回に比べれば差は縮まったものの、勝利を飾ることはできなかった。そして、第六回、第七回の大会にも出場したが、やはり勝利の女神が微笑《ほほえ》むことはなかった。

こうして迎えた二七年、上海で開催された第八回極東選手権大会には、早大を中心とする日本代表チームを編成した。この大会で日本チームは、八月二七日の試合は中国に一対五と敗れたが、二九日のフィリピン戦では、ついに二対一で勝利を収め、日本サッカー史上、公式の国際試合における初の勝ち星を挙げた。

この勝利の陰に、忘れてはならない功労者がいる。日本サッカーは、その発展過程において、多くの外国人の教えを受けている。東京オリンピックの時に、西ドイツから招いたコーチであるクラマーの例は、サッカーファンの間ではあまりに有名だが、発展の初期の段階において大きな影響を与えたのが、二〇年代の前半、ビルマ（現、ミャンマー）から日本に留学していたチョー・ディンである。チョー・ディンは、東京高等工業学校（現、東京工業大学）の留学生であったが、彼が指導した早稲田高等学院が旧制の全国高等学校選手権大会で二三年、二四年と連続して優勝すると、その名は一躍日本中に広まり、コーチの要請が殺到して、彼は各地の学校を回って指導した。

彼が日本のサッカー界にもたらした主なものとしては、

「正確に蹴るにはサイドキックが役に立つ」

「一人で無理して相手を抜かなくても、味方に協力させパスを使えば、楽にショートパスで抜ける」

といったことであった。こうしたチョー・ディンの指導により、それまでイギリス流のキック・アンド・ラッシュ一辺倒であった日本のサッカー界は、ショートパスを軸とした、組織プレーを中心としたスタイルへと変化していくことになり、これがやがて日本のお家芸となっていく。

第八回大会の日本チームのメンバーの中には、チョー・ディンから直接コーチを受けたことのない人もいたが、その教えは先輩から後輩へと受け継がれており、このフィリピン戦での勝利も、チョー・ディンの指導の賜物《たまもの》とも言える。

極東選手権大会に出場したメンバーの大半は、早大の現役かOBであったが、東京帝大から竹腰重丸、法政大学（以下、法大）から西川潤之といった選手も加わっていた。そして、フィリピン戦で決勝のゴールを挙げたのが、その竹腰だった。竹腰は、戦前から戦後にかけて、日本代表チームの監督およびサッカー協会の理事長などを務めて日本サッカーの発展に尽くし、五四年に行なわれた日韓戦においても、日本代表チームの監督であった人物である。

また、極東選手権大会を終えた日本チームは、その帰国途上、朝鮮に立ち寄り試合をしている。九月一四日に平壌で試合をしたのを皮切りに朝鮮で四試合を戦い、まず平壌においては、崇実専門に三対二で勝ったものの、続く戊午蹴球団との試合は、四対四で引き分けている。さらに、舞台をソウルに移しての試合では、この年の一一月に行なわれた朝鮮体育会主催の全朝鮮蹴球大会で優勝チームとなる延禧専門と戦って、〇対四で敗れ、さらには朝鮮サッカー界における屈指の強豪であった朝鮮蹴球団との試合でも、一対三で敗れている。

いずれの試合にも、朝鮮のサッカーファンが多数詰めかけて、植民地支配による日ごろの鬱憤《うっぷん》を晴らすかのように、朝鮮のチームに対して盛んに声援を送っていたが、ソウルでの試合は二試合とも朝鮮のチームが勝ち、試合会場の京城運動場は、熱狂したファンの歓喜の声に包まれたという。

ところで、日本のチームが朝鮮で試合をしたのは、早大を中心としたこの時の日本代表チームが最初ではなかった。二六年四月には、日本人による体育団体である朝鮮体育協会の招きで、大阪サッカークラブが朝鮮遠征を行なっている。大阪サッカークラブとは、関西学院《かんせい》（以下、関学）や明星《めいせい》商業のＯＢを中心として作られたチームである。

大阪サッカークラブは、当初四試合を戦う予定であったが、四月二六日に、朝鮮王朝最後の皇帝である純宗《スンジョン》が崩御したために、二試合だけ行ない、一敗一引き分けの後、残りの試合は中止になった。翌二七年四月にも、広島の鯉城《りじょう》蹴球団がソウルに遠征したが、この時は、一勝二敗で負け越している。

さらに、二八年には、当時、関東の二部リーグで優勝して一部リーグに昇格したばかりの明治大学（以下、明大）が、関東の大学単独チームとしては初めて朝鮮に遠征した。こちらは五試合を戦って、一点も取ることができない大敗であった。その後も、早大などの遠征が相次いで行なわれることとなる。

一方、朝鮮のチームは、中国との交流も活発に行なった。延禧専門の上海遠征、平壌蹴球団の天津遠征などが、その代表例である。当時、上海、天津といった港湾都市には欧米人が多く居住しており、これらの都市に遠征した朝鮮のチームは、当地のイギリス人などからサッカーの新しい戦術を学び、そのことは朝鮮のサッカーの発展に大きく寄与したという。

二〇年代も後半になると、朝鮮では、大阪朝日新聞、普成専門、京城帝大予科など、新聞社、学校、団体が主催するさまざまなサッカー大会が乱立するようになってきた。こうした中で、サッカーの統一機関を組織することの必要性が叫ばれるようになり、三三年九月一九日、朝鮮蹴球協会が結成され、初代の会長には普成専門の前の校長でハングル学者として知られる朴 勝彬《パク・スンビン》が就任した。

このころ、すでに野球などでは、日本の全国大会に朝鮮から代表が出場していたが（ただし、中等学校野球大会などの場合、京城中学など、日本人主体の学校が出場することが多かった）、サッカーの場合は、選手の大半が朝鮮人であるためなのか、その理由は定かではないが、一部を除いて、日本の大会に朝鮮のチームが出場することはなかった。中等学校の大会にも、二九年の大会を最後に、しばらく代表チームを派遣しない時期が続いていた。

しかし三五年からは、全日本総合選手権大会と明治神宮大会という、サッカー日本一を決める全国大会にも、朝鮮から代表を派遣するようになる。それにより朝鮮のサッカーは、「打倒日本」という、植民地支配による圧迫の中で奪われてきた民族の誇りをかけた激しい戦いを繰り広げていくことになる。

第二章 ❖ 日本を制覇した朝鮮サッカー

ベルリンオリンピック代表選考の波紋

一九二七年、上海で開催された極東選手権大会でフィリピンに勝ち、国際試合における初勝利を挙げた日本は、三〇年、東京で開催された同大会において、フィリピンに七対二で大勝。続く中国とは三対三で引き分けたものの、中国が再戦を拒否したため、両国の優勝という形で、国際大会における初めての優勝を飾った。

こうした勢いを駆って、次の目標になったのはオリンピック出場であり、アジアから世界への挑戦であった。三二年のロサンゼルスオリンピックは、サッカーが競技種目から除外されていたため、その悲願は三六年開催のベルリンオリンピックに持ち越された。

当時、日本の全国大会としては、全日本選手権大会と明治神宮体育大会があった。しかし、中央と地方の実力差が大きかった上に、東西の各大学が力をつけてきたため、関東、関西、それぞれの学生リーグが優先され、全国大会は軽んじられる傾向もあった。

こうしたなか、ベルリンオリンピックを翌年に控えた三五年、代表選手の選考、強化を兼ね、より強いチームが集まることを期して新しく設けられた大会が、全日本総合蹴球選手権大会であった。この大会には、朝鮮からも代表を送ることになった。日本一を決める大会に朝鮮のチームが出場するのは、これが初めてである。

朝鮮では、全日本総合選手権大会に出場するチームを決める予選を京城運動場で行なった結果、京城蹴球団が平壌蹴球団を一対〇で破り、朝鮮代表となった。この当時のオリンピックは、今日のような地域ごとの予選はなかったので、申請したチームは原則として出場することができた。したがって、朝鮮の選手たちも、オリンピックに出場することを目指して、全日本総合選手権大会に臨んだのだった。

京城蹴球団の選手として出場した李裕瀅《イ・ユーヒョン》は、大会前の心境を、こう振り返る。

「技術的には我々が劣っているかもしれない。けれども、練習量では負けてない。とにかく日本には勝たなければならない、という気持ちでした」

大会は、六月一日、二日の二日間、六チームが参加して、明治神宮競技場で行なわれた。一回戦は組み合わせ上の不戦勝であった京城蹴球団は、二日に準決勝と決勝を戦うことになった。準決勝では、六対〇と名古屋高商を零封した後、京城蹴球団は引き続き行なわれた東京文理大学（以下、文大）との決勝戦にも六対一で圧勝し、初めて挑んだ日本の大会に優勝した。

この大会の優勝メンバーは、GK〈ゴールキーパー〉・李恵逢《イ・ヘボン》、FB〈フルバック〉・朴奎《パク・キュウ》禎《ジョン》、鄭龍洙《チョン・ヨンス》、HB〈ハーフバック〉・李裕瀅、金容植《キム・ヨンシク》、金炳禧《キム・ビョンヒ》、FW〈フォワード〉・朴孝《パク・ヒョ》済《ジェ》、裵宗鎬《ベ・ジョンホ》、金成玕《キム・ソンガン》、金景漢《キム・ギョンハン》、康基淳《カン・ギスン》といった顔触れである。

日本の植民地支配から解放され、韓国が日本と初めて対決するのは一九五四年のことであるが、その試合には右のメンバーのうち、李裕瀅は監督として、裵宗鎬はコーチとして、朴奎禎は選手として出場している。また、鄭龍洙はその後、日本に渡り、在日の立場から日韓戦をサポートすることとなる。

京城蹴球団は、その年の秋に開催された明治神宮体育大会にも、平壌蹴球団から金永根《キム・ヨングン》などを補強して出場。決勝戦で慶応BRB（全慶応。BRBは、スクールカラーのブルー・レッド・ブルーの略）に二対〇で勝ち、こちらも優勝した。

このように、オリンピックの前年に行なわれた全国大会に二回とも優勝した以上は、オリンピック代表選手も京城蹴球団のメンバーを中心に組まれるものと、朝鮮のサッカー関係者は考えていた。また、大日本蹴球協会からも、朝鮮から七人ほど選抜するという約束があったという。

そのつもりで待っていた朝鮮のサッカー関係者にとって、翌年の二月になされた代表候補選手の発表には、衝撃を隠すことができなかった。朝鮮から選ばれたのは、金容植と金永根の二人だけであった。メンバーの多くは、三五年一二月に行なわれた関東と関西の学生リーグの優勝チーム同士が戦う王座決定戦において、関学に一二対二と大勝した早大の選手、もしくはOBが占めていたのである。

このことに対して猛烈に抗議したのは、三四年四月に朝鮮蹴球協会の二代目会長に就任していた呂運亨《ヨ・ウンジョン》であった。呂運亨は、韓国現代史を語る上で、きわめて重要な位置にいる人物である。

四五年八月一五日、日本の敗戦とともに植民地支配は終わるわけだが、アメリカ軍が進駐して来るまでの間、朝鮮は無政府状態に置かれることとなる。このため、朝鮮総督府政務総監の遠藤柳作が、何人かの民族指導者と交渉し、治安維持に対する協力を求めたが、その一人が呂運亨であった。

八月一四日の夜、呂運亨はこれに応じ、一五日には朝鮮建国準備委員会の委員長となった。また、九月六日には、「朝鮮人民共和国」の樹立を宣言。李承晩《イ・スンマン》を主席とし、自らを副主席にするなどの閣僚名簿も発表したが、進駐してきたアメリカ軍によって、これは否認された。その後、左右のイデオロギー対立が激しさを増す南朝鮮の政局の中で、左右の「合作運動」を展開するなど、呂運亨は混乱期における建国運動の中心人物であったが、四七年七月に、右翼青年により白昼暗殺され、最期を遂げることとなる。

しかし、独立運動家としての呂運亨の名声は、解放以前から高かった。一四年から、中国などで亡命生活を送っていたが、二九年に日本の警察に逮捕されて帰国し、三二年に服役を終えてからは、言論やスポーツ活動を通して民族運動を展開していた。そうした呂運亨にとって、スポーツにおける朝鮮人差別は、容認することができなかったに違いない。その抗議も、かなり強力に行なわれたと言われる。

こうしたなか、日本側と朝鮮側の調停役となっていたのが、当時、大日本体育協会の理事であった李相佰《イ・サンベク》である。李相佰は、朝鮮半島南部の商業都市・大邱の出身で、早大に留学中、バスケットボール部の主将も務めた。大日本バスケットボール協会の創立にも尽力し、三〇年に同協会が結成されると同時に理事になり、三五年からは大日本体育協会の理事にも就任していた。また、解放後は、四六年に朝鮮体育会の理事長に就任し、六四年にはＩＯＣ〈国際オリンピック委員会〉委員に就任するなど、韓国のみならず、世界のスポーツの発展に貢献し、ＩＯＣ会長であったブランデージから「韓国のクーベルタン」と呼ばれた人物でもあった。

さて、大日本体育協会の理事であった李相佰は、呂運亨の意向を受け、大日本蹴球協会などに対して説得を続けたが、事態は進展しなかった。これに対して、呂運亨も態度を硬化させ、メンバーに選ばれた金容植、金永根に参加を辞退することを促していた。

こうして、オリンピック代表選手の選考をめぐって、サッカーにおける日本と朝鮮の関係がぎくしゃくしている渦中、金容植と金永根の二人は、三六年の三月二六日から東京・東《ひがし》伏見《ふしみ》の早大グラウンドで始まった代表候補選手の合宿練習に加わった。ちょうど一ヵ月前に二・二六事件が起こり、日本国内の情勢も騒然としている時期であった。合宿に参加した両選手の様子を、三月二七日付の『東京朝日新聞』は、こう記している。

――十六選手はこの日を待ち憧《あこが》れてゐたので熱意が溢《あふ》れ金（容）金（永）両選手の如《ごと》きは定められた午前七時起床の掟《おきて》を破つて午前六時に床を抜け出して球場に飛び出しランニングの練習をするという有様――

こうした様子からは、周囲の騒音はともかく、代表候補にとどまることなく、正式の代表選手になろうという意気込みが感じられる。

　しかし、本来は平壌蹴球団の所属であった金永根に対しては、同蹴球団から、四月下旬に予定されている天津遠征への参加勧誘がなされていた。平壌蹴球団は前年の三五年から天津遠征を行なっており、当地のイギリス人、イタリア人、フランス人などからなる全天津軍と、互角の勝負を繰り広げていた。

　朝鮮の側では、選手選抜に不満を持っていたことも手伝って、平壌蹴球団から金永根のもとに、合宿を抜け出して天津遠征へ参加することを促す電報が数回にわたって届いていた。そのことは、竹腰重丸ら大日本蹴球協会の幹部も知るところとなっており、金永根は注意を受けたこともあったという。

　オリンピックに出場したい、という気持ちと、朝鮮から聞こえてくる声の狭間《はざま》で、当人もおそらく、相当苦しんだのではないかと思われる。しかし結局は、金永根は天津遠征に参加することとなった。四月一二日に発表された代表メンバーの中には、金容植の名前はあるものの、金永根の名前は、辛うじて補欠の欄に記されているだけであった。

　この時の日本代表は、監督・鈴木重義（早大出）、コーチ・竹腰重丸（東京帝大出）、工藤孝一（早大出）、ＦＷ・加茂正五《しょうご》（早大）、川本泰三《たいぞう》（早大）、加茂健《たけし》（早大）、高橋豊二（東京帝大）、西邑《にしむら》昌一（早大）、松永行《あきら》（文大）、ＨＢ・右近《うこん》徳太郎（慶大）、種田《おいた》孝一（東京帝大）、金容植（京城蹴球団）、笹野積次《ささのせきじ》（早大）、立原元夫（早大出）、ＦＢ・鈴木保男（早大出）、竹内悌三《ていぞう》（東京帝大出）、堀江忠男（早大）、ＧＫ・佐野理平（早大）、不破整《ふわせい》（早大）といったメンバーだった。

このうち川本泰三は、五四年の日韓戦にもコーチ兼選手として出場する。すなわち、約二十年もの間、日本代表を務めた選手であり、戦前の日本サッカー屈指のCF〈センターフォワード〉だった。

さて、ベルリンオリンピックに出場した金容植と、出場しなかった金永根だが、その後の二人のサッカー人生は、あまりにも対照的であった。

金容植は、ベルリンオリンピックが終わった後、早大に留学。植民地時代の間は、日本代表の座を維持し続けた。そして解放後は、実業団最強のチームとなる朝鮮電業のサッカー部を結成。アジアの頂上に立った六〇年のアジアカップ選手権の韓国代表チーム監督を務めるなど、代表チーム、一般チームを問わず、数多くのチームを指導した。晩年も、八〇年一二月に誕生した韓国最初のプロチーム・ハレルヤの監督および部長を務め、老体に鞭《むち》打ってグラウンドに立った。そして、プロリーグがスタートしてから二年後の八五年に、その生涯を終える。

金容植は、人生をまさに、韓国サッカー発展の歴史とともに歩んできたとも言える人物で、韓国のサッカー界においては、神様のような存在である。

一方の金永根は、天津遠征の後、満州（現、中国東北部）に渡り、サッカーの第一線からは姿を消す。以後は、表舞台に現われることはほとんどなく、七〇年に寂しくその人生の幕を閉じる。二八年に、崇実中学が全国中等学校蹴球選手権大会で優勝した時の中心選手だっただけに、早くから注目されていた逸材ではあったが、今から六十年近く前に活躍した選手のプレーを実際に見たことのある人も限られており、その存在はもはや伝説となっている。

しかし、その実力は、「金容植より上だった」と言う人もいるくらい優れた選手であったと言われている。細かい事情を知る立場になかった当時の日本選手の中にも、

「あれは、いい選手だったな。なぜ代表に入らなかったんだろう」

という声もあったという。

平壌蹴球団の団長として、天津遠征にも参加した崔一《チエ・イル》は、金永根のプレーについて、こう振り返る。

「金永根がいったんボールを蹴《け》って走れば、イギリス人が三人で防ごうとしても止めることができませんでした」

また、李裕瀅は、

「金永根は、CFとしては東洋一と言われた人で、頭のいい選手でした。対して、金容植の場合は、努力の人でした」

と語っている。

植民地時代においては、朝鮮のスポーツ選手たちは、朝鮮代表としてではなく、あくまでも日本代表として出場しなければならなかった。そこに、やるせない感情があったのは事実だろう。しかし、スポーツ選手ならば、そうした問題はあるにしても、より大きな舞台で、

より高いレベルの相手と試合をしたいと考えるのもまた、当然の感情である。

韓国の『月刊蹴球』社長であった韓洪基《ハン・ホンギ》は、こう語る。

「あれだけの天才選手が、世界の舞台で活躍することもなく、寂しくこの世を去ったことは、大変残念なことです。いろいろ事情はあったにせよ、当時の指導者たちの考えは間違っていたのではないかと思います」

たしかに、自分たちの主張が通らないことを理由に、選手の活躍の機会を奪ったことには問題もある。しかし、その前に問われなければならないのは、日本側の代表選抜過程であろう。

当時、選考に直接携わっていた人たちは、すでに亡くなっているため、明確な証言を得ることはできなかった。ただ今日、日韓の資料および関係者の証言を比較してみると、認識にかなりのギャップがある。

『韓國蹴球百年史』（前掲書）には、ベルリンオリンピックの選手選考について、次のように記してある。

――一九三六年、日本蹴球協会は、第一一回ベルリンオリンピックを控え、日本代表チームを強化する目的で、これより一年前の一九三五年六月一日に、第一回全日本蹴球選手権大会を開催した。

日本蹴球協会は、この大会を通して、代表選手を選抜する予定だったが、当時、朝鮮を代表して出場した京城蹴球団が優勝すると、これを黙殺して、秋に開かれる第八回明治神宮体育大会の成績を土台に日本代表を選抜すると、突然方針を変えて発表した。

この年の一〇月二九日に開幕した明治神宮体育大会でも、京城蹴球団が再び日本の強豪たちをことごとく撃破して、栄えある優勝を成し遂げたために、日本のサッカー界を揺るがすこととなった。……（中略）……日本代表チームを選抜する過程で、しかたなく、定員二五名中、金容植、金永根という二名の朝鮮選手を選抜した。……（中略）……このように、当初の選抜方針とはことなり、朝鮮の選手に、日本の選手よりも優秀な選手がいるにもかかわらず、日本の選手だけで構成したことは、日本人たちの浅はかな腹づもりをあらわにした仕打ちとしか思えないのだ。――（『日本サッカーのあゆみ』によれば、三五年六月に行なわれた全国大会は、第一五回全日本選手権と第一回総合選手権を兼ねていることになっている）

これに対して、『大日本體育協會史』（編集・発行、大日本體育協會）には、こう記してある。

――ベルリン・オリムピック初登場が拍車をかけて球界は湧《わ》き立ち春の全日本選手権には京城蹴球団が遥々《はるばる》東上して覇権を握り、秋の第八回明治神宮体育大会と併せて催された全日本地方対抗選手権大会には台湾《たいわん》代表として鉄蹴球団が出場するなど全日本的の動員の下に盛大に行はれた。これも京城蹴球団が優勝したのであるがこの二選手権の帰趨《きすう》に依《よ》つて球界の動向を判断するにはあたらない。シーズン深くなるに連れて早大が愈々《いよいよ》其《そ》の蘊蓄《うんちく》を傾けて関東学生リーグに三年覇を称へ東西学生対抗には三年連続代表としてしかも三年連勝といふ新記録を掲げた。――

韓国側の資料によれば、全日本総合選手権と明治神宮体育大会が、オリンピックの代表選考試合であり、また、韓国のサッカー関係者の証言によれば、それらの大会に優勝した京城蹴球団から七人程度の選手を選抜するという約束もあったという。一方、日本側は、東西の学生王座決定戦において三連覇した早大こそが、実力においては日本一であるという見方である。

この当時、それぞれの大会の権威付けについては、不明確な部分もある。また、東京六大学野球がその代表例であるが、東京の大学には、全国レベルの大会より、学校同士の対抗戦を重視する傾向があった。

朝鮮においても、京平戦や、延禧専門と普成専門の対抗戦などに力を入れていたが、こと日本との試合となると、朝鮮の選手たちは、そうした対抗戦とはまったく異なる覚悟で試合に臨んでいた。したがって、日本の選手と朝鮮の選手の間では、全日本総合選手権や明治神宮体育大会に対するモチベーションの差があったのかもしれない。

しかし、仮にそうであったとしても、早大は関東の予選で敗れているとはいえ、この二つの大会にともに出場している。対して、朝鮮のチームは東西の大学リーグにはもともと属してない。したがって、大学リーグのチャンピオンが「最強チームだ」という論理には、朝鮮の側は納得できないであろう。それに不公平さを感じるのも当然である。

東京YMCAの役員として、戦前からスポーツ活動に深く関わっていた、在日本大韓体育会名誉会長の蔡洙仁《チエ・スイン》は、朝鮮の立場から、こう語る。

「昔のことを言ってもしょうがないけれども、これは公約の不履行です。スポーツにおいても、差別はあったんですよ」

ただ、朝鮮の選手がほとんど選ばれなかった事情については、当時の日本サッカーの立場から見た場合、また別の理由も考えられる。川本泰三とともに、戦前を代表するストライカーであり、三五年秋の明治神宮体育大会決勝で、慶応BRBの選手として京城蹴球団と戦った二宮洋一《にのみやひろかず》は、このような選考結果になった背景を、こう推測する。

「もし、うまさとか体力を測る器械のようなものがあれば、日本代表のうち半分くらいは朝鮮の人になったでしょう。ただ、サッカーには、コンビネーションが必要でしょう。朝鮮の人たちは、どうしても、俺《おれ》が俺がという意識が強いから、チームプレーとして、うまくやっていけるか、気にかかったのではないでしょうか」

この当時、すでに日本のサッカーは、ショートパスを用いての組織プレーを攻撃の軸としていた。一方、朝鮮は、キック・アンド・ラッシュ攻撃を多用して、個人技に頼るサッカーをしていた。当時の日本の新聞を見ると、朝鮮の選手の強引なプレーに対する批判的な記事が目につく。しかし、朝鮮の側から見れば、日本のサッカーは教科書的で、面白みに欠けると映っていた。

両者の本格的な交流は、まだ始まったばかりであり、果たしてコンビネーションがうまくいくのか、日本のサッカー関係者が不安に感じていたことは確かであろう。サッカーは団体競技である以上、チームの方針が重んじられ、実力のある選手が代表から外れることもままある。ただ、別の見方をすれば、それだけ選手の起用に恣意的《しいてき》なものが入り込む余地があると言えなくもない。

一方、朝鮮の側からすれば、日本の大会で優勝しながら、日本のプレースタイルに合わないことを理由に排除されることもまた、納得できないことであろう。植民地支配によって、朝鮮は日本の中に組み込まれたが、かと言って、同じ日本ではなく、明確な差別が存在していた。

いずれにしても、当時の状況から推測すれば、大日本蹴球協会においてなのか、それよりも、もっと上のレベルにおいての話なのかははっきりしないが、この選考においても、朝鮮人に対する何らかの差別もしくは排除の意識が働いていたものと思われる。そのために、本来、実力がありながら、活躍の場を得ることができなかったとすれば、スポーツマンとして、非常に不幸なことだと言わざるを得ない。

日本の植民地支配は、朝鮮のスポーツ選手にも、多くの「恨《ハン》」を残した。それは、活躍の場を公平に得ることができないという「恨」であり、また、たとえ活躍の場を得たとしても、あくまでも日本選手として出場しなければならないという、民族の誇りを傷つけられることからくる「恨」である。

なお、ベルリンオリンピックには、朝鮮からは金容植以外に、本部役員として李相佰、選手としては、マラソンの孫基禎《ソン・ギジョン》、南昇龍《ナム・スンニョン》、バスケットボールの李性求《イ・ソング》、廉殷鉉《ヨム・ウニョン》、張利鎭《チャン・イジン》、ボクシングの李奎煥《イ・ギュファン》といった人たちが、日本選手団の一員として参加している。

ベルリンの奇跡

一九三六年八月一日、ベルリンオリンピックは開幕した。このオリンピックは、ナチス・ドイツがスポーツを政治宣伝の道具として利用し、その威信を全世界に広めた大祭典ではあったが、日本人にとっても忘れることのできない多くのドラマを生んだ大会でもあった。
「前畑《まえはた》ガンバレ！」の実況アナウンスで知られる、女子二百メートル平泳ぎの前畑秀子の金メダル。陸上三段跳びに優勝した田島直人。棒高跳びでは、同成績ながら銀メダル、銅メダルとなった西田修平と大江季雄が、後にメダルを半分ずつつなぎ合わせた、いわゆる「友情のメダル」。さらに、メダルは逃したものの、スタンドの人気を独り占めにした一万メートルと五千メートルの村社講平《むらこそこうへい》。重圧に押しつぶされ、予選落ちしたが、「暁の超特急」としてその名を馳《は》せた百メートルの吉岡隆徳《たかよし》など、今日でも語り継がれている名選手が活躍している。

こうした陸上・水泳陣に隠れて影は薄いが、サッカーでも、歴史に残る快挙があった。日本サッカーにとって、大きな国際舞台における初試合の対戦相手となったのは、優勝候補の一角を占めるスウェーデンであったが、この試合で日本は、大方の予想を完全に覆し、この強豪に三対二で勝つという大金星を挙げたのだった。

この快挙の要因となったのが、現地入りしてから、地元のクラブチームと行なった練習試合を通して身に着けた、新しいフォーメーションであった。それまで日本のサッカーでは、最終ディフェンスラインに位置するFBは、二人しか配していなかった。しかし、二五年にオフサイドルールが改正されると、このシステムでは守り切れなくなっていたのである。

二五年以前のルールでは、「相手の後方から三人目の選手より前に出てパスを待つ行為」がオフサイドとされていた。これならば、FBは二人でも十分相手の攻撃を防ぐことができた。しかし、二五年のルール改正で、「相手の後方から三人目」だったものが「二人目」に変わった。これでFBは、両ウィングに対する防御で手いっぱいになり、CFが得点しやすくなった。このため、日本国内の試合でも、九点、一〇点という大量得点が入る試合が相次ぎ、各チームとも、その対策に苦慮していた。

ところが、ベルリンに来て、現地のクラブチームと三回試合をしてみて、どのチームもFBが三人であることに気がついた。そこでCH〈センターハーフ〉の種田孝一を両FBの中間、今で言うストッパーの位置まで下げて、3FBシステムを採用した。

サッカーのフォーメーションは、その時々により、流行のように変わっていくものだが、この3FBシステムは、一般にWMフォーメーションと呼ばれ、五〇年代の半ばまで、世界のサッカーの主流となる。

なお、WMフォーメーションとは、攻撃の最前線にLW〈レフトウイング〉、CF〈センターフォワード〉、RW〈ライトウイング〉が並び、三人の後方にLI〈レフトインナー〉とR

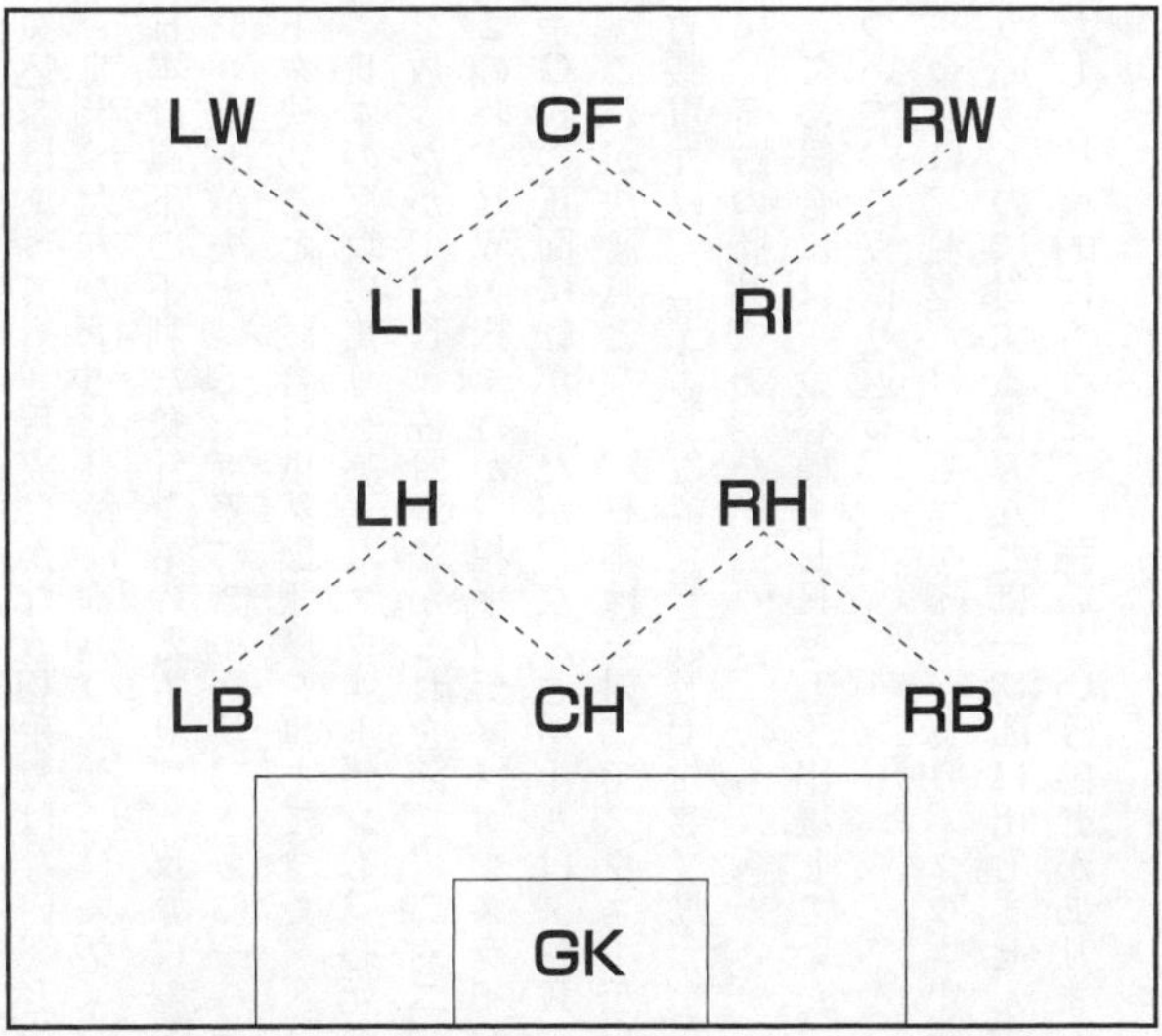

I〈ライトインナー〉を配置して、FWはW字型をなす一方、バックスは、LH〈レフトハーフ〉とRH〈ライトハーフ〉の後方に、LB〈レフトバック〉、CH〈センターハーフ〉、RB〈ライトバック〉が並んでM字型をなすために、その名がついたもの。FWとHB・FBが五人ずつ対称形となる布陣で、マン・ツー・マンのディフェンスを基本としていた。

練習試合を通して新しいフォーメーションを習得し、ディフェンス面での悩みを一つ解消した日本は、八月四日、スウェーデンとの対戦に臨んだ。この試合に、RBとして出場した堀江忠男も、「勝とうとは思ってませんでしたが、勝てるとは思ってませんでした」と語っているように、意気込みはあっても、現実にかなう相手ではない、と思われていた。

前半、大方の予想を裏付けるかのように、スウェーデンが二点を先取した。しかし、後半、日本は風下の不利な条件をものともせず、反撃に転じた。後半四分、まずCF・川本泰三のシュートが決まって一点差に詰め寄り、さらに一八分には、RI・右近徳太郎が同点シュートを決めると、試合は俄然《がぜん》緊張度を増してきた。

日本の反攻に焦りを感じたスウェーデンも、必死の攻撃を展開し、何本か絶好のシュートを放ったが、GK・佐野理平がこれを防ぎ、二対二のまま、試合時間も残り五分となった。

この時、RW・松永行が、相手のディフェンスラインを一気に突破し放ったシュートは、相手GKの正面に転がったが、なんとボールは、GKの両足の間を抜けていった。

これが決勝点となり、日本は三対二でスウェーデンを破った。コーチとして参加していた竹腰重丸は、「潜水艦が戦闘艦に勝ったようなものだ」と言って、涙を流したという。まさに、奇跡の勝利であった。

この試合には、金容植もLHとして出場していた。堀江忠男は、チームメイトの金容植について、こう振り返る。

「金君は、温厚だけどもファイトがあり、スウェーデン戦でも活躍しました。差別とか、そういうものに対する恨みなどは一切顔に出しませんでした。とにかく、サッカーが好きだったし、技術的にもうまく、強いという感じがありました。タックルなんか本当に強かったですよ」

金容植自身が、このベルリンオリンピックにどのような気持ちで臨んでいたのかは、すでに当人がこの世を去っているため直接聞くことはできないが、『日章旗とマラソン〜ベルリン・オリンピックの孫基禎』（鎌田忠良著、潮出版社刊）の中で、こう語っている。

――「オリンピックでヨーロッパ各国の試合をみてきて、技術的にはもちろん、人間的にも大いに感ずるものがあり、自分が変化するよいきっかけになった。非常にいい勉強になったし、いい思い出です」――

この言葉からも窺《うかが》えるように、オリンピックに参加したことは、彼にとって貴重な体験であったことは確かなようだ。

しかし、日本統治下の朝鮮とオリンピックについて語る時、見落とすことのできない事件がある。それは、マラソンの日本代表として出場した孫基禎が優勝を飾った後に起きた。八月九日に行なわれたマラソンレースで、孫基禎が金メダル、南昇龍が銅メダルを獲得した。この快挙の報に接した朝鮮では、歓喜の声がこだました。しかし、新聞に掲載されている、日章旗を胸にした孫基禎の写真を見るや、朝鮮の人たちは何とも言えない絶望感に陥った。つまり、この優勝は、紛れもなく朝鮮民族の快挙であるにもかかわらず、その栄光は、日本のものになってしまっている。胸の日章旗は、それを物語っていた。朝鮮の人たちにとっては、国を奪われた悲しみを、改めて思い知らされた瞬間であった。

こうした朝鮮の人たちの気持ちを代弁した出来事が、日章旗抹消事件であった。これは、東亜日報のスポーツ記者であった李吉用《イ・ギリヨン》が日本の『アサヒスポーツ』に掲載されていた孫基禎が表彰台に上がっている写真を切り抜き、孫基禎の胸に付けられた日章旗を、同紙専属画家であった李象範《イ・サンボム》に依頼して抹消し、それを紙面に掲載したものであった。

この抹消写真が掲載された新聞が発行されるやいなや、警察は関係者の検挙に乗り出し、李吉用、李象範のほかに、社会部長の玄鎭健《ヒョン・ジンゴン》、編集記者の林炳哲《イム・ビョンチョル》、写真部長の申樂均《シン・ナックン》らが相次いで逮捕された。そして、東亜日報自体も無期発行停止となり、この処分は、三七年六月二日に解除されるまで続いた。

同様の写真は、朝鮮中央日報にも掲載されており、東亜日報の事態を見た同紙は、自ら休刊の社告を出し、結局、経営難も伴って廃刊に追い込まれる。この朝鮮中央日報の社長が、朝鮮蹴球協会の会長であった呂運亨である。もともとスポーツ好きであった呂運亨は、朝鮮籠球協会の会長も務めていた。

バスケットボールでは、李性求、廉殷鉉、張利鎭の三選手が日本代表としてベルリンオリンピックに参加していたが、この三選手が朝鮮を出発するにあたって呂運亨は、次のような言葉を贈ったという。

「君たちの胸には、たとえ日章旗が付いていたとしても、君たちの背には朝鮮半島を背負っていることを肝に銘じろ」

スポーツがその理想とは裏腹に、国威発揚と強く結びついている現実において、当時の朝鮮の選手たちは、スポーツ選手としての栄光と、民族としての矜持《きょうじ》との間で、板挟みににならなければならなかった。

それから歳月が流れた一九八八年九月一七日、韓国で初めてのオリンピック、すなわちソウルオリンピックが開催された。その開会式がクライマックスに達していたころ、一人の老人が聖火を持って競技場に入ってきた。その老人こそ、ベルリンオリンピックの金メダリスト・孫基禎であった。孫基禎は、競技場のトラックの上を、ジャンプしながら走っていたが、その姿は、祖国が独立して、オリンピックを開催するまでになった喜びを、体中で表現しているかのようだった。

それから四年の月日がたった九二年八月九日、バルセロナオリンピックの男子マラソンでは、韓国の黄永祚《ファン・ヨンジョ》と日本の森下広一のマッチレースになった。そして、最後にスパートをかけた黄永祚が森下を抑えて優勝し、韓国全土が沸き上がった。この八月九日という日は、孫基禎が金メダルを獲得したのと同じ日である。

さらに記憶に新しいところでは、九六年八月四日、アトランタオリンピックの男子マラソンで、韓国の李鳳柱《イ・ボンジュ》が、今度は銀メダルを獲得した。九六年は孫基禎の快挙から六十年目に当たる。八月九日付の『東亜日報』は、孫基禎の快挙に関する特集記事を組み、その中で孫基禎は、こう語っている。

――「本当に不思議なものだ。私が金メダルを取って五十六年たった日（九二年八月九日）に黄永祚君がバルセロナオリンピックで優勝したけれども、六十周年を五日後に控えて李鳳

柱君がアトランタで銀メダルを取って、心に固くこびりついていた恨をすべて解いてくれた」──

このところの韓国マラソン選手の活躍は、すでに八四の齢《よわい》に達した孫基禎にとっても、感慨ひとしおであった。この記事が掲載された四日前の『東亜日報』は、李鳳柱が銀メダルを獲得したという記事で埋め尽くされていた。そうした記事の中には、あの日章旗抹消事件を紹介したものもあり、その記事は、次のような文章で締めくくられていた。

──解放後、孫基禎は再び韓国国籍を取り戻したが、国際オリンピック委員会（ＩＯＣ）に残っているオリンピック・マラソン優勝者「キテイ ソン」の日本国籍は直されていなかった。

その後、大韓オリンピック委員会（ＫＯＣ）は、ＩＯＣに孫基禎の国籍を韓国に戻してくれることを何回か要請したが、ＩＯＣはまだこれを無視している。──

日本代表・朝鮮人選手の活躍

ベルリンオリンピック開幕を翌日に控えた三六年七月三一日、次期オリンピックの開催地は東京に決まった。「ベルリンの奇跡」を成し遂げた日本サッカーの次なる照準も、当然この東京オリンピックに向けられた。日本代表としても、常備軍を作り、定期的に強化合宿を行なうことになった。

この年の一一月に実施された強化合宿には、朝鮮から金容植のほかに、李裕瀅、裵宗鎬、朴奎禎の四人が選抜され、以後、朝鮮からも多くの選手が代表候補として練習に参加することになる。ベルリンオリンピックの代表選抜で採《と》めたことを考えると、かなりの方向転換であるが、後年、李裕瀅は、ベルリンオリンピックにコーチとして参加した竹腰重丸から、「ベルリンの時、朝鮮の選手をもっと連れていっていれば、もう少しやれたんではないかと思う」と言われたという。

スウェーデンに勝った日本は、その三日後、優勝チームのイタリアと対戦したが、今度は〇対八で大敗を喫した。スウェーデン戦で右腕を骨折し、イタリア戦はスタンドで見ていた堀江忠男も、

「スウェーデン戦で精根使い果たしたという感じで、疲労が回復しないまま試合をしており、イタリアにくるくる回されてしまいました」

と語っているように、実力の差とともに、疲労困憊《こんぱい》を大敗の要因として挙げている。当時の日本のサッカーは、層が薄かったことは確かであり、その後、朝鮮からの代表選手が増えたのも、このあたりに理由があったのかもしれない。

このように朝鮮人も多く加わった日本代表チームが初めて臨んだ大会が、三九年九月に満州国の首都・新京（長春）で開かれた日満華交歓競技大会であった。

紀元二六〇〇年の記念事業として、四〇年に開催される予定であった東京オリンピックは、三七年七月に日中戦争が勃発《ぼっぱつ》し、戦時体制に突入したために、競技場を造るための鉄材すら調達できない状態になり、三八年七月の閣議で返上が決まっていた。また、日本が参加している国際スポーツ大会としては、一三年から開催されている極東選手権大会があったが、こちらも、日本の傀儡《かいらい》政権である満州国の加盟に対し、その存在を否定する中国が猛烈に反発し、この対立が原因となって、三四年の第一〇回大会で幕を閉じてしまった。

三三年に国際連盟を脱退した日本は、スポーツの面でも国際社会の孤児同然の状態に置かれていた。そうしたなか、東亜の盟主を自認していた日本が、その威厳を示すために、自らが満州、中国に成立させた傀儡政権を集めて開催したのが日満華交歓競技大会であり、それを翌年、やや拡大して開いたのが東亜競技大会であった。

その日満華交歓競技大会の日本代表として、三九年の八月九日に発表されたメンバーには、朝鮮から李裕瀅、閔丙大《ミン・ビョンデ》、金容植、金成玗、金喜守《キム・ヒス》といった選手が選ばれているが、実際に大会に参加したメンバーの中には、閔丙大と金喜守の名前はなく、代わりに裵宗鎬、玄《ヒョン・》孝燮《ヒョソプ》といった選手が加わっている。八月九日のメンバー発表に際して、銓衡（選考）委員長の竹腰は、次のような談話を残している。

——今回は純然たるピック・アップチームで個人的に優秀な選手を網羅した、毎年の合宿で、一緒にやつて来た連中許《ばか》《ママ》りだから、コンビネーションの点はさして心配はない、只《ただ》内地選手と全然プレーの違ふ半島選手が今迄《いままで》になく多数入つてゐるので、これを如何《いか》にこなすかゞ問

題であるがこの二十日までの合宿中に十分纏《まと》め上げる積りである——『東京朝日新聞』(三九年八月一〇日付)

また李裕瀅は、大会前の気持ちを、こう振り返る。

「日本とか朝鮮とか考えず、とにかく練習して勝とうというだけでした」

この大会で日本は、中国に三対〇、満州国に六対〇で勝ち、優勝している。

翌年六月、東京と関西で開催された紀元二六〇〇年奉祝・東亜競技大会にも、朝鮮から関丙大、李裕瀅、金容植、金成玕、金仁喆《キム・インチョル》、金喜守といった選手が代表に選ばれている。この大会でも日本は、満州国に七対〇、中国に六対〇、フィリピンに一対〇で勝ち、やはり優勝している。

さらに、すでに太平洋戦争に突入していた四二年八月、満州国の新京で開催された満州国建国一〇周年慶祝・東亜競技大会にも、李裕瀅、金喜守、金容植、裵宗鎬、関丙大が選抜され、中国に六対一、満州国に三対〇、蒙古《もうこ》に一二対〇と連勝し、優勝を収めている。この時の日本チームは、帰国途上ソウルに立ち寄り、京城運動場で日本代表になっている五人を除いた朝鮮代表チームと試合をし、〇対五で敗れている。大会が終わって、日本チームの気が緩んだという事情もあったようだが、ベストメンバーの五人を除外しても、これだけ圧勝するということは、当時の朝鮮サッカーの層の厚さを示すものといえる。

しかし、この当時のスポーツ大会は、言うまでもなく、軍国主義的国策の一環をなしていた。『大日本體育協會史』（前掲書）には、日満華交歓競技大会について、次のように記してある。

――体育運動を通じて、日満華三国青年の相互理解と緊密なる友好関係増進の為《た》め、本会は昭和十四年九月一日より三日まで新京に開催せられた日満華交歓《こうかん》競技大会に役員選手を派遣して、新東亜建設工作の一翼に参加することゝした。――

表現の仕方はともかく、当時の軍事拡張政策に利用されている面は否めない。また、こうした大会に、日本代表選手として参加した二宮洋一は、こう語る。

「あの当時は、軍がいちいち口を出すんですよ。『あまり点を入れるな』と言う一方で、『負けろ』とは言わず、『勝て』といった具合にね。そんな話が、サッカー協会の上のほうにはいくわけですよね。極端に言えば、八百長ですよ。サッカーの国際試合をするにも、国策上、いろいろとあったみたいです」

つまり、「東亜の友好関係増進」を名目としている以上は、関係を損ねるような試合をしてはならないが、「東亜の盟主」としての立場上、負けるわけにはいかないというわけだ。

さらに、『日本サッカーのあゆみ』（前掲書）には、次のような記述もある。

――外来スポーツのなかには、敵性スポーツなどといわれ、その名称や用語までやかましい制限を受けたものもあり、神宮大会から除外されたものがあったが、さいわいにして「蹴球道」という境地まで進んでいたサッカーは、世界的なフットボールというゲームの実態から、アジア諸国の青年、ヨーロッパ友邦との親交のうえに欠くことのできないものであることが認められ、むしろ優遇されていたほうであった。——

戦時中、敵国アメリカのスポーツである野球は、「ストライク・ワン」は「よし一つ」といったように、用語をすべて日本語に変えさせられるなど、厳しい統制を受けていたが、サッカーには、そうした統制はなかったという。しかし、厳しい統制を受けるにしろ、受けないにしろ、軍がそうした生殺与奪の権を握っていることに変わりはなかった。

そのような視点で見れば、日本と朝鮮の連合軍ともいうべき「日本代表」のサッカーチームの活躍も、「内鮮一体」の成果として、政治的に利用されていた面は否定できない。こうした背景は、十分に踏まえておかなければならないが、日本の選手と朝鮮の選手がともにプレーをすることによって芽生えた、同じサッカーを愛する若者同士としての交流には、注目すべきものがあった。そして、そこで作られた人間関係は、解放後、激しい戦いを繰り広げることになるサッカーの日韓戦を語る上で、重要な要素になっている。

先にもふれたが、このころ日本代表として活躍した朝鮮人のうち、五四年に行なわれる日韓戦で、李裕瀅は韓国代表チームの監督として、裵宗鎬はコーチとして、朴奎禎、閔丙大は選手として出場する。また、五四年の日韓戦で日本代表として出場する選手のうち、川本泰三と二宮洋一は三九年の日満華交歓競技大会と四〇年の東亜競技大会に、加納孝と松永信夫は四二年の東亜競技大会に出場しており、この時にチームメートであった朝鮮の選手たちとは、後にライバルとして対戦することになる。

こうした朝鮮の選手のうち、日本の選手にも強烈な印象を残しているのが、褒宗鎬である。普成高普、普成専門を卒業した後、会社に勤めながら京城蹴球団に所属していた褒宗鎬は、三九年に早大に留学し、四一年には主将も務めていた。当時、日本の各大学のサッカー部では、朝鮮からの留学生が多数いて活躍していたが、主将まで務めるのは、きわめて珍しいことである。

早大でもチームメートであった加納は、

「彼とは、三年間一緒にコンビを組んでました。早稲田で主将を務めるくらいですからね、人柄はよかったですよ。年は彼のほうがずいぶん上でしたから、新宿あたりでご馳走《ちそう》してもらったりもしました」

と語れば、ライバル慶応出身の二宮は、その実力をこう振り返る。

「六尺（約一八二センチ）くらいある大男でしたね。性格は穏やかな人なんだけど、シュートはすごかった。バーに当たると、ゴールポストがぐらぐら揺れるんだから」

また、早大では褒宗鎬の一年後輩で、五四年の日韓戦を含めて、戦後、日本代表のＨＢとして活躍した宮田孝治は、個人的にはほとんど付き合いはなかったものの、技術的には非常に恩恵を受けたという。

「僕がかなりボールを取れるようになったのは、もとはといえば、褒さん相手にボールを取り合っていたからです。体が頑丈ですからね。少々のことでは、びくともせん人です。当たりが相当強くないと、ボールは取れん。足先だけで持っていったんでは、取れんということですな」

　こうした朝鮮のサッカー選手との技術交流は、日本代表の強化合宿においても盛んに行なわれた。李裕瀅は、この当時から日本代表チームの監督で、五四年の日韓戦では敵将として対戦することになる竹腰との間柄について、こう語っている。

「私と竹腰さんは、日本式のサッカーを学び、韓国式のサッカーを教えた仲です」

　李裕瀅は、後述する強豪・咸興《ハムン》蹴球団のコーチ兼選手でもあったため、練習方法やフォーメーションなどについても、竹腰とよく意見を交わしたという。

「竹腰さんは、非常に厳しい人でしたが、私のことはよく思ってくれて、連絡もよく来ました。ミーティングなどで、話を聞く機会もありましたが、日本の指導者たちは、こうしている、だから、我々ももっと頑張らなければならない、と思ったりもしました。合宿練習をしながら、学ぶことも多かったですよ」

　このころは、朝鮮に対して日本との同化政策を強いる一方で、現実としては朝鮮人を著しく差別していたが、サッカーの日本代表チームにおいては、どうだったのか。

　二宮は、こう振り返る。

「あのころの日本人は、どうしても、あれは朝鮮だとか言ってましたが、僕らはそうではなくて、あれは普成専門だとか、延禧専門とか、咸興とかね、チーム名で呼んでました」

　また李裕瀅も、

「私たちは、お金があまりありませんでしたから、日本式の割り勘はきつかったです。でも、練習のない日には、一緒に音楽を聴いたり、映画を観たりしました。選手の間には、同じくスポーツを愛するものとして、差別はありませんでした」

と、習慣の違いからくる不自由さはあっても、偏見からくる差別はなかったと語っている。

その点については、韓国サッカー界のある長老も、こう述懐する。

「サッカーをやっている人には、日本人とか、朝鮮人とかいった概念はなかったです。時代がそうで、国家の政策がそうであっても、偏見を持つようなことはなくて、親しい友人だったんです」

こうした証言を聞く限りにおいては、サッカー選手の間では、同じボールを蹴り合う仲間として、何ら隔たりはなく、世間で行なわれているような差別もなかったように思われる。

しかし、これは、あくまでサッカーという枠の中での話である。

当時、満州に行くには、下関《しものせき》まで汽車で行き、そこから船に乗り換えて釜山に行き、さらに陸路を通って行かなければならなかった。四二年、満州国の新京で開かれた東亜競技大会に出場した加納は、その際、次のようなことがあったと語る。

「下関で船に乗るまで、かなり時間がありました。日本人はその間、自由に外を歩き回れたんですが、朝鮮の人たちには許されませんでした。スパイの恐れがあるということだったみたいです」

サッカー選手同士においては、日本と朝鮮といった垣根はなかったとしても、そこから一歩外に出れば、差別は厳然として存在していたのであった。

李裕瀅にも、この時のことを尋ねたことがあるが、

「ああいう時代だからね」

とだけ言い、多くは語らなかった。

判定をめぐるトラブル

三五年に京城蹴球団が優勝して以後、朝鮮のチームは、日本の全国大会に常時出場するようになった。

この当時、全国規模の大会は、前述のとおり、六月に開かれる全日本総合選手権大会と、一一月に開かれる明治神宮体育大会の二つがあった。まず、全日本総合選手権大会においては、三六年の第二回大会に、裵宗鎬らを擁する普成専門が出場。一回戦は東北学院大に一〇対一で大勝した後、準決勝は関学に延長の末、四対二で辛勝した。決勝戦は二宮洋一のいる慶応BRBと対戦したが、三対二で惜敗し、準優勝となっている。翌年の第三回大会は、全普成が出場したが、初戦で神戸商大に二対一で敗れ、第四回大会は全延禧が出場したが、早大との試合において延長でも決着がつかず、抽選の結果、やはり初戦で脱落した。第五回と第六回大会には、朝鮮から全普成と全延禧の二チームが出場した。第五回大会で

は全延禧が、一回戦は広島の興文中クラブに六対〇と大勝したが、二回戦で慶応BRBに〇対四と完敗。全普成のほうは、初戦は関学に四対〇と大勝したものの、準決勝では早大と当たり、再び延長でも決着がつかず、抽選で敗れて決勝へは進めなかった。なお、順位決定戦の結果、全普成が三位、全延禧が五位となっている。四〇年に行なわれた第六回大会では、全延禧が初戦で早大WMW（全早稲田。WMWはワセダ・マルーン・アンド・ホワイト＝えび茶と白を意味する）に一対二で敗れ、全普成も、初戦で関学に延長さらに抽選の末、準決勝への進出権を得たものの、準決勝では慶応BRBに一対二で敗れている。

全日本総合選手権大会は戦争のため、第六回を最後に中止となり、朝鮮チームの出場も、これで途切れることになる。この大会結果については、当時の朝鮮サッカーの実力から考えると、あまり芳しくはなく、特筆すべきことはさほどない。

このことについて、李裕瀅は、こう説明する。

「私たちが全力を傾けていたのは、明治神宮大会です。選手権大会のほうは、延禧専門や普成専門が出場し、明治神宮大会のほうには、そうした専門学校チームより強い、一般のチームを送ったことからも力の入れ方が分かります。とにかく、明治神宮大会は、全民族を代表して行くのだから、必ず勝たなければならないと思ってました」

この言葉だけ聞くと、全日本総合選手権大会の成績に対する、言い訳のようにも受け取れる。しかし、その前に、明治神宮大会とはどのような大会であったのか、その性格について説明しておく必要がある。

明治神宮大会は、一九二四年に、「明治天皇の聖徳を憬仰《けいぎょう》し、国民の心身の鍛錬、精神の作興《さっこう》に資す」ことを目的とし、内務省主催による明治神宮競技大会に始まる総合スポーツ大会であるが、当時の大正デモクラシーの動きの中で揺らぎつつあった天皇制体制を補強する意図があったと言われる。その後、学生の参加をめぐって、内務省と文部省の間で、所管上の争いがあったため、文部、内務、軍部と各競技団体などにより構成された明治神宮体育会が結成された。そして、第三回大会からは同会の主催によって行なわれ、名称も、明治神宮体育大会と改称されて、第四回大会からは隔年開催となった。さらに、戦時体制に突入した三九年からは、主催が厚生省に移り、名称も明治神宮国民体育大会と変わって、毎年開催されるようになった。

厚生省がスポーツ大会を主催するということは、今日の感覚からすると違和感があるかもしれない。しかし、そもそも厚生省は、徴兵検査において不合格者が年々増加し、これに危機感を抱《いだ》いた陸軍省医務局が根本的対策を講じる必要性を強調したことをきっかけに、三九年に誕生したという経緯《いきさつ》があり、学校体育以外のスポーツ活動の管轄は、すべて文部省から同省体力局に移管されていた。

このように、明治神宮大会の歴史は、スポーツに対する国家統制の歴史と軌を一にし、国家主義、軍国主義的色彩のきわめて強い大会であった。しかし、別の見方をすれば、それだけ国家の一大行事であり、そこでよい成績を挙げることにより、自らの実力を認めさせることができるという意識が選手の側には強かった。

明治神宮大会には、各地の予選で勝ち上がった代表が出場するが、朝鮮の場合、その予選が朝鮮神宮競技大会であり、その勝者を朝鮮総督府に集めて選手団を結成し、海峡を越えて日本に向かった。それだけに、「朝鮮を代表」するという意識は、他のスポーツ大会に出場する時とは比較にならないほど強く、彼らの言う、「朝鮮を代表して出る」という言葉の奥には、日本の道府県を代表して出場するという意識とはまったく違うものがあった。

李裕瀅は、日本統治下においても活躍した、韓国サッカー界の数少ない生き証人である。私も、たびたびお会いして話を伺ったことがある。李裕瀅は、すでに八〇代半ばを過ぎ、顔つきは穏やかであるが、しばしば口にしたのが、

「サッカーは戦争だ。だから、負けてはならないのです」

という言葉であった。

サッカーを戦争にたとえることはよくあることだが、当時の朝鮮と日本の関係においては、また特別な意味を持っていた。

日本の植民地支配は、国家権力で抑えつけることで維持されており、独立軍による武力抗争など、さまざまな独立運動も行なわれたが、多くの人たちにとっては、どうすることもできない現実があった。このように抑圧された状況の中で、スポーツは、日本と正面から戦うことのできる数少ない機会であった。そうした意味からも、「朝鮮を代表する」という言葉には、単なるスポーツ大会といった次元を超えた、決死の覚悟が込められていた。

三七年の明治神宮体育大会には、前回の京城蹴球団に続く朝鮮の代表として、清津《チョンジン》蹴球団が参加した。清津蹴球団は一回戦で広島二中クラブに六対〇と勝ち、準決勝も関学に二対一と勝って、決勝戦で早大WMWと対戦することとなった。

当時、朝鮮のチームと日本のチームの試合では、判定をめぐるトラブルが少なくなかった。『韓國蹴球百年史』（前掲書）にも、朝鮮に対する不公平な判定が多かったことが記されている。

そうした試合の代表例とされているのが、この清津蹴球団と早大WMWの一戦である。この試合は早大WMWが二対一で勝っているが、試合中、清津蹴球団が決めた二つのゴールが、いずれもオフサイドとして取り消され、それに対する抗議で試合が中断されて、一時は険悪な雰囲気になったこともあった。

もともとオフサイドの判定は微妙な場合が多く、この試合での判定が朝鮮のチームを勝たせないための意図的なものであったかどうかは分からない。また、この一戦とは別の試合で朝鮮のチームと戦ったことのある、日本のある選手から、

「朝鮮の選手が足を上げるのを、たびたびファウルに取ってくれたから助かった」

という話を聞いたこともある。このあたりは、ルールの許容範囲に対する解釈の違いという部分もあったのだろう。いずれにしても、こうした判定が故意になされたものかどうかは、今となっては判断することはできない。しかし、それに対する捉《とら》え方は、日韓であまりに対

照的だ。

――抗議は非オフサイドとオフサイド判定の遅滞を難詰するところにあるがこれは孰《いず》れも当を失してゐる、……（中略）……一旦《いったん》ゴールインのホイツスルがあつた後に判定が覆されたものならば又抗議の道もあらう、またレフエリーとラインスマンの意見が不一致といふ様な事もあるならば遅滞といふ事も言ひ得ようが多少ホイツスルまでに所要時間があつたとて疑義を挿む事は出来ない、要は見解の相異と昂奮のもたらしたものと認めるものである、審判の判定は絶対的のものであるといふ建て前の下に試合を続行させた李君の態度、納得してプレイを続行した選手諸君のスポーツ精神に則《のっと》つた天晴《あっぱ》れなる態度に対し果然賞讃の拍手が湧いたが、これはまた武士道態度に報ゆるに当然の拍手であつた――『東京朝日新聞』（三七年一二月四日付）

――判定問題で、一時中断される事態が起こったりしたが、一部日本人たちの強圧的な態度と、これによって後日、朝鮮サッカーに対して、何か悪い影響が及ぶのではないかという憂慮のために、偏った判定を甘受して試合を終えるしかなかった。――『韓國蹴球百年史』（前掲書）

今から六十年近く前の試合の判定に対して、あれこれ言っても、あまり意味があるとは思わない。しかし、少なくとも、朝鮮の人たちが不公平さを感じた、当時の圧迫された状況については、理解しておく必要があるのではないか。

そして、その次回、三九年の大会からは、咸興蹴球団という、こうした判定問題を超越するほどの強豪が現われ、日本サッカー界を席巻《せっけん》することとなる。

無敵の咸興蹴球団

三〇年代前半における朝鮮サッカー最大のイベントは、先にも記したように、ソウルと平壌の対抗戦である京平戦であった。この二大都市の対抗戦は、年々異常なまでの盛り上がりを見せるようになったが、その一方で、地域間対立をいっそう際立たせるという副作用ももたらしていた。

ソウルでの試合の審判はソウルの人が務め、平壌での試合は平壌の人が務めるといったこともあり、判定に対するトラブルや観衆同士の喧嘩《けんか》もしばしば起こり、警察が介入する事態に発展したこともあった。このため、三五年四月に、京城運動場で行なわれた試合を最後に、京平戦は中止を余儀なくされた。

京平戦の中止は、朝鮮のサッカーファンにとっては、大きな衝撃であり、その復活を求める声も多かった。しかし、サッカー関係者は、対抗意識が過熱している両者の衝突を避け、かつ試合を円滑に行なう方策について頭を悩ませていた。そこで考えられたのが、両者の緩衝的役割を果たす第三の極を作ることであり、その役割を果たす地域として期待されたのが、咸興であった。

咸興は、今は北朝鮮に位置する咸鏡南道《ハムギョンナムド》にあり、朝鮮半島東北部においては最大の都市である。地形的には、民族の聖山である白頭山《ペクトウサン》から連なる山々と、東海《トンヘ》（日本海）の間に挟まれ、気候条件も非常に厳しい。こうした咸鏡道地方の人々の性格を比喩《ひゆ》した四字熟語に、「泥田闘狗」という言葉がある。韓国・民衆書林刊の『民衆エッセンス国語辞典』でこの言葉を引くと、次のように書いてある。

――（ぬかるみで戦う犬の意）①強靭《きょうじん》な性格の咸鏡道の人を評した言葉。②〝名分が立たないことによる、ぶざまな喧嘩〟を言う言葉。――

二番目の意味は、日本で言うところの「泥仕合」に相当する。また、犬という言葉も、韓国ではののしりの言葉に使われる場合が多いので、「泥田闘狗」という言葉も、決していい言葉ではないのであろう。日本でもそうだが、ある地方の人間の性格を比喩した言葉には、他の地方の人たちの偏見が混じっている場合も多い。そうした意味から、どこまで的を射た表現かは分からないが、日本でも「東北人の粘り」という言葉があるように、「泥田闘狗」という言葉は、気候の厳しさからくる咸鏡道の人たちの根気強さに対する、他の地方の人たちの驚きを表現したものだと思われる。

また、咸興で有名なのは、冷麺《ネンミョン》である。日本でも、「札幌《さっぽろ》ラーメン」「信州そば」といったように、その料理の本場を商号に用いる例は多いが、ソウルの冷麺専門店の名前でよく目にするのが、「咸興冷麺」である。冷麺の本場は寒冷地で、かつては稲作に適さなかった咸興、平壌などの北部地方であり、朝鮮半島南部の食都・全州《チョンジュ》の名物が韓国式混ぜご飯であるビビンバなど、主として米を使った料理であるのとは対照的である。

話は少し横道にそれたが、京平戦の熱気は、その咸興にも刺激を与え、三七年に永生《ヨンセン》高普や咸興高普といった地元校の卒業生を集めて結成されたのが、咸興蹴球団である。咸興蹴球団は、その年の秋、朝鮮神宮大会に出場し、初戦は勝利を収め、準決勝に進出したが、そこで明治神宮体育大会に出場した強豪・清津蹴球団に一対五で敗れている。

最初の公式戦としては、まずまずの成績であったが、さらに選手を補強して、より強いチームを作ろうとする気運が盛り上がり、地元の名士で外科病院の院長であった金明學《キム・ミョンハク》が中心となって、朝鮮各地の有名選手に対するスカウトに乗り出した。その結果、三八年の春に、当時、日本代表選手であった李裕瀅をコーチ兼選手として獲得した。

しかし、李裕瀅の咸興蹴球団への入団には、ある事情が隠されていた。

三五年に、平壌の崇実中学を卒業した李裕瀅は、ソウルの延禧専門に入学した。サッカーにおける延禧専門と普成専門の勢力関係は、両者の対決が本格化した二〇年代後半においては延禧専門の優勢が続いていたが、二九年に朝鮮体育会主催の全朝鮮蹴球大会・青年部の決勝で普成専門が延禧専門を破って優勝して以来、形勢は逆転しはじめ、延禧専門のほうは、三〇年の同大会での優勝を最後に、しばらく優勝から遠ざかっていた。

しかし、李裕瀅が延禧専門に入学した三五年一〇月に行なわれたこの大会で、延禧専門は普成専門を三対一で破って、五年ぶりの優勝を果たし、低迷から脱することに成功した。そして、翌年の一月には、上海に遠征することとなった。

当時、上海には欧米各国の租界が存在し、西欧人が多数居住していたため、朝鮮のサッカー関係者にとっては、ヨーロッパの先進サッカーを学ぶ格好の場であったが、同時にそこは、朝鮮民族としては独立運動の聖地とも言えるところであった。

一九年の三・一独立運動を契機に、内外各地に臨時政府が立てられたが、こうした動きを統合し、同年九月、上海において臨時憲法と内閣名簿を公布し、亡命政府として樹立したのが、大韓民国臨時政府〈臨政〉であり、大統領には李承晩が就任した。以後、路線をめぐる対立などから、勢力が弱体化したことはあったが、臨政は一貫して独立運動の拠点として存在していた。

三六年一月に、長崎を経由して上海に着いた延禧専門は、当地で四試合を戦い、三勝一敗の成績を収めた。上海遠征において実力を遺憾《いかん》なく発揮した選手たちに対して、臨政は祝賀の晩餐会《ばんさんかい》を催した。この会は、臨政の中心人物であり、今日の韓国においても民族の指導者として絶大な尊敬を集めている金九《キム・グ》も参席する中で行なわれ、選手の多くは、日韓併合以後、所有することさえも禁止されていた太極旗を初めて目にした。こうしたことは、若い選手たちに対して、日本の同化政策の中で失われつつあった民族の心や愛国心を呼び起こさせるものであった。

しかし、こうしたことが元で李裕瀅は、高等警察により、思想的に要注意人物としてマークされることになる。李裕瀅は、三八年の春に延禧専門を卒業し、ソウルの商業銀行に就職したが、このころになると監視はいっそう厳しくなり、会社もほどなく辞めさせられてしまった。そして、会社を辞して外に出たところを逮捕され、本町警察署に連行された。今日、ソウル有数の繁華街である明洞《ミョンドン》、忠武路《チュンムロ》一帯は、日本統治時代は明治町、本町と呼ばれており、本町警察署は今日の中部《チュンブ》警察署の場所にあったという。警察に連行された李裕濚は、取調室に入れられたが、一晩、何の取り調べもないまま放置されていた。しかし、そのころ、彼の下宿では、不審な文書を捜し出すための家宅捜索が、徹底して行なわれていたのだった。

　三八年ごろは、日本の植民地政策が大きく変わろうとしていた時期であった。三六年八月に、陸軍大将の南次郎が朝鮮総督に就任した。同年二月には二・二六事件、翌年七月には日中戦争勃発と、戦時体制に突入していく中、朝鮮の兵站《へいたん》基地化が進められ、南は「内鮮一体」のスローガンのもと、皇民化政策を強力に推し進めた。三七年一〇月には朝鮮において、「皇国臣民の誓詞」が制定された他、神社参拝の強要など、朝鮮人を「忠良なる臣民」にするために、あらゆる手段が動員された。

　やはり教育は、その最たるもので、三八年三月には第三次朝鮮教育令が公布され、中等教育機関の場合、中学校と高等普通学校の二本立てであった制度が一本化され、すべて中学校と呼ぶようになるなど、日本の制度との統一が図られるとともに、授業の正課から「朝鮮語」がはずされ、学校で「ウリマル」、すなわち民族固有の言語を使うこともできなくなった（「ウリ」とは、私たち、あるいは、私たちの、という意味だが、日本語の意味よりは、その言葉が示す領域は広く、一種の共同体意識を表わす言葉である。また、「マル」は言葉の意）。日韓併合以後、国語は日本語となり、「ウリマル」は「朝鮮語」として、わずかな時間ながら教えられていたが、それも廃止されたばかりでなく、学校では生徒同士が相互に監視して、「ウリマル」を使った友人を摘発するのが日課になっていたという。

　また、私立学校、とりわけキリスト教系の学校に対する弾圧も顕著となり、李裕澄の母校である崇実中学は神社参拝を拒否して、第三次朝鮮教育令が公布されたのとほぼ同じころ、姉妹校の崇実専門と崇義《スンイ》女学校とともに廃校になった。また、延禧専門も、教授たちが民族主義的もしくは反日的であるとして、学校から追放されたり逮捕されたりしていた。

　こうした政策の影響は、スポーツ界にも及んだ。三八年七月、国民精神総動員朝鮮連盟の発足にともない、「体育機関の一元化」というスローガンのもと、朝鮮人による体育機関であった朝鮮体育会は、日本人主体の朝鮮体育協会に吸収という形で解散を余儀なくされた。朝鮮体育協会は、民間団体として発足していたが、やがて会長には総督府の学務局長が就任するようになり、本部も学務局社会体育課体育係の中に置かれるようになって、総督府の傘下団体としての性格を強めていた。

　このように、朝鮮人による団体は一つひとつ潰《つぶ》されていき、日本化を強要されるようになっていたのである。

警察署に連行された李裕瀅であるが、何の取り調べも受けないうちに取調室で一夜を過ごし、また李裕瀅の下宿からも、夜を徹しての捜索にもかかわらず、これといったものは何も出てこなかった。そして、翌朝九時ごろ、突然、取調室に刑事が入って来た。

李裕瀅は、そこでのことを、こう振り返る。

「入ってきた刑事が、『お前の持っている物を全部出せ』と言うんですよ。そのとおりにしたら、所持品の中に、近衛文麿《このえふみまろ》厚生大臣の名前の入った、日本代表選手であることを示す身分証が出てきましてね（近衛文麿は、厚生大臣の在職経歴がないので、おそらく木戸幸一の間違いではないかと思われる）。それを見た捜査課長が、『これはいけない。あらかじめ、日本代表であることを言ってくれればよかったのに』と言って、署長と相談した上で、一時ごろに釈放されたんですよ」

このように、日本代表選手の身分証明書のおかげで警察署からは出ることができた李裕瀅であったが、下宿に戻ると、一晩中捜索を受けていた下宿屋のほうから、「そんな危険な人物を住まわせるわけにはいかない」として、追い出されてしまった。

そこで、相談に行ったのが、民族運動の指導者で朝鮮蹴球協会会長でもあった呂運亨であった。呂運亨は李裕瀅に対して、

「お前は、ソウルでは就職できないだろう。一度警察に捕まった人間を誰が雇ってくれるか」

と、言った後、こう切りだした。

「お前、地方に行って、青年運動をやるつもりはないか」

その時、李裕瀅としては、どういう意味なのかよく分からなかった。しばらくして、呂運亨に案内されたソウルのあるホテルで紹介されたのが、選手をスカウトするために咸興からソウルに来ていた金明學であった。金明學は、李裕瀅に向かって、

「東洋で一番になることを目標に、サッカーチームを作っている。お前は、日本代表選手なんだから、責任持ってやれ」

と言い、李裕瀅は、青年運動とはどういうことか、その時、初めて知った。そして、下宿にあった荷物をまとめ、その日の夜行列車に乗って咸興へと向かった。

咸興蹴球団には、平壌蹴球団から入った五人をはじめとして、朝鮮各地から選手が集まっていた。選手たちは、地元の実力者である金明學らの斡旋《あっせん》で、銀行や劇場などに就職したが、彼らの就職先には、サッカーを優先させる約束も取りつけていた。

咸興蹴球団の練習量は、当時としては、異例の多さであった。まず、朝六時から練習を行ない、食事をした後、九時からは仕事をするが、午後二時には切り上げ、日が暮れるまで練習をする。練習の力点は、徹底した体力強化にあった。咸興は、海と山に挟まれているが、そうした山を駆け登り、海辺や川岸の砂の上を走り、足腰を鍛えた。あまりの厳しさに選手からは、「みんなを殺すつもりか」という声も出ていたという。

コーチとして、練習の先頭に立った李裕瀅は、こうした猛練習の目的について、こう語る。

「私たちは、一八〇分戦うつもりで練習していました。実際の試合は九〇分なのだから、そ

の分、体力的に余裕ができ、速攻もできるし、パスも通るのです」

疲れを知らない攻撃。これこそ、戦後、日本サッカーが苦しめられてきた韓国サッカーの特徴であった。こうした伝統は、このころからすでに存在していたのであった。

新生・咸興蹴球団が、最初にその実力を示す場となったのが、三八年一〇月に、咸興、平壌、ソウルが参加して開かれた三都市対抗戦であった。この対抗戦は、三五年以降中止となっていた京平戦の復活を意味する大会であると同時に、この年から開催されることになった、日本の関東、関西に朝鮮を加えた全日本三地域対抗蹴球戦の選考試合も兼ねていた。

この対抗戦で咸興蹴球団は、まず平壌蹴球団に三対〇で快勝した後、京城蹴球団と戦い、三対三で引き分けたが、再試合を行なった結果、一対〇で勝って優勝した。二位は、京平戦に二対一で勝った京城蹴球団であった。

こうして、咸興蹴球団を中心として朝鮮選手団が編成され、全日本三地域対抗蹴球戦に出場した。これは、当時のオールスター戦とも言える大会であった。朝鮮はまず、一二月二三日の関西との試合に三対一で勝った後、二五日には、二宮洋一、川本泰三ら日本代表選手が名を連ねる関東も三対〇で破った。

一二月二六日付の『東京朝日新聞』が、「個人技の朝鮮優勝」という見出しを掲げ、

――かくて朝鮮はこゝに堂々二勝の成績を収めるに至つたがその勝利は当然落着くべき所に落着いたものといふべく結局は個人技倆《ぎりよう》の相違がこの結果を招いた――

といった記事を掲載していることを見ても分かるように、当時の朝鮮チームが、内容的に

もいかに圧倒的な強さを誇っていたかを物語っている。

しかし、翌年の大会では、朝鮮における地域間の対立が再燃して代表選手を送ることもできず、翌四〇年の大会にも、それが尾を引いて、関西には五対四で勝ったものの、関東には一対三で敗れている。


咸興蹴球団が単独チームとして、その姿を日本に現わしたのは、三九年の明治神宮国民体育大会であった。まず初戦、広島高校に八対一で大勝した咸興蹴球団は、準決勝では関学クラブに五対〇で勝ち、一一月一日の決勝戦でも慶応BRBに三対〇と勝って優勝した。

この試合に慶応BRBの選手として出場していた二宮洋一の、

「あの時は、完璧《かんぺき》にやられました。わざと攻めさせておいて、逆襲に出てくるんだよな。そこまで、見透かされていたわけですよ。延禧専門や普成専門なんかと比べても、当たりも一段と強かったし、手も足も出なかった」

という言葉からも、咸興蹴球団が点差以上に余裕を持って戦っていたことが窺える。

紀元二六〇〇年の奉祝大会として盛大に行なわれた翌四〇年の明治神宮国民体育大会にも咸興蹴球団は出場し、一回戦は浜松高工に四対〇、二回戦の函館《はこだて》蹴球団には八対〇、準決勝の関西大クラブにも五対〇と、いずれも圧倒的な強さで連破し、一〇月三一日に行なわれた決勝戦でも、芙蓉《ふよう》クラブに六対〇と快勝して、同大会二連覇を果たした。なお、芙蓉クラブとは、川本泰三が中心となって、早大、明大、豊島師範、青山師範などのOBを集めて、この大会の予選に合わせて発足したクラブチームであった。

　翌年の大会からは、サッカー・一般の部は、会社単位の出場になったために、三連覇はならなかったが、咸興蹴球団は、どの試合でも相手に付け入る余地を与えない圧倒的な強さを見せ、その実力は、向かうところ敵なしの感があった。

　咸興蹴球団の強さの要因は、平壌をはじめ、朝鮮各地から優秀な選手を集めた層の厚さと、豊富な練習量に裏打ちされた強靭な体力にある。チームの主軸となっている平壌の人たちの性格を表わす言葉が「猛虎出林」なら、咸興の人たちの性格を表わす言葉は「泥田闘狗」である。そうした表現の妥当性はともかく、これらの言葉が表わしている闘志と粘り強さは、そのまま今日の韓国サッカーのイメージと重なり合う。そして、そうした闘志と粘りの根本にあるのは、「日本との試合は、絶対に勝たなければならない」という、信念とも使命感とも言えるものであった。

平壌日穀事件

　朝鮮代表チームの活躍は、日本に暮らす在日朝鮮人にとっても、この上ない喜びだった。そうした気持ちは、在日本大韓体育会名誉会長である蔡洙仁の次のような言葉に、よく表われている。

「明治神宮大会などには、よく応援に行きました。集まるのは留学生ばかりだけれど、七、八百人はいたでしょう。ああいう時でないと、集まることはできなかったんですよ。ちょっと集まると、特高あたりに目を付けられたりしましたからね。

しかも応援は、ふだんは使うことができない韓国語でやりました。それだけに、朝鮮のチームが優勝した時は、大変な騒ぎでしたよ。日本を負かしたという気持ちが込み上げてきて……。

私たちには、家だってなかなか貸してくれない。そんな肩身の狭い思いをしていただけに、競技場というのは楽しく集まって、そうした鬱憤《うっぷん》を晴らせる数少ない場だったのです」

日韓併合以後、日本への留学生も年を追って増えはじめ、内務省警保局のデータによると、三〇年に四四三三人であった留学生は、四二年には二万九四二七人に達していた。その大部分が中等学校であったが、官公立大学に二九九人、私立大学にも二四八九人の留学生がいた。

彼らにとってスポーツの競技場は、朝鮮の同胞と気兼ねなく会うことができる上に、故国から来たチームを応援するという、心安まるきわめて貴重な場であった。さらに、朝鮮のチームが日本のチームを破って優勝するということも重なれば、彼らの喜びは、日本人の想像を超えたものがあっただろう。

しかし、そんな彼らの喜びの感情から来る行動が、一つの事件にまで発展したことがあった。

四一年の明治神宮国民体育大会のサッカー・一般の部には、朝鮮から平壌の日本穀物産業（以下、平壌日穀）が出場した。これは、この年から参加規定が変わって、参加チームは会社単位となり、咸興蹴球団など地域の蹴球団が出場できなくなったことによるものだが、この大会から変わったのは、そればかりではなかった。

前年代表の咸興蹴球団のメンバーを見ると、趙、金、李など、すぐに朝鮮人と分かる名前が並んでいた。しかし、初戦で台湾交通に四対〇、準決勝は名古屋三菱に二対〇で勝って決勝に進出した平壌日穀であるが、新聞に掲載されている決勝戦の出場メンバーを見ると、朝鮮人と分かる名前は、GKの金信福《キム・シンボク》とCHの金興俊《キム・ホンジュン》だけ。後は、国本、正木、松本といった日本式の名前が並んでいる。

しかし、韓国側の資料を見れば、この時の出場選手は全員朝鮮人であることは間違いなく、その中には、五四年の日韓戦に出場する朴奎禎の名前もあった。

日本の同化政策は、朝鮮人固有の姓にまで及び、四〇年の二月から、固有の姓を日本式の名前に変えさせる、いわゆる創氏改名が実施された。朝鮮人は、一族の姓と本貫（一族の本拠地。金海《キメ》金氏といえば、釜山近郊の金海から生じた金氏のこと）をきわめて大切にする民族である。したがって、代々受け継がれている姓を変えるということは、先祖に対することの上ない罪だという意識が強く、創氏改名には、根強い抵抗があった。これに対して、朝鮮総督府は、応じない者には行政機関における事務を取り扱わないなど、有形無形の圧力をかけ、やがて約八〇％の朝鮮人が創氏改名の届け出をしたという。このため、自殺者が出るなどの悲劇も生んでいる。

平壌日穀のメンバーの名前も、そうした創氏改名の強要を反映したものだった。

その平壌日穀が決勝で戦う相手は、茨城の日立製作所だった。明治神宮競技場で、一一月二日の午後三時過ぎに始まった試合は、日が西に傾いていく中で進んでいった。平壌日穀が体力とキック力に物をいわせたキック・アンド・ラッシュ戦法で攻めれば、日立製作所もショートパスでこれに対抗し、大熱戦となった。一対一で終わった前半に続き、後半は、まず日立製作所が得点を挙げて、二対一とリードした。しかし、平壌日穀も猛攻を繰り広げて、同点に追いついた後、試合も残り五分となったところで、逆転のシュートを決め、三対二で勝って優勝した。

スタンドで応援していた朝鮮人も、この劇的な勝利に感激して、次々とグラウンドに降りて、選手を胴上げするなどして喜びを分かち合った。

今日であれば、それほど珍しい光景ではない。しかしこの当時、日本の試合では、こうしたことは、ほとんどなかったという。しかも、試合会場の明治神宮競技場は、明治神宮の外《がい》苑《えん》であり、神域として位置づけられていた。その上、この日は、朝から高松宮《たかまつのみや》夫妻も臨席していた。そのために、彼らの行為は、問題化することとなる。すなわち、「神聖なる明治神宮国民体育大会の尊厳を無視した」というわけである。

事態が朝鮮側に伝わると、当時、朝鮮蹴球協会の会長であった高元勲《コ・ウォヌン》は、朝鮮総督府に謝罪するとともに、一二月一三日に理事会を開き、明治神宮国民体育大会の主催者である厚生省に対して、優勝権を返上することを決めた。

さらに、一二月六日から開催される予定であった、第二三回全朝鮮蹴球大会も中止せざるを得なくなった。この大会は、もともと朝鮮体育会が主催していたものであったが、三八年に解散させられた後は、朝鮮蹴球協会が引き継いで開催していた。スポーツに対する統制も日に日に厳しさを増し、サッカー大会も減少していく中で、全朝鮮蹴球大会の中止は、朝鮮サッカー界にとっては大きな痛手であった。

たしかに、試合終了後、観客がグラウンドに入り込むことは、観戦マナーとしては決して褒められることではない。しかし、朝鮮の人たちが、終了直前に決勝ゴールが決まるという劇的な勝利に、感激を抑えることができなかったのは、それなりの理由があってのことだった。しかも、こうした行為は、世界的に見ればよくあることであり、本来なら、問題にするほどのことではなかったはずである。

にもかかわらず、大きな問題となってしまった背景には、朝鮮の人たちがこのように喜ぶ理由がどこにあるのか、それを理解するだけの土壌が日本人の側になかったということがあるように思われる。朝鮮人を差別する一方で、戦時体制のもと、国中が一つになっている時に、朝鮮人は、どうして「朝鮮」にこだわるのかが分からない……。そんな空気が日本人の中にはあったという。

ここでもやはり、日本人と朝鮮人の認識の隔たりは大きく、こうしたことが問題をグラウンドの中だけにとどめず、朝鮮サッカー全体に波及させる要因となってしまったのだった。

打倒朝鮮に燃えた神戸一中

平壌日穀が優勝した時に、応援に詰めかけた朝鮮人が騒いだとして問題となった翌日、サッカー・中等学校の部の決勝戦が行なわれ、やはり朝鮮代表であるソウルの普成中学と、神戸一中が対戦することとなった。実はこの一戦、神戸一中の選手たちにとっては、一年以上もの間、待ちに待った試合であった。

この当時、咸興蹴球団など、一般のサッカーチームと同様に、中等学校のサッカー界も朝鮮代表の学校が席巻していた。全国中等学校蹴球選手権では一時、朝鮮の代表が出場していない時期があったが、三八年の第二〇回大会から復活し、八月二五日から南甲子園運動場で開催された同大会には、平壌の崇仁商業が出場した。崇仁商業は、函館師範に二対一、埼玉師範に二対〇と勝ち上がり、準決勝で神戸一中と対戦した。

『高校サッカー60年史』（前掲書）には、

――再参加の朝鮮代表崇仁商《ママ》も半島蹴球が神宮大会にあるいは全日本選手権に出場してすばらしい威力を発揮していることから、また10年前に本大会に現わした培材高普、崇実専門《ママ》、平壌高普などの花やかな戦績から相当の実力を期待されていた。果たせるかな準決勝での対神戸一中戦は、大会を通じての白眉《はくび》であった。――

と記されているように、準決勝の崇仁商業と神戸一中の試合は熱戦となったが、この試合は、崇仁商業が〇対二で敗れている。なお、崇仁商業を破り、決勝戦でも滋賀師範に五対〇で勝って五回目の優勝を果たした、この時の神戸一中のメンバーには、五四年の日韓戦にも出場する賀川《かがわ》太郎が入っていた。

翌年の第二一回大会には、朝鮮からの代表チームは出場しなかった。その理由について、『高校サッカー60年史』（前掲書）には、次のように記されている。

――ことしは優勝した平壌三中が都合で棄権し、第二位の培材中が出場と決まって日本蹴球協会に交替出場の承認まで得ていたが、22日から鮮内《ママ》は一せいに授業が開始され、ついに涙をのんで断念した。――

このように、この大会には、朝鮮から代表チームは出場していないが、メンバーの大半を朝鮮人が占める京都の聖峰中学が準優勝する健闘を見せ、周囲を驚かせた。

また、この年から、明治神宮国民体育大会にもサッカー・中等学校の部が新設され、朝鮮からは培材中学が出場したが、初戦は府立五中（現、都立小石川高校）に一対〇と勝ったものの、二回戦は明星商業に一対二で敗れている。

朝鮮代表チームの活躍として、圧巻だったのは、翌四〇年、第二二回の全国大会に出場した普成中学の爆発的なゴールラッシュであった。

今や、正月の恒例行事となっている全国高等学校サッカー選手権大会であるが、この大会で高得点を挙げたチームとして話題になったのが、九五年の第七三回大会で優勝した千葉県の市立船橋《ふなばし》高校である。市立船橋高校は、決勝戦で帝京高校に五対〇と大勝するなど圧倒的な強さを見せ、一回戦から決勝戦までの六試合で挙げた得点の合計は二三点にも上った。しかし、これを上回る得点を挙げたのが、当時はまだ、全国中等学校選手権大会と呼ばれていた第二二回大会で優勝した普成中学であった。

普成中学は、一回戦で湘南《しょうなん》中学を八対一、二回戦で函館師範を一二対〇と大差で退け、準決勝でも明星商業を五対二で破った後、決勝戦は神戸三中（現、長田高校）と対戦。この試合も四対〇と大勝したため、初戦から決勝までの四試合で挙げた得点は、何と二九点にも達した。

神戸三中との決勝戦は、八月二八日に南甲子園運動場で行なわれたが、この試合を見て大きな衝撃を受けたのが、神戸一中のマネージャーで後に選手も兼ねる賀川浩（賀川太郎の弟）だった。当時、日本の中等学校サッカー界では最強の神戸一中であったが、卒業と入学でメンバーが入れ替わる学校スポーツの宿命で、この年はレベルがやや低く、予選で神戸三中に敗れてしまったため、賀川はこの日スタンドで試合を観戦していた。

「普成中学の選手たちは、力があるから、いろんなプレーができるわけですよ。しかも、余裕綽々《よゆうしやくしやく》ですよ。応援にしても、地元の三中よりも、朝鮮の人のほうが多いんですからね。それで、やんやの歓声を送るわけです。これは見ていて面白かったけれどね。

三中も非常にしっかりしたチームだったけれど、蹴ってウイングを走らせるチームなんですよ。これでは勝てない」

この時から、朝鮮のチームを倒すことが、神戸一中にとって最大の目標となった。賀川は、はっきりとこう言い切る。

「こう言ったらなんだけど、朝鮮のチームとやって勝てるのは、中学校の場合、神戸一中だけなんですよ」

その意味するところについて、こう続ける。

「朝鮮のチームは、ロングキックをポンと蹴って、足の速い奴《やつ》が走っていく、といったサッカーをやるんですよ。朝鮮の人たちは、子供の時からボールを蹴っているし、体も頑丈です。したがって、朝鮮のチームとまともに蹴り合ったら、勝てるわけがないですよ。

その点、神戸一中は、短いパスをつないで、小さい体を素早く動かして、相手の背後に入り込んで点を取るという、今の日本のサッカーがやっていることをやっていたのです」

今日、日本人と韓国・朝鮮人の体格は、それほど違わない。しかし、当時、朝鮮のチームと戦った日本選手は、一様に、「朝鮮の選手は、みんな大きかった」と言う。

韓国には、日本人に対する蔑称《べっしょう》として、「倭奴《ウェノム》」もしくは、「倭人《ウェイン》」という言葉がある。これは、もともと中国による日本の呼称である「倭国」から来たものであるが、日本人の体の小ささを揶揄《やゆ》する意味も含んでいた。つまり、小人という意味の「矮人」は、韓国語の発音においては、「倭人」と同じになるからである。

こうした言葉にも表われているように、体が大きく、その上、個人個人の技術もしっかりしている朝鮮のチームに勝つには、どのようにすべきなのか。外国のチームと戦う時、これは、何もサッカーに限ったことではないが、体格的なハンディを負っている日本人は、日本人の特色である組織力と器用さで、いかに相手をかわしていくかにかかっている。

日本の中等学校サッカーの、この当時のレベルであれば、傑出した選手がいれば、その選手を前面に押し立てるやり方で、かなり勝ち進むことができた。しかしそれは、日本のチームには通用しても、朝鮮のチームには通用しなかった。やはり、一人一人が束になった力が要求される。そういう意味では、このころの神戸一中の選手たちは、中学生の段階からすでに、国際試合に対処するための戦法を身に着けていたことになる。

神戸一中で、なぜそれが可能であったかというと、やはり伝統の力というべきであろう。

日本の中等学校サッカーは、前述のとおり、御影師範と神戸一中の対決を軸に展開していった。師範学校は、高等小学校の二年間を経ているため、一般の中学生よりは二歳程度年齢が高かった。この当時の中学生は、今の高校生に当たるが、この年代における二年の年齢差は、かなり大きい。

そのため、神戸一中が御影師範の壁を破ることは、容易ではなかった。そこで、二〇年代の前半、日本の各学校を回ってサッカーの指導をしていたビルマ人コーチのチョー・ディンを神戸一中にも招き、ショートパスを教わった。その成果が、二五年の選手権優勝となって表われたのだった。

さらに、ベルリンオリンピックに出場した右近徳太郎や、日本を代表するCFであった二宮洋一など、国際試合経験の豊富な先輩たちの体験談などから、神戸一中の選手たちは、自分たちのサッカースタイルに自信を持っていた。

こうしたショートパス戦法を利して朝鮮のチームに勝つために行なった冬場の練習は、今でも語り草になっているほど厳しいものであった。まず、主眼を置いたのは、朝鮮のチームと対等に戦えるだけの体力をつけることだった。そのため、練習メニューの中に、四百メートルの全力疾走というのが必ず入っていた。賀川浩は、その目的をこう語る。

「これは、先輩に教えてもらったやり方なんですよ。四百メートルを走り切ることによって、体内の酸素を全部使ってしまう。それを回復する能力をつけることで体力がつく、ということなんです」

その成果は、夏場に表われ、先輩がいくらしごいても、選手たちは足が吊《つ》ったりしなかったという。先輩からは、「さぼってんのじゃないか」という声も出るほどであった。

四一年の神戸一中には優秀な選手が多く、五四年の日韓戦にも、この時のメンバーから、杉本茂雄、鴇田《ときた》正憲、岩谷俊夫の三人が選ばれている。

そのうちの一人である鴇田正憲は、九五年一月に起きた、あの阪神・淡路大震災では、家屋が被害にあったという。私は、その年の一一月の初め、被害にあった自宅近くの喫茶店で鴇田にお会いして、話を伺った。その喫茶店は、ＪＲ灘駅から歩いて五分ほどのところにあったが、周りの風景は、震災から十ヵ月近くたっていたため、テレビで見たような被害の生々しさはほとんどなく、やたらと更地が目についた。

被害にあった自宅の修理もままならないという鴾田であったが、神戸一中時代のことを尋ねると、懐かしそうに、こう語った。

「とにかく打倒朝鮮でやってました。『県下のチームを相手にしているようなやり方では、朝鮮のチームには通用しない』と、賀川浩さんが、そればっかり言ってました。

あの時のチームには、岩谷という優秀な選手がいたんですが、彼でさえも賀川さんに、『岩谷、足先だけのプレーじゃ、通用せんぞ』と言われてました。

朝鮮のチームは、個々が強いですからね。腰を低くして、全体重でかかっていかないと、撥《は》ね飛ばされてしまうんです」

こうして練習してきた真価を問う機会は、本来であれば、八月下旬に南甲子園運動場で開催される全国選手権大会であった。しかし、日増しに戦時色が濃くなっていくなか、四一年七月に、「学徒は居留地に足止めする。他府県にまたがる競技会は禁止し、全国大会は明治神宮体育大会以外はやらない」という方針が文部省から告げられ、以後、中止になってしまった。このため、今日、高校サッカーの名前で親しまれているこの大会は、優勝旗が朝鮮半島に渡ったまま、いったん、幕を閉じることとなった。

そして、唯一の全国大会として開催された、この年の明治神宮体育大会に、朝鮮代表として出場したのは、やはり普成中学であった。この時の普成中学のメンバーには、五四年の日韓戦に出場した選手はいなかったが、戦後の日韓サッカーと因縁浅からぬ人物が一人含まれていた。

数多くの熱戦を繰り広げてきたサッカーの日韓戦の中でも、名勝負中の名勝負と言われているのが、六七年一〇月七日に、メキシコオリンピックのアジア予選として行なわれた試合である。本選において銅メダルを獲得した日本チームを相手に、韓国チームは三対三で引き分けたが、この時の韓国チームのヘッドコーチを務めていた張慶煥《チャン・ギョンファン》は、四一年の明治神宮国民体育大会に出場した普成中学のメンバーであった。

朝鮮での予選の厳しさは、日本でも知られていたが、張慶煥は、当時のことを、こう語る。

「明治神宮大会や甲子園での大会は、大きな大会でしたから、行く時の気持ちは、それは違いますよ。朝鮮の代表になるのは、そう簡単ではありませんから。あのころは、普成と中《チュン》東《ドン》あたりが順繰りに出場したような形になってます。培材も出場しましたが、日本に行ったら、成績はそうよくない。でも、朝鮮の予選さえ勝ち抜けば、何とかなるという気持ちは持ってました」

実際、四〇年八月に南甲子園で開かれた大会で普成中学が圧倒的な強さで優勝した後、この年の秋の明治神宮国民体育大会に朝鮮代表として出場した中東中学は、一回戦で水戸商業に一三対〇、二回戦で徳島商業に九対一、準々決勝で明倫中学に五対〇、準決勝では浦和中学に六対一、決勝戦でも明星商業に四対〇と圧勝し、五試合でなんと三七点を奪うという、信じられないような強さで優勝している。

さて、四一年秋の明治神宮国民体育大会であるが、サッカー・中等学校の部は、八チームが参加して行なわれた。朝鮮神宮大会を勝ち抜いた、サッカーの普成中学や平壌日穀などをはじめとして、各競技の代表選手たちが集まって結成された朝鮮の選手団は、船で海峡を渡り、下関から夜行列車に乗って東京に向かった。

「団長は、総督府の人がやっていて、汽車の切符も総督府が手配するんだけれど、人数分、座席がないんですよ。みんな詰め込まれて、通路に新聞を敷いたり、網棚の上に上がって寝たりする状況だった」

と張慶煥は語る。

こうして迎えた一回戦は、普成中学が函館師範に三対〇、神戸一中が熊本師範に七対〇と勝ち、順調な滑り出しを見せた。準決勝では、神戸一中が青山師範に三対一で順当勝ちしたのに対して、普成中学は修道中学に延長にまでもつれ込む苦戦を強いられたが、三対二で勝って、ともに決勝に進出した。これで、神戸一中が待ち望んでいた対戦が実現することになった。

一一月三日の午前九時から明治神宮競技場で行なわれた決勝戦は、前半、神戸一中が押し気味に進め、一八分、二三分と続けて得点を挙げた。

「体力的には、うちらが勝っていたんだけれど、ショートパスにはかなわない。組織力の面では、日本のほうが勝っていた」

と張慶煥が振り返るように、普成中学は、試合の前半は神戸一中のショートパス攻撃に振り回されていた。しかし、ハーフタイムを境に、普成中学は自分たちのサッカーを取り戻す。そして、個々の技術と体力に物を言わせて神戸一中ゴールに襲いかかり、一四分、二三分と立て続けに二点を返して同点に追いついた。

結局、試合はこのままタイムアップとなり、二対二で引き分けた。本来なら延長戦を行なって決着をつけるところであったが、明治神宮競技場はその日、他の競技の決勝戦のスケジュールでびっしり詰まっていたため、延長戦は行なわず、両校優勝ということで終了した。

鴾田は、当時をこう振り返る。

「体力的に見て、延長までしていたら、やられたでしょうな。向こうも追い上げムードでしたし。私も試合中、膝《ひざ》に怪我《けが》をしてしまいました」

試合を見に来ていた先輩たちは試合後、「しゃーない。ようやった」と、後輩を慰めた。神戸一中ほどの強豪であれば、試合に勝っても先輩から怒られることも珍しくなかった。したがって、この時のように、引き分けても慰められるというのは、きわめて異例のことだったという。それだけ、厳しい試合であった。

一方の張慶煥は、

「体力的には、うちが勝っていたんだから、延長戦をやったら絶対に勝つ自信はありました。だから、引き分けた時は、本当に悔しかったです」

と、今でも残念そうな口ぶりで語る。

「朝鮮のチームを相手にする時は、二点ではだめ。三点差はつけないと。二点だと、物凄《ものすご》い馬力で追い上げてくる」

と、賀川は語る。

そう言えば、張慶煥がヘッドコーチを務めていた、六七年のメキシコオリンピック予選として行なわれた日韓戦においても、日本は前半二点先取しながら後半追いつかれ、その後、一点ずつを入れて三対三で引き分けている。

もちろん、四一年のこの試合は、ボールも配給制になり、練習さえままならない時代の話ではある。しかし、サッカーのスタイルといい、試合の展開といい、その後の日韓戦の縮図のような試合であったともいえるのではないか。

戦前の日本の全国大会における、日本のチームと朝鮮のチームの激しい戦いは、日本による朝鮮の植民地支配がもたらしたものであった。したがって、こうした言い方は、誤解を招くかもしれないが、レベルが高く、日本のサッカーとは質的に違う朝鮮のチームとの戦いは、日本のチームにとって刺激となり、レベルアップに役立ったのは確かだろう。

張慶煥も、こう語る。

「サッカーには、三つの要素があります。一つは素質、もう一つは体力で、後は教え方。教え方では日本のほうが勝っていたけど、先の二つは、こっちが強いし、その差は簡単には縮まらない。だから、教え方さえこっちもうまくやれば、もっとやれるんじゃないか、という話を、私はずっとしてきているんですよ」

植民地支配という不幸な時代、朝鮮のサッカーは、ある時は日本代表チームとして共に戦い、ある時は一種の代理戦争という形で、激しい闘志を燃やして向かってきた。そして、同化を強要された時代の中でも、朝鮮のサッカーは独自のスタイルを維持し続けた。この時、活躍した日本と朝鮮双方の選手たちは、戦後も選手あるいは指導者として、それぞれの立場でサッカーと関わっていった。したがって、こうした戦いは、戦後、日本対韓国の宿命の対決へと受け継がれていくことになるのである。

戦火の拡大と球技廃止

四二年の明治神宮大会は、明治神宮国民錬成大会と名称を改めて開催されたが、サッカー・中等学校の部の一回戦で、朝鮮代表の培材中学は、いきなり神戸一中と対戦することとなった。この年の夏、橿原神宮《かしはらじんぐう》体育大会という全国規模の大会（朝鮮のチームは出場していない）が行なわれたが、この大会において神戸一中は、予選から本選決勝までの九試合でトータル七〇対〇という圧倒的なスコアで優勝している。

初戦から優勝候補同士の激突となったこの一戦は、青山師範のグラウンドで行なわれたが、試合会場は、何とも異常な雰囲気に包まれていた。神戸一中の選手として出場した鴾田正憲は、当時を振り返ってこう語る。

「グラウンドには、憲兵が七、八メートル置きくらいに立っていて、取り囲んでいるんですよ。その周りで応援しているのは、ほとんど朝鮮人でした。ボールがタッチを出て、取りに行く時なんかは、それは物々しくて、気持ち悪かったですよ」

前年に平壌日穀が優勝した時の騒動があったためか、応援の朝鮮人と選手との間を隔離するために憲兵を配置したというわけだ。鴾田の言葉にもあるように、何とも物々しい光景である。もはや競技場も、朝鮮の人たちにとって、日ごろの鬱憤を晴らせる場所ではなくなっていた。

なお、この試合は、神戸一中が三対〇で勝利を収めている。また、一般の部に出場した平壌兵友は、決勝戦で日立製作所に二対一で勝ち、優勝を果たしている。

ただ、四二年には、朝鮮では球技がほとんど廃止の状態だったという。張慶煥はこの年、普成中学の五年生であったが、サッカーをやった記憶はないという。

この年の四月、勝敗を争う競技を規制し、戦力増強にかなう競技だけを奨励することを趣旨とした「朝鮮学徒体育大会実施要綱」が、朝鮮総督府から発表された。これにより、スポーツ、とりわけ球技種目に対する統制はいっそう強化されることとなる。しかし、韓国の資料、もしくは私が聞いた範囲の証言によると、四二年から球技が廃止されたことにはなっているが、具体的に、いつから、どのような形で廃止されたのか、今一つはっきりしない面もある。

日本統治下において、サッカーと同じようにバスケットボールも、日本チームを凌駕《りょうが》する活躍を見せていた。『韓國籠球80年』（編纂、発行・大韓籠球協會）には、ベルリンオリンピックに出場した李性求など、当時活躍した選手たちの鼎談《ていだん》が掲載されており、その中に、球技廃止について言及した部分がある。

——金程信《キム・ジヨンシン》　三〇年代末、中日戦争が起こり、いっそう球技に対して弾圧しようとする圧力がひどくなり、ついに、球技廃止処置が断行されたけれども、それは、何年度でしたか。

中等学校の球技が、まずなくなり、一般チームは四三年まで存続したと思うんですが……

（中略）……

呉壽喆《オ・スチヨル》　中等学校は一九四三年になくなったみたいです。

……（中略）……

李性求　それは違う。むしろそれより早いかもしれない。なぜならば、その当時、中等学校の球技廃止を決議したことがありました。それで、この決議の中の但し書に、神宮競技だけは、この限りにあらず、とあって、約二年はこの競技に中等学校が参加することができたんでしょう。いわば、廃止の中で活動が許されたんでしょう。

中等学校の球技廃止決議の内幕をここで一つ探ってみましょうか。

この当時、日本人たちは、球技といえば決まって、サッカーとバスケットボールが頭に引っ掛かっていたみたいです。それで、この球技では我々に勝てないので、思案の末、思いついたのが、はなからなくしてしまえ、ということでしょう。もちろん、ここには、日帝という時代的力関係に便乗する形で、日本の体育指導者によって体育指導者協議会が構成されて、体育指導者協議会の決議文を作成し、この決議文を総督府に建議、要請するという手段を使ったんでしょう。

……（中略）……

金程信　それで、四〇年度には、球技廃止ではなく、国防競技という用語が新しく制定されて、その種目の中に入っていたと思う。しかし、四二年度になり、国内体育団体がすべて解体され、朝鮮体育振興会というものが発足しましたよね。多分、このころから球技種目に圧力を加えるなど、いわゆる横暴がひどくなったんじゃないかと思うんですが。――

このように、球技廃止の具体的ないきさつについては、曖昧《あいまい》な部分もある。しかし、四二年という年は、日本と朝鮮双方のサッカー協会が、事実上消滅した年であった。

戦火が拡大していくなか、スポーツ界においても、こうした状況に歩調を合わせることが求められ、この年の四月八日に大日本体育協会を改組して、新たに大日本体育会が発足した。これは、組織を全国的な統制団体として、「体育を振興して国民体力の向上を図り、もつて皇国民の錬成に資する」ことを目的としたものであったが、この時、各種のスポーツ団体は、大日本体育会の一部会組織となった。このため、大日本蹴球協会も大日本体育会の蹴球部会となり、事実上消滅したことになる。

同様の動きが朝鮮でもあり、同年二月一四日に朝鮮体育協会を改組して、朝鮮体育振興会が発足した。二月二二日に、ソウルのあるホテルの食堂において朝鮮蹴球協会の緊急理事会が開かれ、振興会へ吸収されることを拒否して解散を決議するとともに、解散式が行なわれた。

こうして、平壌兵友が明治神宮錬成大会で優勝したのを最後に、日本統治下における朝鮮サッカーの歴史に終止符を打つこととなる。四三年、朝鮮で行なわれた唯一の体育大会である朝鮮神宮競技大会では、相撲《すもう》、体操、銃剣道など、いわゆる錬成目的の種目のみが行なわれ、球技は行なわれなかった。

植民地時代において朝鮮のサッカーは、三五年に京城蹴球団が、全日本総合選手権と明治神宮大会で優勝。明治神宮大会においては、三九年と四〇年に咸興蹴球団が、四一年に平壌日穀が、四二年には平壌兵友が優勝し、三七年に準優勝であった清津蹴球団以外は、出場した大会すべてに優勝したことになる。中等学校の大会でも崇実、普成、中東中学が優勝したほか、三八年の三地域対抗蹴球戦では、朝鮮が関西、関東を連破して優勝している。

韓国でサッカーは、「国技」とも「民族の自尊心」とも言われてきた。これは、熱狂的なサッカー人気もさることながら、植民地時代においても、日本に決して負けなかったという実績が、その根拠になっている。

しかし、朝鮮の人たちが、日本に植民地支配されていたその時点において、サッカーを「民族の自尊心」と思っていたかといえば、話はそう簡単ではない。二一年に生まれ、解放後は、韓国代表選手として五四年のワールドカップ・スイス大会にも出場した朴《パク》・在昇《チェスン》は、植民地時代における、朝鮮のサッカーチームの活躍について、こう語る。

「年を取った人たちは、民族的な優越感などを感じたことでしょう。でも、当時そんなことを言ったら、牢屋《ろうや》にぶち込まれましたからね。私は、公立学校で教育を受けましたが、民族的な教育はなかったし、校長も担任の先生も日本人でした。学校で、朝鮮のチームが優勝したということを聞いて、ちょっと誇らしい気持ちにはなりましたが、民族的な概念はなかったんですよ」

つまり、朝鮮のチームが優勝するということは、年配の人にとっては「朝鮮民族の勝利」であったけれども、日本の教育を受けてきた多くの若者にとっては、「朝鮮代表の勝利」としか受け取れなかった。それだけ、同化政策が徹底していたわけである。

しかし、この「同化政策」という言葉自体、日本側から見た言い方であり、朝鮮の側から見れば、これは「民族抹殺政策」である。今でも「皇国臣民の誓詞」をそらんじる、韓国のある老人は、流暢《りゆうちよう》な日本語で、こう語った。

「もし、日本統治があと二、三十年続いていたら、わが民族は本当に抹殺されていたかもしれません」

一つの事実に対しても、被害者の立場と加害者の立場では、受け止め方がまったく違う。韓国の歴史学者・姜萬吉《カン・マンギル》は、『韓国現代史』(高崎宗司訳、高麗書林刊)において、次のように述べている。

――植民地朝鮮において教育機関がだんだん増加したのは事実であるが、それは日本の植民地支配政策を推進していくのに必要な限りでの増加に限定され、その教育内容も植民地支配という目的を実現するものに制限された。教育を受ける人口が増加したということは、まさにそれだけ支配政策に同化されていく人口が増加したことを物語っているのであった。――日本の植民地政策は多くの後遺症を残した。そして問題認識も日本と韓国では大きな開きがある。

日本と韓国で歴史認識を共有するということは、大切なことではあるが、なかなか大変なことである。しかし、まず、日本の植民地時代になされた、一つひとつの事柄について、被害者の側がどのように受け止めているのかを知ることから始めないことには、両者の溝は決して埋まらないであろう。

第三章 ❖ 解放と動乱の中で

祖国解放とサッカーの復活

一九九五年八月一五日の午前九時二〇分ごろ、花火の大音響が鳴り響く中で、日本の植民地支配の象徴であった旧朝鮮総督府の建物の最上部にあった尖塔《せんとう》がクレーンで持ち上げられた。この瞬間、中継放送をしていた韓国のテレビ画面には「再び取り戻した光」という文字が大写しになった。

日本の植民地支配から解放された八月一五日を、韓国では光復節《クアンボッチョル》と呼んでいる。解放から五十年目の光復節は、旧朝鮮総督府の建物撤去をクライマックスとして、盛大な記念行事が催された。

「一九四五年八月一五日、この地から日章旗が姿をくらまし、侵略者が退いた後にも、三八度線による国土分断と、手のほどこしようのない混乱は、解放の喜びを台無しにするくらい凄惨《せいさん》なものでした」

これは、記念行事における光復会会長・金勝坤《キム・スンゴン》の記念の辞の一節である。

日本の敗戦とともに植民地支配からの解放は実現したものの、朝鮮半島は北緯三八度線を挟んで北側にソ連軍、南側にアメリカ軍が進駐し、全土に軍政が敷かれて、分断という新たな試練を迎えることとなった。ただ、当時、一般の人たちは米ソ両軍が、南北それぞれに進駐したのは、日本を武装解除させるための一時的なことであり、分断の時代がかくも長く続くとは、想像だにしなかった。

いずれにしても、四五年九月九日、アメリカ軍の司令官としてソウルに入った陸軍中将のホッジと、最後の朝鮮総督・阿部信行の間で降伏文書が調印され、朝鮮総督府の統治は名実ともに終了して、三八度以南（以下、南朝鮮と記す）では、アメリカによる軍政時代を迎えた。

植民地時代の終わりは、サッカー関係者にとっては、再びサッカーのできる時代が到来したことを意味した。そして、復活に向けての動きも早かった。

三八年に解散を余儀なくされた朝鮮体育会は、一一月二六日に再出発を果たし、第一一代会長には、当時、朝鮮人民党総裁であり、日本統治時代からスポーツ活動に積極的に関わってきた呂運亨《ヨ・ウンジョン》が就任した。そして、朝鮮体育会の結成に先立つ一〇月二七日には、その準備委員会によって、サッカー、バスケットボールなど九種目からなる自由解放慶祝・全国総合競技大会が開催された。この大会のサッカー競技には、一般部に二四チーム、中学部に二二チームが参加している。

一二月には、朝鮮蹴球協会が再建され、第五代会長には、延禧専門教授などを経て、ソウル新聞社の初代会長に就任していた河敬徳《ハ・ギョンドク》が就任した。

解放後のサッカーに対する熱気には、すさまじいものがあった。五四年の日韓戦にFBとして出場する李鍾甲《イ・ジョンガプ》は、当時をこう振り返る。

「日帝時代は、サッカーが思うようにできなかったでしょう。だから、解放されて、心ゆくまでサッカーができるようになったと、みんな喜びました。観客の熱気も大変なもので、競技場は、いつもぎっしり満員でした。木に登って見る人も大勢いるくらいでしたから」

まさに鈴なりといえるほどの盛り上がりを見せていたのであった。

当時のサッカー人気は、新設された大会の多さからも窺《うかが》い知ることができる。四六年に行なわれた、第一回と名の付く大会は、『韓國蹴球百年史』(前掲書)に記されているだけでも、四月一日から始まったソウル洞対抗蹴球大会、四月一二日からの全国少年蹴球大会、四月一七日からの全国都市対抗蹴球大会、五月二四日からの全国中等学校蹴球選手権大会、六月二〇日からのソウル市実業蹴球大会、七月一日からの全国大学蹴球選手権大会、一一月一日からの全国蹴球選手権大会の七つに及ぶ。また、四五年一一月二三日からは第一回全朝鮮中等学校対抗競技大会が、翌年一〇月一六日からは日本の国民体育大会に相当する全国体育大会が開催され、サッカーの試合も行なわれた。

こうした中で注目されるのは、少年サッカーが盛んであったことである。五四年の日韓戦に最年少選手として出場する、三一年生まれの崔光石《チェ・グァンソク》は、当時の少年サッカー選手だった。

「サッカーを始めたのは、徳寿《トクス》国民学校の時です。当時は日帝時代で、球技はあまりできませんでしたので、町内で遊びでやっている程度でした。それで、本格的に始めたのは、解放後のことですが、そのころは少年サッカーがとくに盛んで、大会には、参加チームも百くらいあり、観客も多かったです。大会の参加資格は、学年ではなく、身長で決めており、一五三センチ以下が少年だということでした」

五六年、六〇年と続けてアジアカップ選手権に優勝し、アジアサッカーの頂点に立つ韓国だが、その主役となるのが、当時のサッカー少年たちであった。

大会ばかりでなく、単発の試合も盛り上がりを見せた。四五年一二月四日には、日本統治時代に活躍した選手が顔を揃《そろ》えた普成専門と延禧専門のOB戦、翌年の五月二三日には、現役による第一回延・普戦が行なわれたほか、六月一四日には、徴用や徴兵などによって故国を離れざるを得なかったサッカー選手たちの帰還を祝う、帰還選手歓迎蹴球戦なども開催されている。

このように解放直後は、今まで抑えられてきたものを一気に吐き出すかのように、多くの試合が行なわれたが、なかでも解放を実感した試合として、サッカーファンの間で語り継がれているのが、四六年三月二五日と二六日に、三八度線を越えて平壌から来た選手たちを迎えて催された京平戦であった。三八度線は米ソ両軍によって固められていたが、この時はまだ、警備がそれほど厳しくなかったという。

かつての京城運動場、解放とともに名称が改まったソウル運動場で開かれたこの試合は、初戦は二対一でソウルが勝ち、第二戦は三対一で平壌が勝利を収め、一勝一敗に終わった。ただ、そうした結果に関係なく、復活した伝統の一戦は、スタンドから溢《あふ》れるほどに詰めかけたサッカーファンを熱狂させた。しかし、三八度線を越えた形で開かれた都市対抗としての京平戦は、これを最後に現在まで行なわれていない。

また、この時、平壌チームとして出場した選手の中には、その後、南に来た人もいる。たとえば、朱榮光《チュ・ヨンガン》と朴日甲《パク・イルガプ》は、五四年の日韓戦に韓国代表として出場する選手だが、朱榮光は京平戦が終了してさほど時間を置かないうちに、また朴日甲は朝鮮戦争のさなかに南に来ている。

日本サッカーの復興

戦前の日本サッカーを代表するＣＦであった二宮洋一は、戦時中、士官学校の教官として国内にいたため、終戦の一週間後には神戸の実家に帰ることができた。

帰宅してから何日かたったある日、二宮の母親は、突然庭を掘りはじめた。いぶかしそうに、その様子を見守る二宮をよそに、「いい物が出てくるから」と、母親は掘り続けていた。

しばらくして、土の中から出てきたものは、何かが包んである油紙であった。幾重にも包まれている油紙をはがしていくと、現われたものは、サッカーボールとスパイクであった。空襲で灰になるのを避けるために、母親がサッカー用具を庭に埋めていたのであった。

二宮は、九月八日には西宮《にしのみや》球技場に昔のサッカー仲間を集めて、ボールを蹴《け》りはじめた。そこは、畑などに変えられることもなく、そのままの形で残っていた。

「嬉《うれ》しかった。ボールが蹴られると思ったら涙が出てきたよ。何もない時代でしょ。軍服を切ってパンツ代わりにしたりしてサッカーをやっていました」

と、二宮は、まるで昨日のことのように振り返る。

再びサッカーができるという選手たちの喜びは、日本列島においても朝鮮半島においても変わりはなかった。とは言っても、戦後の混乱期、食糧難や鉄道輸送の停滞などもあり、全国規模の大会を開催することは、容易なことではなかった。

四六年の春には、全日本選手権が復活したが、この時は東西で予選を行ない、その勝者同士が戦うという形式だった。五月五日に東大御殿下グラウンドにおいて、関東の覇者・東大LB（全東大、LBはライトブルー）と、関西の覇者・京都学士クラブ（全京大）が対戦する予定であったが、京都学士クラブは遠征メンバーがまとまらずに棄権したために、代わりに神経大（現、神戸大）クラブが出場。結局この時は、東大LBが六対二で神経大クラブを破って優勝している。これと同時に、中等学校の決勝も行なわれ、東京高師付中が神戸一中と対戦し、こちらも関東勢の東京高師付中が一対〇で勝利を収めている。

一一月一日には、京都市を中心として、国民体育大会〈国体〉の第一回大会が開催され、サッカーの試合も一般と中等学校の部に分かれ、東西の予選を勝ち抜いた一チームずつによる決勝戦のみが、西宮球技場で行なわれた。一般の部では、関学が二対一で東大LBを破り、中等学校の部では湘南中学が三対二で神戸一中を破って、それぞれ優勝している。

中等学校の選手権大会は、四六年は全国大会としては開催できなかったものの、この年の八月二七日からは、西宮球技場で近県の一九チームを集めての招待大会が開かれ、神戸一中が神戸三中に二対一で勝ち、優勝している。そして、翌年の一二月二二日には、全国大会として復活。広島高師付中が尼崎《あまがさき》中学を七対一で下して優勝している。この時の優勝メンバーの中には、五四年の日韓戦に出場する、長沼健《けん》と木村現《げん》の名前もある。長沼は、日本サッカー協会の前会長である。

このようにして、少しずつ復興の道を歩んできた日本のサッカー界であるが、こうした復興を印象づける試合となったのが、四七年四月三日に、天覧試合として行なわれた東西対抗であった。GHQ（連合軍総司令部）に接収されていたため、そのころナイルキニック・スタジアムと呼ばれていた明治神宮競技場は、昭和天皇と、当時、学習院初等科に通っていた皇太子（今上天皇）が臨席するとあって、MP（憲兵）による厳重な警戒態勢が敷かれていたが、スタンドには、超満員の観衆が集まった。

「当時は交通事情が悪くてね。大阪・道修町《どしょうまち》の田辺製薬の分館に泊り込んで、朝四時にそこを出て、一四時間かかって東京に行きました。汽車の中も、担ぎ屋とかでいっぱいでした」

とは、全関西の選手として出場した宮田孝治（当時、田辺製薬）の回想である。

このように、選手が集まるだけでも大変であったが、試合は熱戦の末、二対二で引き分けている。試合後、天皇はグラウンドに降りてきて、選手たちに、

――「本日はよい試合を見せてもらいありがとう。戦後日本の復興はスポーツ精神の振興によるもの多大と思う。どうか、しっかりやってほしい」――『日本サッカーのあゆみ』（前掲書）

という言葉をかけた。全関西の選手として、以後、十年連続して東西対抗に出場した鴇田正憲は、当時をこう振り返る。

「選手の中には、特攻隊員だった人もおりましたからね。天皇陛下がグラウンドに来られた時は、涙を流してました」

この試合をきっかけに、翌年の東西対抗から勝者に天皇杯が授与されることになったが、五一年からは、天皇杯が授与されるチームは、全日本選手権の優勝チームとなった。つまり、サッカーファンの中には、元旦《がんたん》は天皇杯の決勝を見て過ごすという人も多いと思うが、そのルーツとなったのが、四七年の東西対抗であったわけだ。

翌年の八月には、静岡県の三島にある日大のグラウンドで、ＯＢや大学からの推薦を受け

た二八人が集まり、日本代表候補の合宿が十日間にわたって行なわれた。

ちょうど同じころ開催されていたロンドンオリンピックには、敗戦国の日本は出場することができず、この合宿自体は、何かの大会に備えてのものではなかった。しかし、当時の写真を見ると、選手一人ひとりの表情は実に生き生きとしており、再びサッカーができるようになった喜びがストレートに伝わってくる。戦後の日本代表は、このようにして、再出発を果たした。

そして、日本代表チームが参加した戦後初の国際大会は、五一年三月にインドのニューデリーで開催された第一回アジア大会であった。この時の日本代表チームは、監督兼選手の二宮洋一を含めてわずか一六人。そのうち二宮を含めて一一人までが、神戸一中の出身者で占められていた。

神戸一中以外の選手としては、五四年の日韓戦にもCHとして出場する、松永信夫も選ばれていた。静岡県焼津《やいづ》出身の松永は、ベルリンオリンピックに出場した兄の行《あきら》、このアジア大会の代表にも選ばれている弟の碩とともに松永三兄弟と呼ばれ、「静岡の今日のサッカーを築き上げた人」とも言われるほどの名選手であった。

この時も、ニューデリーに向かうため、焼津から荷物を持って上京していた。しかし松永は、出国することができなかった。一般には松永が戦時中、憲兵だったからだと言われているが、彼はそれを否定する。

「あの時、飛行機はマニラで給油してニューデリーに行くことになっていたんですが、マニラのほうで、通過のビザが下りなかったんですよ。私は戦時中、ミンダナオにも行っており、フィリピンで戦争していたことが引っ掛かったみたいです」

つまり、松永の戦時中の経歴が問題になったわけである。二宮とともに、日本を代表するCFであった川本泰三も、終戦後、シベリアでの抑留生活を強いられた。戦争の後遺症は、サッカー界にも尾を引いていたのであった。

ソウル蹴球団の上海遠征

解放後の南朝鮮の政局は、政党が雨後の筍《たけのこ》のように乱立し、やがて左右のイデオロギー対立が顕在化してくる。こうした混乱の決定的ファクターとなったのが、四五年一二月二七日、モスクワの三国外相会議において米英ソにより採択された朝鮮信託統治案であった。

これは、「米英中ソ四ヵ国による最低五年間の信託統治によって、朝鮮の独立を準備する。その具体的方案として、朝鮮臨時民主主義政府を樹立し、これを補助する米ソ共同委員会を設置し、運営する」といったものだった。

これが南朝鮮に伝わると、すぐにでも独立できるものと思っていた民衆は一斉に反発し、イデオロギーに関係なく、信託統治案に対する反対運動が展開された。ところが、翌年の一月二日に朝鮮共産党が信託統治支持を表明し、突然態度を変えた。これによって、信託統治をめぐり、国論が分裂することとなり、その分裂は左右のイデオロギー対立をいっそう激化させることとなった。すなわち、李承晩《イ・スンマン》、金九《キム・グ》を中心とする右翼勢力は、信託統治に反対の立場（反託）をとっていたのに対し、朝鮮共産党など左翼勢力は賛成の立場（賛託）をとったため、イデオロギーによって、信託統治に対する立場の違いが鮮明になったわけである。

なお、上海の大韓民国臨時政府の大統領であった李承晩は四五年一〇月一六日に民族運動を行なっていたアメリカから、また臨時政府の中心人物であった金九は同年一一月二三日に中国から、それぞれ帰国している。しかし、アメリカ軍政庁は、臨時政府の正統性を否認したため、二人とも個人の資格での帰国であった。

いずれにしても、このように左右の対立が日増しに深化していく中で、四六年の三月一日、解放後初めて、三・一独立運動の記念日を迎えた。しかし、その記念行事さえも、右翼陣営はソウル運動場で、左翼陣営は南山公園でそれぞれ別々に行ない、しかも、それが終わった後の街頭デモで双方が衝突し、乱闘事件まで起きている。こうした状況に、右翼勢力に属する韓国民主党の中心人物であった張 徳秀《チャン・ドクス》は、こう嘆いたという。

「本当に世の中は、あまりにも変わってしまった。二十七年前の三・一運動の時には、一つとなって倭敵（日本）と戦ったのに、その三・一節を記念しようとする後世の人たちが、分裂して争うなんて……。民族の悲劇であり、民族の恥だ！」

張徳秀は、三・一独立運動の後に誕生した東亜日報の初代主幹であり、言論の立場から、朝鮮体育会の必要性を論じ、二〇年七月に同会が発足するとともに理事に就任した人物でもあった。

解放後の混乱は、多くの人たちを慨嘆させたが、こうした感慨とは裏腹に、対立はさらに深刻化していく。

四六年三月二〇日からソウルで、三国外相会議での決定を具体化するための、第一次米ソ共同委員会が開催されたが、共同委員会が協議する対象の政党や社会団体の資格をめぐって米ソの意見が対立し、この会談は決裂してしまった。

こうした状況を受けて李承晩は、六月三日に南朝鮮のみの単独政府樹立が必要であるとの見解を表明。反託勢力の中でも、単独政府樹立を目指す李承晩と、南北統一政府の樹立を目指す金九との間で、路線の違いが見えはじめた。

政治が混乱する一方で、経済の面でも、インフレの悪化や食糧難が庶民の生活を圧迫した。そして、南朝鮮各地で抗争が起こり、一〇月一日に大邱では、労働者、学生など一万人あまりと警官が衝突。死傷者も出て、翌日、大邱には戒厳令が出された。

政治も経済も揺れに揺れた四六年の冬、南朝鮮のサッカー界に、海外遠征の話が持ち上がった。これは、上海に在住する朝鮮人の僑民《きょうみん》会長をしていた申國權《シン・グックオン》という人物が、上海と南朝鮮双方のサッカー関係者に掛け合って、南朝鮮のサッカーチームを招請したものだ。

招請を受けて、朝鮮蹴球協会は二九人の代表候補を選抜し、翌年の三月から合宿練習を行ない、ふるいにかけた二一人が上海に行くこととなった。チームの平均年齢は三〇歳を超えており、日本統治時代から活躍していた選手が中心となっていた。

選手団の名称はソウル蹴球団。まだ政府を樹立していない時期だったため、こうした名称になっているが、太極旗を先頭にしてのこの遠征は、事実上、韓国最初の海外遠征となった。

四月一〇日、アメリカ軍の双発プロペラ輸送機に乗った選手団は、上海へと向かった。ソウル蹴球団は、上海の逸園競技場で五試合を戦ったが、どの試合も、僑民を含めて満員の観衆で膨れ上がった。

「僑民たちが太極旗を振っているのを見た時は、涙が出てきました」

とは、日本統治時代から、五四年の日韓戦を含め、五〇年代半ばまで、韓国を代表するスタープレーヤーとして活躍した鄭《チョン》南湜《ナムシク》の回想である。

ソウル蹴球団は第一戦で、中国に亡命中の白系ロシア人で構成されたソ連クラブと対戦して三対一で勝った後、メンバーを落として戦った第二戦の上海鉄路との試合は〇対二で敗れた。第三戦は、当時の上海で最強といわれた青白と対戦し、一対〇で勝利を収めている。

そして、第四戦は、当地の人気ナンバーワンチームである東華との試合となった。この時、試合会場に突然、李承晩が現われた。

李承晩は前年の一二月二日、アメリカに向け出発。各地で単独政権樹立が不可避であることを力説して回っていた。一連の活動を終えて帰国する途中、国民党政府の蔣介石《しょうかいせき》に会うために中国に立ち寄ったところ、サッカーの試合があるとの話を聞きつけ、会場に顔を出したのであった。

李承晩は、タッチラインの傍らに、アメリカ軍関係者とともに座って、試合を観戦したという。この試合でソウル蹴球団は、四対〇で大勝している。

第五戦は、香港《ホンコン》の星島チームと対戦して、〇対〇で引き分けて、上海での全日程を終えた。この第五戦をきっかけに香港との親交が深まり、以後、韓国は香港遠征を頻繁に行なうようになる。

なお、李承晩は日本統治時代、海外で亡命生活を送っていたため、これまで自国のサッカーチームの対外試合を見る機会がなかった。それだけに、第四戦における大勝は、一年後に韓国初代大統領に就任する李承晩に、自国のサッカーの強さを印象づけるものとなった。

軍政下でのオリンピック出場

――朝鮮体育会は、三〇〇〇万民衆の体育を指導する代表機関であると同時に、我々の公器だ。したがってこれは、個人の体育会でもなく、一団体に従属した体育会でもないのだ。仮に体育会の会員や幹部に政治的色彩を帯びた人がいるとすれば、これは、個人的問題であり、体育会としては、何ら関係のないことだ。したがって朝鮮体育会は、不偏不党であることを、

ここに声明する。――『韓國近代體育史研究』（前掲書）

四六年四月一五日、朝鮮体育会は、このような声明を発表した。これは、政治の混乱が続いている中でも、独自の立場を貫いていこうとする意思を表明したものだった。

こうした解放後のスポーツ界にとって、最大の関心事であり宿願でもあったのは、オリンピックへの出場である。戦争のために、四〇年、四四年と灯《とも》ることのなかったオリンピックの聖火は、四八年、ロンドンにおいて再び灯ることが決まっていた。

しかし、当時はアメリカによる軍政下。「完全な独立国家でなければ、オリンピックに参加することはできない」という外信報道が南朝鮮に伝わり、体育会関係者に大きな衝撃を与えた。これに対して、かつて大日本体育協会の理事であった李相佰《イ・サンベク》は、かねてから親交のあった当時のＩＯＣ副会長のブランデージに電文を送り、報道内容の真偽を問い合わせたところ、誤報であることが分かった。これによって、ＩＯＣ加盟に向けての動きに拍車がかかることになる。

なお、ブランデージは、五二年から七二年までの間、ＩＯＣ会長を務め、厳格なアマチュア主義者として知られた人物である。

さて、南朝鮮でのオリンピック参加に向けての動きは、四六年七月一五日に、朝鮮体育会内にオリンピック対策委員会が設置されたことから本格化する。そして、翌四七年六月一九日から、スウェーデンのストックホルムで開催されるＩＯＣ総会には、アメリカ帰りで英語の堪能《たんのう》な田耕武《チヨン・ギヨンム》という人物を派遣することが決まった。

田耕武は、東京経由でストックホルムに行く予定であった。しかし五月二九日、田耕武の乗ったアメリカ軍用機は、厚木飛行場に着陸する直前に乱気流に巻き込まれて墜落し、田耕武も死亡するという、いたましい事故が起きてしまった。

しかし、IOC総会の期日は迫っており、衝撃に落ち込んでいる時間的余裕はなかった。そこで、急遽代役《きゅうきょ》を依頼されたのが、在米朝鮮人の李元淳《イ・ウオンスン》であった。李元淳は、日本統治時代に駐米臨時政府の要人などの立場から独立運動を行ない、解放後はアメリカに貿易会社を設立し、その運営に当たっていた人物である。そして李元淳は、IOC総会への出席にこぎつけ、そこでもブランデージの積極的支持を受けて、六月二〇日にIOC加盟が承認された。団体の名称はKOC〈Korea Olympic Committee〉であり、国号は「Korea」であった。

これにより、まだ政権樹立前であったが、韓国として初のオリンピック出場の道が開けたわけである。

この日、すでに五日前に発足していた朝鮮オリンピック委員会の委員長に、朝鮮体育会の会長でもあった呂運亨が選出された。しかし呂運亨はそれから約一ヵ月後の七月一九日に、右翼の青年・韓智根《ハン・ジグン》こと李弼炯《イ・ピリョン》によって暗殺される。七月一〇日に第二次米ソ共同委員会が、第一次と同様に、協議団体の資格問題などをめぐって事実上決裂していたこともあり、この当時、左右合作を進める運動の中心人物であった呂運亨の死により、大勢は単独政権樹立、すなわち分断国家へと傾いていくことになる。

年が明けると朝鮮蹴球協会では、ロンドンオリンピックに出場する選手を選抜する作業が本格的に始まった。

まず三月二〇日から四日間、国内のトップクラスにあった五チームによる選抜試合が行なわれた。五チームとは、ベルリンオリンピックにも出場した金容植《キム・ヨンシク》が中心になってチームを結成した朝鮮電業、仁川の朝日《チョイル》醸造のクラブチームである仁川朝友、かつて普成専門であった高麗大学、同じく延禧専門であった延禧大学(五七年にセブランス医科大学を併合して現在の校名・延世大学となる)、解放後急速に力を伸ばしてきた東国《トングク》大学である。

選抜試合が終了した後に、これに出場できなかった地方の選手も加えた第一次候補四五人が発表された。この四五人を四チームに分けて選抜試合を行ない、第二次候補二六人を選び、さらに二回の紅白戦を行なってふるいにかけるという、代表選手の座をめぐる激しい競争が繰り広げられた末、五月一五日に、代表選手一六人が発表された。

この時、選ばれた代表選手は、GK・車淳鍾《チャ・スンジョン》(朝鮮電業)、洪徳泳《ホン・ドギョン》(高麗大学)、FB・朴 奎禎《パク・キュウジョン》(朝鮮電業)、朴大鍾《パク・テジョン》(朝鮮電業)、李時東《イ・シドン》(仁川朝友)、HB・閔 丙大《ミン・ビョンデ》(朝鮮電業)、李裕瀅《イ・ユーヒョン》(仁川朝友)、崔聖坤《チエ・ソンゴン》(朝鮮電業)、金圭煥《キム・ギュファン》(朝鮮電業)、FW・禹 晶 煥《ウ・ジョンファン》(朝鮮電業)、裵宗鎬《ぺ・ジョンホ》(仁川朝友)、鄭南湜(朝鮮電業)、金容植(朝鮮電業)、鄭 國振《チョン・グッチン》(仁川朝友)、安 鍾《アン・ジョン》秀《ス》(朝鮮電業)、呉景 煥《オ・ギョンファン》(仁川朝友)、といった顔触れである。

選ばれた選手のうち、学生は五四年の日韓戦にも出場する洪徳泳だけ。残りは全員社会人であり、ほとんどが日本統治時代から活躍していた選手たちであった。

こうした選抜結果に対しては、選ばれなかった選手たちの不平不満は大きく、とくに学生には、それが根強かった。このことが、後に思わぬ事件へと発展していくこととなる。

南朝鮮のこの当時の経済事情においては、オリンピックに選手を派遣するだけの経費を捻《ねん》出《しゅつ》することは、並大抵のことではなかった。そこで考え出されたのが、宝くじの発行である。これに対して、アメリカ軍政庁は、宝くじはギャンブル行為だとして反対していたが、体育関係者の説得に折れて許可を出し、四七年一二月から「オリンピック後援券」という宝くじが売り出された。これが百万枚あまり売れ、その売上げは、派遣経費の大きな部分を占めていた。

こうした紆《う》余《よ》曲《きょく》折《せつ》の苦労の末、選手・役員合わせて六七人の選手団は、四八年六月二一日、ソウルを後にした。この時の選手団は、釜山から博多《はかた》まで船で行き、陸路を横浜まで行った後、再び海路で香港に行き、そこで飛行機に乗り換えてロンドンに行くというコースであった。博多港では、約八百人が出迎え、汽車が停車する駅ごとに、キムチの差し入れをするなど、在日の同胞たちは、初めて祖国からやって来た選手団を歓迎した。

このころの日本も、戦後の混乱期にあり、選手団が泊まるだけの宿泊施設が不足していた。そのため一行は、客車の中にベッドを置いて、ホテル代わりにして一夜を過ごし、翌日、横浜港からアメリカの豪華客船に乗って香港へ出発した。

ロンドンオリンピックの開幕は七月二九日。この日、朝鮮オリンピック委員会は、大韓オリンピック委員会と改称している（以下、オリンピックにおける国の呼称は韓国と表記する）。

日本人は、世界でも有数のオリンピック好きの国民と言われるが、敗戦国であったために出場できなかったこの大会は、日本では印象が薄い。ロンドンオリンピックよりも、むしろ出場できなかった悔しさをぶつけるために、オリンピックと同時期に東京の神宮プールで全日本水上選手権大会を開催し、古橋広之進や橋爪四郎が、オリンピックの優勝タイムをはるかに上回る世界新記録を連発した逸話のほうが有名である。

さて、サッカーの韓国代表チームは、八月四日にメキシコと戦うこととなった。試合の前、韓国はロンドンの警察チームと練習試合をしているが、この時は、四対二で辛うじて勝っている。一方、メキシコも同じチームと練習試合をしたが、こちらは六対〇で圧勝したという。したがってメキシコは、実力的には、かなり手ごわい対戦相手だと思われていた。

ところが韓国サッカーにとって記念すべき第一戦は、試合前の予想を覆し、裵宗鎬、金容植、鄭南湜といった選手が続けざまにゴールを決めて、五対三で勝利を収めた。しかし、勝利の喜びも束《つか》の間、二日後に行なわれる第二戦の対戦相手は、優勝候補のスウェーデンだった。

スウェーデンといえば、三六年のベルリンオリンピックで、当時、サッカーではアジアの新興国にすぎなかった日本に敗れた経験がある。これは、スウェーデンにとっては、この上ない屈辱であった。それを物語る、次のような逸話もある。

——1949（昭和24）年秋、湯川秀樹博士がノーベル物理学賞受賞のためスウェーデンに行くと、スウェーデンの人がいきなり、「近ごろの日本のフットボールはどんな具合ですか」と質問して博士を驚かしたとのことであるが、スウェーデンの人は1936年にベルリンで日本に負けたことを忘れられないでいたのだった。——『日本サッカーのあゆみ』（前掲書）

さらに、それから二年後の五一年一一月に、そのスウェーデンのクラブチームであるヘルシングボリーが来日している。この年の三月、すでにアジア大会に出場して、六チーム中三位の成績を収めていた日本サッカーであったが、ヨーロッパのチームを招聘《しょうへい》するのは、戦後初めてのことであった。

この時、ヘルシングボリーは日本の各チームと六試合を戦ったが、日本は六戦全敗で得点は〇、失点はなんと三六点という惨憺《さんたん》たる結果であった。日本側にとっては、世界との距離を改めて実感させられた結果であったが、スウェーデンにとっては、「ベルリンの仇討《あだう》ち」という意味を持っていた。それだけスウェーデンの人たちにとっては、ベルリンオリンピックでの敗戦の衝撃は大きかったわけだ。

したがって、四八年のロンドンオリンピックにおいても、相手は政権樹立前の韓国といえども、同じアジアのチームには決して負けられないという気持ちが強かったように思える。

四八年八月六日、ロンドン特有の細かい雨が、やむことなく降り続く中で、韓国とスウェーデンの試合は行なわれた。この当時韓国には、芝生のグラウンドがなかった上に、雨が降った場合は順延することになっていたため、慣れない雨中試合に選手たちは足元を気にしながらのプレーとなった。

実力の違いに加えて、こうした悪コンディションも重なり、前半はスウェーデンに四対〇と大きくリードを許した。コーチ兼選手で、「ベルリンの奇跡」の際には日本代表選手として活躍した金容植は、ハーフタイムの時、こう叫んだという。

「日本がスウェーデンに勝った時も、前半に二点を入れられ、後半に追い返して勝った。いいか、攻めていくぞ」

こうした檄《げき》もむなしく、後半はさらに一方的な展開になった。

GKの洪徳泳は、この試合をこう振り返る。

「あのころのボールは、雨水を吸うと、膨れ上がって重くなるんですよ。それで、ボールを蹴っても遠くに飛ばないものだから、すぐに相手がゴール近くに来てしまうんですよ。だから、何が何だか分からない状態でした」

もはや、何点取られたのかも分からないような状態になっていた。試合後、選手たちは、「一一対〇だろう」とか「一二対〇だろう」とか口々に言っていたほどで、翌日の新聞を見て初めて、一二対〇という記録的な大惨敗であったことを確認した。鄭南湜は、

「私たちがボールを取りに行こうとしても、取るのはみんな相手のほうでした。あのころ韓国には、芝生のグラウンドもありませんでしたので、滑って、転んで、どうしようもなかったです」

と、当時を振り返れば、李裕瀅も、

「メキシコに勝ったことで宿願を果たし、気が抜けてしまいました。ところが、次のスウェーデンは、力がはるかに上の相手で、どうにもなりませんでした」

と語っている。韓国的な言い方をすれば「束《ソク》手《ス》無策《ムチェク》」、すなわち、お手上げの状態だった。

こうして、韓国サッカーにとっての初の国際舞台は、勝利の喜びと大敗の屈辱という、悲喜こもごもの結果に終わった。そして、ロンドンオリンピックは、八月一四日に幕を閉じた。

その翌日、ついに、南だけの単独政権である、大韓民国の樹立が宣布された。さらに、九月九日には北だけの単独政権である、朝鮮民主主義人民共和国の樹立が宣布されて、ここにイデオロギーの異なる二つの国家が、朝鮮半島に存在することとなった。

若手選手の集団越北事件

四八年八月一五日に韓国政府が成立したことを受けて、朝鮮体育会は大韓体育会に、朝鮮蹴球協会は大韓蹴球協会に、それぞれ改称した。しかし、政府樹立前後の国内情勢は、混乱の極に達していた。

四七年七月に、第二次米ソ共同委員会が事実上決裂したことによって、朝鮮半島の問題は、九月にアメリカによって国連に提議された。そして、一一月には国連臨時委員団を派遣し、南北総選挙を実施することも可決されている。しかし、ソ連は委員団が三八度以北に入ることを拒否したため、翌年の二月二六日には委員団団長のインド代表メノンが提議した「可能な地域だけでの総選挙」が可決された。

こうして、五月一〇日に三八度以南のみの総選挙が実施されることとなり、単独政府の成立は時間の問題となっていった。そのことは、分断の固定化を意味しており、総選挙に対する反対闘争も各地で繰り広げられた。その頂点ともいえる事件が四月三日、韓国最南の島・済州島《チェジュド》で起きた。

単独選挙に反対する島民はこの日、島内の警察署を襲撃したほか、西北青年会などの右翼に対する粛清を行なった。武器、弾薬で武装した人民遊撃隊が組織され、遊撃戦を繰り広げて、選挙の実施を阻止した（済州島のみ、翌年の五月一〇日に再選挙）。そして、鎮圧のための国防警備隊などが大量に送り込まれると、遊撃隊は島の中心にある標高一九五〇メートルの火山・漢拏山《ハルラサン》を拠点としてパルチザン闘争を展開した。この闘争は、完全に鎮圧されるまで約七年間続いたが、鎮圧の過程で多くの島民が国防警備隊などにより虐殺され、その数は一万人とも、三万人とも、最大で八万人とも言われている。韓国ではこの事件を、その日付を取って「四・三」と呼んでいる。

まさに、韓国中が大きく揺れ動いた一九四八年、済州島での「四・三」は、さらに飛び火して、新たな事件が発生する。

同年一〇月一九日、済州島の鎮圧を命じられていた国防警備隊第一四連隊は、全羅南道《チョルラナムド》の麗水《ヨス》で連隊ごと反乱を起こし、人民委員会を組織して行政権を握り、翌日には、麗水の北側に位置する順天《スンチョン》も支配した。この反乱自体は一週間ほどで制圧されたが、一部は、標高一九一五メートルの智異山《チリサン》などの山岳地帯に入って、五七年ごろまでパルチザン闘争を展開した。

そして、このパルチザン闘争もまた、済州島の「四・三」と同様に、今日の韓国社会において、大きなしこりを残している。

九三年に、『西便制《ソピョンジェ》』（日本公開タイトル『風の丘を越えて』）という映画が、二〇〇万人以上の観客動員を記録して、当時の韓国映画史上最大のヒット作となった。これは、韓国の民俗芸能・パンソリの歌い手として生きた一人の女性の人生における「恨《ハン》」を描いた映画である。この映画で一躍スター女優となった呉貞孩《オ・ジョンヘ》は、もともと韓国を代表する映画監督である林權澤《イム・グォンテク》が、麗水と順天の反乱を中心に、朝鮮戦争に至るまでのイデオロギー闘争を描いた趙廷來《チョ・ジョンネ》の長編小説『太白山脈《テベクサンメク》』（全一〇巻）を映画化して、出演させるつもりで九二年の春にスカウトした人物であった。ところが、この映画化は、政府サイドから時期尚早として待ったがかかり、先に上映されたのが『西便制』だった。

そして、九四年の九月に、満を持して『太白山脈』が上映されることとなったが、今度は右翼勢力から、「原作は右翼を悪の代名詞として罵倒《ばとう》し、左翼とパルチザンを解放の戦士としてほめたたえている」として、「内容が原作どおりならば、上映を妨害する」という脅迫もあった。上映に際しては、映画の審査機関である、公演倫理委員会の見解が注目されたが、同委員会は、「イデオロギー的に大きな問題はない」として、無修正の上映が許可され、妨害事件も起きることなく、無事に上映された。しかし、上映当初は、映画館の周辺に警官が配置されて、物々しい雰囲気であった。

この年の七月九日に、金日成《キム・イルソン》の死亡が明らかになって以来、韓国ではイデオロギー論争が再燃し、国中が騒然とした空気に包まれていた中での上映ではあったが、一本の映画をめぐる、こうした社会の雰囲気一つとっても、韓国における歴史の痛みが感じられる。

このように、事件が起きたのは過去のことであっても、韓国社会はこうした問題を現在のこととして引きずっている。それだけ、政権樹立当時の混乱は激しいものがあり、一言では言い表わせない複雑な側面を持っている。そしてこのころ、サッカー界でも、衝撃的な事件が起きていた。

日本統治時代は、普成専門や京城蹴球団の選手として活躍し、日本代表選手にも選ばれたことがあり、解放後は朝鮮蹴球協会の監事などを務めた玄 孝燮《ヒョン・ヒョソプ》という人物が、四八年の夏、サッカーの学生選手を引き連れて、集団で北朝鮮に渡ったのである。

いわゆる越北をした選手は、『韓國蹴球百年史』（前掲書）によれば、李康悦《イ・ガンヨル》、李範泰《イ・ボムテ》、申《シン・》鉉秀《ヒョンス》、李奉雨《イ・ボンウ》（以上、高麗大学）、梁 俊錫《ヤン・ジュンソク》、李讃寧《イ・チャニョン》、安鳳梧《アン・ボンオ》、文 昌郁《ムン・チャンウク》（以上、延禧大学）、朴 松林《パク・ソンニム》（東国大学）、李漢相《イ・ハンサン》（商科大学）といった人たちである。

このうち、李康悦、李奉雨、梁俊錫、朴松林は、ロンドンオリンピックに出場した一六人のメンバーには選ばれなかったものの、その前の段階である第二次候補選手二六人の中には入っており、申鉉秀、安鳳梧は第一次候補四五人の中に入っているなど、いずれも将来を嘱望されていた選手たちであった。それだけに韓国サッカー界に与えた衝撃は大きく、その理由についてもいろいろと取り沙汰《ざた》された。その一つが、オリンピックの代表選考に対する不満である。

「基本的には、当時、激しく対立していた、思想的な問題が大きな理由でした。ただ、（日本統治の末期は）球技が廃止され、サッカーができなかったので、ベストメンバーとセカンドとの差が大きくなって、後輩たちがついていけなかったのです。競技が中断されたために、選手の年齢層に空白が生じたわけです。越北した人たちは大学生だったのですが、彼らを育てるために、香港、マカオ遠征には、彼らを起用しようとしていたのに、先に北へ行ってしまったのです」

とは、ロンドンオリンピックにも出場した鄭南湜の証言である。

前述のように、日本統治下においては、戦時体制が強化されるにつれて球技に対する統制が厳しくなり、四二年の末には完全に廃止の状態になっていた。これは、技術的にも体力的にも伸び盛りであった若い選手には致命的であった。そのため、どうしても基礎ができているベテランに頼らざるを得なくなっていた。ここに世代の断絶が生じ、その不満が、越北という形になって表われたというのが鄭南湜の見方である。

なお、この年の年末から翌年一月にかけて韓国代表チームは、香港、ベトナム、マカオに遠征しているが、この時は、一六人の選手のうちに学生が一〇人含まれていた。

また、この当時、延禧大学の選手であった張慶煥《チャン・ギョンファン》の話は、もう少し具体的だ。

「玄孝燮という人は、もともと北と南とを行ったり来たりしていたんですよ。だから、思想的に話の合う連中は、向こう（北）に行くことの意味は分かっていたかもしれない。ただ実際は、玄孝燮が向こうで試合があるから行こう、と言って連れて行ったのです。李讃寧は、小学校の後輩だからよく知っているけれど、あいつのうちはアカじゃない。だから、越北した人には、共産主義の思想を持っている人もいれば、全然関係のない人もいる。なかには、行ってからまた帰ってきた人もいます」

当時、延禧大学の選手であり、五四年の日韓戦にはHBとして出場した金知星《キム・ジソン》も、玄孝燮から声をかけられたが、父親の祭事（法事）があったため行かなかったという。

四八年の夏に、三八度線の北側に共産主義の国家が、南側に資本主義の国家が誕生した。この時期、多くの人が、北から南、南から北へと移動した。しかし、地図上の線のように、人間のイデオロギーが、はっきりと分けられているわけではない。そうした中で、多くの混乱と葛藤が生じた。そこで起こった事件は、当人が意識していようといまいと、イデオロギーの問題と無縁ではいられない状況にあった。

若手の選手が集団で北に行ったこの事件もまた、ロンドンオリンピックの選手選考で顕在化した世代間の葛藤が背景にはあったが、やはり、イデオロギー対立が先鋭化した当時の状況を色濃く反映したものだったようだ。

高麗大学のＧＫ・洪徳泳は、ある大会に備えての合宿練習において、この事件を知った。

「何かの大会があって、その準備のために合宿をやったんですよ。ところが、選手が足りない。後で聞いて、北に行ったということが分かりました。選手が足りないから、私は、その試合にＲＨで出たんですよ」

このように語る洪徳泳自身、四六年二月に、故郷の咸興から家族と別れて一人で山を越え、三八度線を踏み越えて南に来た人物であった。洪徳泳の家は、書店を営んでいた。そこで、売れ残っていた三〇冊から四〇冊くらいの『コンサイス英和辞典』を詰め込んで故郷を後にした。三八度線を越えると、そこはアメリカの軍政下にあった。したがって、英和辞典は高い値段で売れ、当面暮らしていくだけの生活費を賄うことができたという。

時代は、日本の植民地支配から、アメリカの軍政に、そして、単独政権樹立へと、目まぐるしく変わっていった。そして、朝鮮戦争という、また新たな悲劇の歴史を迎えようとしていた。

一九五〇年六月二五日、ソウル運動場

その日の朝、五四年の日韓戦にＨＢとして出場する姜昌基《カン・チャンギ》が目を覚ますと、遠くから砲

声が聞こえてきた。

二七年に生まれた姜昌基は、解放後に本格的にサッカーを始め、漢陽《ハニャン》工業を卒業した後は、京城電気に就職していた。五〇年六月二四日と二五日、議政府《ウイジョンブ》では、週末の土日を利用して、地方の実業団チームと軍のチームの対抗戦が行なわれることになり、姜昌基はこの日、所属の京城電気を離れて、別のチームの助っ人として参加していた。議政府はソウルの北に位置し、三八度線からは約三十キロの地点だが、ソウルの北東の玄関口・清涼里《チョンニャンニ》までは十八キロ程度しか離れておらず、首都防衛の要衝といえる都市である。

姜昌基は、二四日に市内の学校のグラウンドで試合をした後、翌日の試合に備えて、その学校の近くに宿泊していた。そこで、例の砲声を聞くわけだが、当初は、

「ここでは、いつでも起こりうることだ」

といった程度の認識しかなかった。

四九年ごろから、三八度線を挟んで南北が、小規模な戦闘を繰り返していた。したがって、その日の砲声も、そのような小競り合いの一つだろうとしか考えていなかったのである。

しかし、時間がたつにつれ、状況がただならぬことを察するようになる。宿舎の周りにも、リヤカーや馬車を押して避難する人たちが増えてきたからだ。そこで、姜昌基も、そうした避難民とともに実家のあるソウルへ逃げることにした。実家に着いたころは、すでに日は西に傾きかけていた。

この日の早朝、北朝鮮の部隊が三八度線を突破して南に侵攻し、六・二五動乱、すなわち

朝鮮戦争が勃発《ぼっぱつ》したのだった。

三八度線に近い議政府にいた姜昌基が、事態の異常に気づきはじめたころ、ソウルはまだ平穏そのもので、ソウル運動場ではサッカーの試合が行なわれていた。

日本の文部科学省にあたる文教部などが主催する第二回全国学徒体育大会は、六月二二日から三日間の予定で、サッカー、野球、バレーボール、バスケットボール、陸上の五種目にわたり熱戦が展開されることとなっていた。しかし、一日雨で順延になったため、すべての種目の決勝戦は、二五日に行なわれることとなった。その日は、日曜日と重なったため、スタンドは、大勢の観衆でぎっしりと埋まっていた。

午前中、まずサッカー中等学校（六年制）部の決勝が終わり、引き続いて、サッカー大学部の決勝戦が行なわれていた。試合が始まって、さほど時間のたっていない時のことであった。文教部の体育課長であった金泰植《キム・テシク》が、大会本部にいきなり飛び込んできた。

「北が攻めてきた。ただちに試合を中止して、みんなを家に帰すように」

金泰植は、この時、大会進行委員をしていた李裕瀅に向かってこう言った。そこで李裕瀅も自らマイクを持って、その指示を観衆に伝えた。それを聞いた観衆は一瞬驚きの表情を見せたが、「ついに来るべき時が来たか」といった様子で、さっと家に帰ったという。

これは、李裕瀅の証言に基づいて、当日の模様を再現したものであるが、この試合に、高麗大学の主将として出場していたＧＫの洪徳泳の証言は、李裕瀅のものとは食い違っている。

「前半の途中でレフリーがいきなり笛を吹くんですよ。そして、『試合は中止。無期延期』

と言うんです。訳が分からず、おかしいとは思いましたが、とにかく『明日の三時にここに集まろう』と言って、その日は解散しました。北が攻めてきたことが分かっていれば、そんなことを言うわけがないでしょう。

競技場を出ると、避難民の列が続いており、事態を知ったのは、その時でした。

私は主将だったので、翌日の三時に競技場に行ったのですよ。その時、そこにいたのは二人だけでした。ただ避難民の数は前日より増えてましたよ」

大学サッカーの決勝ともなれば、注目の一戦だけに、私が取材したサッカー関係者の中にも、この試合に出場したり、スタンドで見ていた人も多かった。しかし、満員の観衆を集めたソウル運動場で、大学サッカーの決勝戦が行なわれ、それが突然中止になった、というところまでは、みんな一致しているが、具体的な話となると、それぞれ異なる証言をしている。

これは、六月二五日、その日の混乱もさることながら、それ以降の状況の変化の激しさと、身に降り注いだ苦難があまりにも甚大であったことによるものだと思われる。韓国サッカーの歴史を語る上で、朝鮮戦争が勃発した時に、サッカーファンが熱狂する中で試合が行なわれており、それが突然中止になったという事実は、興味深い話ではある。しかし、民族が血で血を洗う動乱の歴史に比べれば、これは、エピソードの一つにすぎないのかもしれない。

朝鮮戦争の開戦当初、南北の兵力の差は歴然としていた。前年の六月二九日に、韓国に駐留していたアメリカ軍は五〇〇人の軍事顧問団を残して撤退しており、装備の供与も、李承晩の北進論などを警戒して行なわれなかった。したがって、北朝鮮側が二四二台保有していた戦車を、韓国側は一台も保有していないという状態だった。

戦闘は、三八度線の各所で一斉に火蓋《ひぶた》が切られたが、東豆川《トンドウチヨン》と議政府を結ぶラインは、首都ソウルに最も近く、北朝鮮の人民軍もとりわけ力を注いだ戦線であった。そして、人民軍は二六日の正午ごろには、議政府を突破していた。

しかし、ソウル市内は、「北の攻撃を迎撃しているから大丈夫だ」といった虚偽の戦況報告を市民は信じて、比較的落ち着いていたという。それが二七日の夕方に、彌阿里《ミアリ》コゲ（峠）を挟む攻防戦となると、市内は一転してパニック状態に陥った。

彌阿里峠は、今日のソウル市城北区《ソンブクク》もしくは江北区《カンブクク》に位置し、この峠を越えると、ソウルの中心部に達する。日本の植民地時代には、朝鮮人専用の共同墓地があり、柩《ひつぎ》が峠を越えると二度と帰って来られないということから、この名がついたとされている。そして、朝鮮戦争の激戦地であるとともに、北朝鮮の人民軍が後退する際に、連れて行かれた南の人たちが、再びこの峠を越えて帰っては来られなかった別れの峠として知られ、その悲しみを歌った『断腸の彌阿里峠』という歌は有名である。

その彌阿里峠も二八日の午前一時ごろには陥落し、人民軍がソウル市内に侵攻してくるようになった。その報を聞いて韓国軍は、人民軍のそれ以上の侵攻を食い止めるため、午前二時半ごろ、ソウルの中心を流れる漢江に架かる唯一の人道橋であった漢江橋を爆破した。橋の爆破は無警告でなされたため、多くの市民や兵士が犠牲になった。このようにして、ソウルは陥落したわけである。

北朝鮮支配下のソウルでは、各所で人民裁判が行なわれ、若者は人民義勇軍に駆り出されていったという。

五四年の日韓戦に出場するサッカー選手たちの中にも、崔光石のように、漢江の南側に住んでいたため、大邱まで避難することができた人もいたが（この時の経験もあり、今日のソウルの高級住宅地は漢江の南側に多い）、橋も落ちてしまい、避難することもできずに、ソウルに取り残されてしまった人も多かった。

「私はソウルに身内はおりませんでしたから、居候をしていたお宅の屋根裏に隠れていました」

洪徳泳は、こう当時を振り返る。梅雨《つゆ》から夏にかけての暑いさなか、このようにして隠れ住んでいた人も多かったようだ。

人民軍の攻勢の前に、韓国政府は、六月二七日には大田《テジョン》に、七月一六日には大邱にと、後退を余儀なくされ、八月一八日には、これ以上南下することはできない釜山に移転した。

その後も、北朝鮮の人民軍の侵攻は進み、大邱以南の地域を除いて、ほとんどを支配下に置くようになっていた。四五年の解放とともに新しいスタートを切った韓国のサッカーは、それから五年にして、再び雲散霧消の状態に陥ってしまったのだった。

避難地・釜山

戦況は、五〇年九月一五日に、マッカーサー元帥率いる、アメリカを中心とした国連軍が仁川上陸作戦に成功したことにより、大きく変わることになる。ソウルから二十七キロ西に位置する港町・仁川を攻略し、主導権を握った国連軍は、二八日にソウルを奪還し、ソウルの空に再び太極旗が翻った。

戦争により、ばらばらになっていたサッカー関係者もソウルに戻り、再会を喜び合ったが、五〇年二月二五日に改選されたばかりの大韓蹴球協会の執行部のうち、理事長の李容謙《イ・ヨンギョム》、理事の李永善《イ・ヨンソン》、崔東鎬《チェ・ドンホ》、また改選前までの監事であった李錫漢《イ・ソッカン》、金敦洙《キム・ドンス》といった人たちが北へ行った事実が判明した。

しかも、戦争はこれで終わったわけではなかった。

一〇月七日に国連軍は三八度線を突破して進撃を続け、一九日には平壌を占領、二六日には、中国との国境に流れる鴨緑江《アムノッカン》に面した楚山《チョサン》にまで達した。

しかし、二五日に中国の人民義勇軍が参戦し、これによって戦況はまた大きく変わることになる。国連軍は瞬く間に後退しはじめ、年が明けた一月四日にはソウルは共産勢力によって再び陥落した。

これに先立つ一二月二四日には、ソウル市民に対して待避令が出されており、六月二八日に陥落した時とは異なり、この時の、いわゆる「一・四後退」においては、市民の多くが本格的に避難することとなった。とはいえ、一二月末から一月初めといえば、厳冬期である。人々は、凍った川を渡り、雪が降り積もった山を越えるという厳しい条件の中で、南へ南へと避難しなければならなかった。

釜山を中心とする南部地方は、このようにして集まった避難民たちでごった返していた。五一年三月の時点で、避難民の総数は五八一万七〇〇〇人、収容所の数が九〇〇ヵ所に及んだという。

海から釜山の町並みを眺めると、真っ先に目に留まるのが、龍頭山《ヨンドゥサン》の山頂に立つ高さ一二〇メートルの釜山タワーである。今は公園として、市民や観光客の憩いの場となっている龍頭山は、日本の植民地時代は皇民化政策の象徴である釜山神社のあったところだが、朝鮮戦争当時は、避難民が山頂までバラックを建てて住んでいたという。もともと平地が少ない釜山だけに、当時の混乱は相当なものであっただろう。

こうしたなか、臨時首都となった釜山では、二月二六日に「戦時下教育特別措置要綱」が発表され、中断されていた学校の授業再開が決まったほか、釜山、光州、全州、大田の中南部四都市では、戦時連合大学が開講されることとなった。

このように、戦時体制なりの日常を取り戻そうとしていた五一年の春、釜山を中心として、サッカーチームが少しずつ誕生するようになってきた。

まず、温泉地として知られる釜山の東萊《トンネ》にあった陸軍歩兵学校では、陸軍の政策としてサッカーチームが作られた。朝鮮戦争に参戦した国連軍は、アメリカを中心として一六ヵ国。野球人気の高いアメリカはともかく、イギリス軍部隊などは、暇さえあれば、畑の中でもボールを蹴っていたという。そうした意味から、国連軍に参加している各国との親善を目的に作られたのが陸軍歩兵学校のチームであった。陸軍では、サッカーの実力のある人たちを集めて、四十日程度の軍事訓練を課した後、少尉に任官してチームを形成したのであった。

元韓国代表選手であった朴在昇《パク・チェスン》は、当時を振り返って、こう語る。

「ずっと前線にいたので、後方のことは全然分かりませんでした。五一年の夏に休暇を取って東萊に行くと、ある高級参謀から、『みんな来ているのに、あなたが来ていないから、死んだかと思った。ここで命令を出してやるから、そのまま残りなさい』と、言われたんですよ」

また民間では、戦争当時、釜山にあった国際写真報道社〈通称・PP新聞社〉の社長である韓應台《ハン・ウンデ》がサッカーチームを作っていた。韓應台はサッカーが好きなことで知られ、五四年からは、大韓蹴球協会監事などを務めた人物であるが、彼の過去の経歴については、ほとんど知られていない。ただ、軍の上層部に対して、きわめて顔の広い人物であったと言われている。

韓應台は、培材高普、普成専門を経て、解放後は朝鮮電業の選手として活躍し、ロンドンオリンピックにも出場した朴大鍾をチームの監督兼選手に任命した。五四年の日韓戦にも出場する李鍾甲も、このチームの一員であった。

「韓應台という人が、国家代表級の選手を集めて、『食べることは何とかするから、ここでサッカーをやれ』と言って作ったチームなんです。主な試合相手は、木浦《モッポ》、大邱などの軍のチームでした」

李鍾甲の証言にもあるように、この当時、南部の各地には、軍のサッカーチームがいくつか存在していた。PP新聞社のチーム自体は、ほどなく解散することとなるが、釜山に工場を持つ朝鮮紡織や、大邱の大邱紡績などでも、サッカーチームを作る動きが出はじめ、朝鮮戦争が勃発した五〇年六月二五日以降、途絶えていた韓国のサッカーは、徐々に復活の兆しを見せるようになっていた。

戦時下に再開された選手権大会

五一年一月四日にソウルを奪われた国連軍は、ソウルから南へ五十七キロ離れた烏山《オサン》まで後退したが、再び反撃に転じ、三月一四日にはソウルを再奪還した。その後、戦線は北上していったが、六月ごろから今日の軍事休戦ラインあたりで膠着《こうちゃく》状態となり、この状態が、そのまま続いていくことになる。そして、七月一〇日からは、高麗時代の王都・開城《ケソン》で休戦会談も始まった。

こうした状況の中で、サッカーをいかに再興させるかが、サッカー関係者にとっては大きな課題となっていた。とくに、翌五二年にはヘルシンキオリンピックの開催も迫っており、参加の是非を含めて、それに向けての対応も迫られていた。

休戦会談が始まったと言っても、三八度線付近の中部戦線である、鉄原《チョロン》、金化《クマ》、平康《ピョンガン》を結ぶいわゆる「鉄の三角地帯」などでは、少しでも領土を確保するために、山一つをめぐる激しい攻防が繰り返されていた。

それでも、韓国の軍人の中には、戦闘の合間を縫ってサッカーに興じる人も多かったという。そして、軍の士気を高めるという目的もあり、前線の師団でサッカーのできる人を大邱に集めて、前線師団対抗のサッカー大会が行なわれることとなった。秋の気配が感じられる九月のことである。

この大会は、各戦場に散らばっていたサッカー選手たちが集まる契機となった。五四年の日韓戦にＲＩとして出場した成樂雲《ソン・ナグン》も、第二師団の選手として、この大会で準優勝している。

「戦争中だから、誰が何師団にいるのかも分からなかったでしょ。それで、試合会場に行ったら、『あー、お前はこの師団にいたのか』と仲間の消息が分かったりもしました。韓国は、戦争をしながらもサッカーをやった。軍隊のお偉方もサッカーが好きでしたからね」

朝鮮電業の社員であった成樂雲は、前年の秋に国連軍がソウルを奪還した後、ソウル市内の電線の復旧などにあたっていたが、共産軍の攻勢の強まった一二月に召集されていた。

この大会では、入隊していたサッカー選手が、一堂に会して顔を揃えただけに、かつてのサッカー仲間と再会を果たしたケースも多かったが、当時はまだ戦争が激しく続いていた。参加した選手たちも、軍の命令で集められたが、なかには、ある選手を参加させるために連絡を入れると、

「彼は、昨日の戦闘で死にました」

と告げられるケースが、一つや二つではなかったという。その日一日を生き延びていれば、戦場から離れた後方の大邱でサッカーをすることができた。生と死の運命が、ほんのわずかなところで分かれてしまうのも、戦争の悲しい現実である。

このころから、陸軍などでは、サッカー選手を積極的に後方に集めるようになっていた。その際、大きな役割を果たしたのが、陸軍の人事権を握っていた金天啓《キム・チョンゲ》という高級副官であった。金天啓は、前述したように、国連軍との親善にサッカーが有効だということや、軍の士気を高めるといった目的に加えて、自身もかつてサッカーの名門・培材中学でＧＫを務めていたこともあり、サッカー選手を戦場で殺したくないという意識があったという。

朴在昇は、しみじみとこう語る。

「若い人は知らないので言うんだけれども、金天啓という人は、本当に韓国サッカーの功労者なんですよ。戦争当時もサッカーをさせていたから、今も命脈を保っているのです」

戦争は膠着状態であったとはいえ、前述のように、いわゆる「鉄の三角地帯」などでは、激しい戦闘が続いていた。こうした中で、前線の少尉クラスは、「消費将校」という言葉も

あったほど、死と隣り合わせであった。それだけに、軍の上層部にサッカーが好きな人が多かったということは、韓国のサッカーにとっては不幸中の幸いであった。また、こうしたことからも、当時のサッカー人気を窺い知ることができる。

師団対抗大会が終了して間もないころ、翌年のヘルシンキオリンピックに参加することを前提にしての具体的な動きとして、その選手選考会を兼ねた全国蹴球選手権大会が、一〇月六日から五日間、慶尚南道《キョンサンナムド》の密陽《ミリャン》で開催された。

密陽は、釜山から六十キロ程度北西へ行った、史跡の多い町である。また、韓国の代表的な民謡である『アリラン』は、地域によって歌詞や旋律が異なるが、密陽の『アリラン』は、京畿道《キョンギド》、江原道《カンウォンド》、珍島《チンド》などの『アリラン』とともに有名である。

さて、その全国蹴球選手権大会であるが、参加したのは、朝鮮紡織、南鮮電気、憲兵司令部、空軍、馬山、大田鉄道局、海軍、大邱紡績、慶南道庁、韓国毛織、陸軍歩兵学校の一一チーム。スタンドもなく、観衆もほとんどいないグラウンドで行なわれたが、この大会を制したのは、決勝戦で空軍を二対〇で破った大邱紡績であった。

実は、この大邱紡績の選手のうち、姜昌基、金知星など一部の選手を除き、ほとんどの選手が、朝鮮戦争のさなか、北から南に来た人たちであった。このうち、朴日甲と崔貞敏《チェ・ジョンミン》の二人は、五四年の日韓戦にも韓国代表選手として出場している。

朴日甲は、四六年の京平戦に平壌代表選手として出場していることからも分かるように、日本統治時代から活躍していた選手だった。平壌サッカーの名門・光成中学を卒業した朴日甲は、四七年にチェコスロバキアのプラハで開催された第一回世界青年学生フェスティバルなどに、北朝鮮代表のサッカー選手として出場している。なお、プラハで開催されたこの大会で、北朝鮮は五戦五勝で優勝している。朴日甲は、五〇年の年末から五一年にかけて、中国の参戦によって国連軍が後退した時に韓国に来たという。

一方の崔貞敏は、五〇年代の半ば以降、「アジア・ナンバーワンのストライカー」として知られた選手で、彼を知る韓国人は、崔貞敏を説明する時、「日本で言えば、釜本《かまもと》みたいな選手ですよ」と言うくらいのスター選手であった。

ただ、この崔貞敏に関しては、韓国南部の巨済島《コジェド》の捕虜収容所にいた、という話を、私はかなり多くの人から聞いた。

朝鮮戦争の休戦会談において、最大の難題となったのが、捕虜交換問題であった。国連軍側が、捕虜の「自由意思による送還」を主張したのに対し、共産軍側が「元の国（北朝鮮、中国）への送還」を主張したため会談は難航することとなる。

一方、捕虜収容所では、送還を希望する「親共」の捕虜と、韓国にとどまることを希望する「反共」の捕虜との間の対立が激しくなった。そして、五二年五月七日には、巨済島の捕虜収容所で、共産軍捕虜が反乱を起こし、収容所長のドッド准将を監禁するという事件も起こった。また、収容所内での捕虜同士の対立も、互いに殺し合いをするなど凄惨を極めた。

五三年六月八日に捕虜送還協定が調印されたが、一八日には、李承晩大統領が国連軍に無断で二万五〇〇〇人の反共捕虜を釈放し、休戦会談が再び危機を迎える場面もあった。

九五年の八月中旬、私は十日ほどソウルに滞在していた。本書の取材が第一目的であったが、同時に、光復五十年を迎えたソウルの表情を見ておきたい、という気持ちがあったからだ。そういう時節がら、テレビや各種の催し物では、この五十年間の韓国の歩みを記録した映像を数多く見ることができた。そうした中で、きわめて大きな衝撃を受けた映像は、共産軍の捕虜が北に送還された時のものであった。

戦争が終わり、送還の決まった共産軍の捕虜は、途中から汽車に乗って北に向かったわけだが、線路の下では子供たちが捕虜の乗った汽車を目がけて石を投げる。これに対して捕虜の側も、国連軍から支給された衣服を脱ぎ捨て、外に投げつける。その服を今度はアジュモニ（おばさん）たちが奪い合って取るという、そんな光景であった。短い映像だったが、その中に、戦争によって生じた憎悪と貧困があまりにも象徴的に映し出されているように思えた。

このようなことから推察すると、いかに混乱状態であったとはいえ、捕虜収容所にいた崔貞敏が、五一年の秋にサッカーの大会に出場しているというのは、どうも不自然な気がした。実際、よく聞いてみると、人々の証言には、曖昧《あいまい》な部分もかなりあった。そこで、後述する特務隊のチームで、崔貞敏と一緒にプレーをしていた朴在昇に聞いてみたところ、彼は、

「それはデマです」と言って、こう説明した。

「崔貞敏は、北朝鮮の戦車部隊の、日本でいう下士官としてこちらに来たんですよ。ただ、ここで逃げたのですよ。本当は、逃亡兵も捕虜収容所に行かなければならないのですが、ここには逃亡の事実を知る人はいないし、それを隠したということなんです。最初は、予備士官学校に入って、それから生活の手段として大邱紡績に入ったわけです」

崔貞敏は五〇代半ばの若さで、肺がんによってこの世を去ったため、彼の口から真相を聞くことはできない。ただ、今でも、日本式の読み方で「サイ・テービン」と言えば、日本のサッカー関係者にも強烈な印象を残している選手である。その輝かしい選手生活の背後には、苦難の歴史を伴っていたのだった。

北から来た人たちの中には、思想的に要注意人物として、警察などから取り調べを受けるケースもよくあったという。そうした中で、韓国に来て初めて戦ったサッカーの全国大会で優勝したことの意味は、格別なものがあった。大邱紡績の選手として、北から来た人たちと一緒に優勝の感激を味わった姜昌基は、彼らの気持ちをこう代弁する。

「(北から)避難して来た人たちは、故郷を失い、ここまで苦労をしてきただけに、この優勝で自分たちもできるんだという自信がつき、その意味でも、喜びは大きかったと思います」

五四年の日韓戦に出場する韓国チームのメンバーは、大きく三つのグループに分けられる。一つは、日本統治時代から活躍していた選手であり、また一つは、解放後、本格的にサッカーを始めた選手であり、最後は、動乱のさなか、北から来た選手である。

この三番目の勢力は、こうして頭角を現わしてきたのだった。

一万四〇六〇ドル事件

密陽で全国蹴球選手権大会が開催されてから約二十日後の五一年一〇月二七日、韓国南西部、いわゆる湖南地方の中心都市・光州で第三二回全国体育大会が開催され、五日間にわたって熱戦が展開された。この大会は、日本でいえば国体に相当するもので、一五種目に二三九人の選手が参加して行なわれた。しかし、ソウルは選手団を結成することができず、ソウル出身の選手は避難先の居住地の選手として出場した。また大会前には、線路の地盤が悪かったため、出場選手を乗せた汽車が転覆して、選手にも死者が出るという事故まで起きた。

こうした困難を押してまで大会を開催した理由について、大韓体育会の元事務総長で、『大韓体育会史』の編纂《へんさん》委員長でもあった李宗澤《イ・ジョンテク》は、こう語る。

「あのころの状況は、日本の終戦のころと同じではないですか。若い人は全部軍隊に取られて大変悲惨な日々でした。こうした中でも大会を開催したのは、戦意高揚という意味もあったのでしょうが、スポーツマンが、こういう時こそ、根を絶やしてはいけないと、考えていたからでしょう」

また、開会式では、観客の圧死事故まで起きている。

「この当時は、娯楽がないでしょ。だから、集まった人は大変な数でした。ただ、スタジアムはお粗末なもので、出入口が一つしかなかったんですよ。そこにバーッと押しかけて、数人の死者が出ました」

この大会、サッカーの一般部においては、陸軍チームが優勝候補の最右翼であった。なぜならば、このチームには、当時の韓国代表クラスの選手がほとんど顔を揃えていたからだ。というのも、サッカー関係者の間で、ヘルシンキオリンピックに備えて、事実上の国家代表チームを作ろうという話になり、その受け皿が陸軍であったわけだ。したがって、現役の軍人だけでなく、一般の人も文官として採用されてチームに加わっていた。

しかし陸軍チームは、一回戦で第二師団チームに一対〇で敗れてしまった。この時の陸軍チームの選手だった朴在昇は、こう振り返る。

「陸軍は、金容植さんがコーチ兼選手をしていたんですが、第二師団は弱いということで、二線級の選手を出したんですよ。そうしたら、先に一点取られて、とうとう返すことができないで負けてしまいました」

結局この大会は、海軍チームが優勝している。

戦争のほうは、三八度線付近で膠着状態が続いていたが、一二月一一日には、ソウルにおいて久しぶりにサッカーの試合が行なわれた。サッカーとバスケットボールの国際親善競技大会がそれで、サッカーにおいては、全国体育大会で優勝した海軍と、全国蹴球選手権大会で優勝した大邱紡績のほか、陸軍第七師団、イギリス軍部隊の四チームが参加した。この大会では、大邱紡績がイギリス軍に一二対〇、第七師団に三対〇、海軍に三対二で勝って優勝している。

さらに、年が明けた五二年の三月一五日からは、ソウル運動場で三・一節慶祝蹴球大会がヘルシンキオリンピックの代表選抜試合を兼ねて開催され、陸軍、海軍に、大邱紡績の選手のほとんどを吸収した朝鮮紡績の三チームによるリーグ戦が行なわれた。この大会は、陸軍と朝鮮紡績が一勝一引き分けで並んで、両チームとも優勝となったが、大会終了後に、オリンピック代表選手も決定した。この時、選ばれた選手は、たったの一四人。戦争中という特殊事情を考慮し、最低限の人数だけを派遣するという方針によるものだった。

しかし、韓国のサッカーは、ヘルシンキオリンピックに出場することはできなかった。もともと球技種目は、参加人数が多いため、当時の苦しい財政事情を考慮して、一種目だけ派遣することになっていた。そこで、日本統治時代からの実績を持つ、サッカーとバスケットボールが、その一つの座をめぐって争うことになった。

そして、この争いは、大韓体育会の内部対立の様相を見せるようになり、どの種目を派遣するかの最終的な決定は、李承晩大統領の裁可に委《ゆだ》ねることとなった。『韓國蹴球百年史』(前掲書)は、その模様をこう記している。

——李大統領は、最終裁可を下してくださいという文教部、体育会、ＫＯＣ関係者たちを前にして、いきなり「ならば、テニスを送れ」と言った。

その言葉を聞いた一同はびっくりした。

「閣下、テニスはオリンピック種目には含まれてもおりません」

体育関係者は李大統領が、何か錯覚していると思い、丁寧に説明した。しかし李大統領の言葉は、相変わらずだった。

「とにかくテニスを送れと言っているだろう」

そこでやっと多くの人たちは、李大統領の言葉の意味が分かった。

オリンピック種目に含まれてもいないテニスを出場させようということは、サッカー、バスケットボールともに、送るなということを意味しているのだ。——

要は、両方とも行っても勝てないのだから、やめておけ、ということだった。こうして、ヘルシンキオリンピックには、サッカーを含めて、全球技種目にエントリーしないことが決まったわけである。しかし、球技種目には参加していないものの、このオリンピックには、韓国から四一人の選手団が派遣されている。

このヘルシンキオリンピックは、日本が戦後初めて参加した大会でもあった。

サッカーの日本代表チームも、オリンピック前年の夏に、長野県の浅間温泉で代表候補二九人を集めて強化合宿を行なうなど、大会に備え、実力アップを図っていた。しかし、日本サッカーもまた、オリンピックに出場することはできなかった。前述のように、当時の日本サッカーは、五一年一一月に来日したスウェーデンのクラブチームであるヘルシングボリーに完膚なきまでにやられて、世界との実力の差を痛感させられており、オリンピックに出場しても好成績が期待できない上に、日本のスポーツ界も韓国と同様に財政事情が厳しく、球技など団体競技は冷遇されていたという背景があったからだ。

なお、ヘルシンキオリンピックには、日本からは一〇三人の選手団を送り込んでいる。

日本のサッカーは、オリンピックには出場できなかったものの、五二年五月には香港から光華クラブが来日して親善試合を行なうなど、徐々に国際試合も増えていった。一方の韓国においては、やはり戦争中とあって、外国のチームと試合をする機会といえば、せいぜい軍隊のチームくらいであり、自分たちの実力を試すには国外に出ていくしかなかった。そこで、計画されたのが、香港、シンガポールを転戦する、いわゆる東南アジア遠征であった。

韓国のサッカー界は、政権樹立以前の四七年にソウル蹴球団が上海に遠征して香港のチームと試合をして以来、四九年の一月には香港、ベトナム、マカオに遠征、朝鮮戦争勃発直前の五〇年四月には、香港に遠征していた。つまり、戦争勃発によって中断されていた海外遠征を再開しようというものであった。

五二年の年末に代表選考を行ない、翌年の一月に合宿練習をして、四月に出発の予定であったが、ここで問題が生じる。選手団の遠征に必要な費用は、一万四〇〇〇ドル余りと計算されたが、李承晩はこれに国費を使用してはならないとして、外貨使用許可書にサインすることを拒否したのだった。

ここでも当時の財政難がネックになったわけだが、そこで窮余の一策として、遠征中に行なった試合で得た収入で、この一万四〇〇〇ドル余りを返済するという条件のもとに、この遠征が許された。つまり、国から借金をして、遠征を行なったわけである。

韓国は、香港、シンガポール、マレーシア、インドネシアなどのチームを相手に、香港で九試合、シンガポールで四試合を戦って、六勝五敗二引き分けの成績を収めて五月一九日に帰国した。しかし、期待していた収入を得ることができず、国からの借金は、そのまま残ってしまった。

これに対する李承晩の怒りは、相当なものだったという。この失態は、韓国サッカー界では、「一万四〇六〇ドル事件」と呼ばれ、五四年の日韓戦にも、尾を引くこととなる。

韓国サッカーと軍隊

これまでも記してきたように、朝鮮戦争によって大きなダメージを受けた韓国サッカー界を引っ張ってきたのは、軍隊のチームであった。こうした軍隊チームの中でも、最強と言われていたチームが、五一年一〇月に誕生した陸軍の特務隊チームであった。

チームが結成されたころの特務隊の隊長は、金昌龍《キム・チャンニョン》という人物である。金昌龍は、一九二〇年に、今は北朝鮮となっている咸鏡南《ハムギョンナム》道《ド》で生まれたが、日本統治時代の四一年には関東軍憲兵隊に入隊している。そして、解放後は、共産勢力によって銃殺されそうになったところを、南に逃走してきたという。

その後、韓国軍にあっては、四八年の麗水・順天における反乱を鎮圧した時の指揮官の一人であり、共産党の摘発や軍内部の共産勢力を排除することに貢献したとして、李承晩から絶対的な信任を得ていた。しかし、金昌龍が強力な権限を持っていることに対して不満を抱《いだ》いていた軍内部の人間により、五六年に暗殺されている。

その一方で金昌龍は、無類のサッカー好きであったことでも知られている。特務隊のチームが結成されたのも、金昌龍の次のような言葉からであった。

「これから何年かたったら、北朝鮮と必ずサッカーで対抗するようになる。これに備えて一番強いチームを作ってください」

こうした指示を受けて、韓国代表クラスの選手であった朴在昇、全聖元《チョン・ソンウオン》、李鍾甲の三人が中心になって、選手を集めることとなった。そして、実力のある選手を文官として採用し、チームを補強していったが、その中でも核となったのが、崔貞敏、朴日甲など、朝鮮戦争のさなか北朝鮮から韓国に来て、大邱紡績の選手として活躍していた選手たちであった。また、戦争が終わっていないこの時期に、いわゆる越南の人たちが、一種の諜報《ちょうほう》機関である特務隊に集まった事情について、チーム結成に関わった李鍾甲は、こう証言する。

「彼らは大邱紡績にいた時、思想的に問題がないか調査するという名目で、警察に呼ばれるということが、しばしばありました。そうした調査の結果、問題がないということが分かったので、チームに引っ張ってきたのです。彼らにしても、警察に呼ばれたら何かと面倒ですからね。特務隊に入れれば、警察としても問題がないわけだし、彼らにしても、一種の身分保証になるわけです」

イデオロギーを取り巻く当時の殺伐とした状況が、チーム結成一つにも、大きな影響を及ぼしていたのだった。

このようにして誕生した特務隊チームは、五二年の一二月に行なわれた第一回大統領杯争奪蹴球大会に優勝、翌年の第二回も優勝して連覇を果たすなど、韓国最強チームの座を不動のものとした。このチームは、六五年に解散するまで一四年間存続したが、その間、四〇人を超える国家代表選手を輩出したという。

また、五〇年代前半、特務隊の対抗勢力として優勝を争ったチームも、朝鮮紡績など一部の企業チームを除けば、兵站団《へいたんだん》、憲兵司令部、諜報隊、海軍といった各軍、各師団、各部隊に所属する軍隊のチームであった。

韓国では、六一年五月一六日に朴正熙《パク・チョンヒ》が軍事クーデターを起こして以後、九三年に金泳三《キム・ヨンサム》政権が誕生するまでの間、軍人による政権が続いた。その間、八〇年五月一八日の光州事件など、民主化運動に対するさまざまな弾圧が行なわれた。一方、軍事休戦ラインを挟んで北朝鮮と対峙《たいじ》しているという厳しい現実があり、国民には兵役の義務もある。それだけに、軍に対する国民感情にも複雑なものがある。

しかし、サッカーに関しては、軍の果たした役割は大きい。

朝鮮戦争が休戦になった直後の五四年、韓国の一人当たりのGNPは七〇ドルにすぎず、韓国は世界でも有数の貧しい国であった。こうしたどん底の経済状態の中で、チームを持てるような企業はほとんどなかった。この苦しい時期にサッカーの命脈をつないだのが軍であった。

韓国はやがて、「漢江の奇跡」と呼ばれる驚異的な経済成長を果たし、一人当たりのGNPも、八四年には二〇〇〇ドル台に達し、九五年には一万ドルを突破している。そうした経済の発展とともに、サッカーの主役は、軍から一般の企業などに移っていく。

詳しくは後述するが、七〇年代は金融機関のチームが韓国サッカーの主役になり、八三年にはついに、プロサッカーが誕生する。

一方、軍隊のチームは、韓国経済が発達していく中で、予算の関係もあって年々統廃合が進められ、今日、純粋な軍のチームは、国軍体育部隊、いわゆる尚武《サンム》チームだけになっている。尚武は、実業団の大会では、しばしば優勝争いに加わる実力を持っているが、かつてのような韓国サッカーの主導的役割というよりは、兵役選手の鍛錬の場といった位置づけにある（最近、尚武をKリーグに加える話も出ている）。

さて、五〇年六月二五日に始まった朝鮮戦争は、五三年七月二七日、板門店《パンムンジョム》において休戦協定が調印され、三年に及ぶ戦闘に一応の終止符が打たれた。この戦争によって、双方で約百五十万人の死者を出し、一千万人以上の離散家族を生んだと言われている。さらに、数字には決して表われないが、戦争は人々に計り知れない心の傷を残した。

この戦争の間、ソウルの場合、五〇年六月二八日に陥落して以後、陥落と奪回が四回繰り返された。一方の支配者の時に羽振りのよかった者は、支配者の交代とともに弾圧されるという報復も、そのたびに繰り返された。また、共産ゲリラが活動している山岳地帯の近辺に住む人たちは、昼間は共産ゲリラに協力したとして韓国軍によって殺され、夜は山から集落に下りてきた共産ゲリラによって、韓国軍に協力したとして殺されるという、まさに生き地獄のような日々を送ったという。こうした中で、五一年二月一一日には、智異山の共産ゲリラの掃討作戦にあたっていた韓国軍第一一師団第三大隊が、慶尚南道の居昌《コチャング》郡《ン》の住民約五百人を、共産ゲリラに協力した疑いで虐殺するという事件も起きた。

歴史学者の鄭在貞《チョン・ジェジョン》は、『新しい韓国近現代史』（石渡延男、鈴木信昭、横田安司訳、桐書房刊）において、朝鮮戦争について、こう論じている。

――六・二五戦争は、物質的な面よりは、精神的な面でわが民族に致命的な傷跡を残した。戦争自体が名目的なイデオロギーの戦いであったために、争いのうずのなかで民衆は、どちら側かをえらびとるよう強いられた。さらにその過程で多くの人びとが罪なくして死んでいった。とりわけ北韓側は、南韓の占領地域で人民委員会を組織し、土地改革を断行しつつ、いわゆる人民裁判の名で無慈悲な虐殺を行った。南韓も北韓の占領地区を南韓式の行政機構に再編した。占領地区の住民たちは、主人が南北韓側にかわるたびに国家反逆者という名目で、くりかえし処罰された。こうして民族相互の不信と怨《うら》みは絶頂に達するほどであった。民族の分断は、今日精神的な面でもいやしがたいほどの傷を残した。——

この戦争によって、同じ民族を二つに分ける南北の境界線は、それ以前の北緯三八度線から、新たに設定された軍事休戦ラインに変わった。この三八度線と軍事休戦ラインの位置には、それほど大きな違いがあるわけではない。しかし、この勝者なき戦争によって敷かれた、朝鮮半島を横断する約二五〇キロの鉄条網は、南北の間に横たわる越えがたい憎悪と悲しみの象徴として存在することとなった。

小雨が音もなく　別れ悲しき釜山停車場
お元気で　さようなら　涙の汽笛が鳴る
恨み多き避難生活　悲しみも多い
それでも忘れられない板葺《いたぶ》き小屋よ
慶尚道訛《なま》りの娘が悲しく泣く
別れの釜山停車場

これは五三年当時、南仁樹《ナム・インス》という歌手が、避難地・釜山を去る人々の心情を歌い、爆発的にヒットした『別れの釜山停車場』という歌である。戦争も終わり、人々は、それぞれの避難場所を後にして、廃墟《はいきょ》と化したソウルへと向かったのだった。

第四章 ❖ 日韓戦への道のり

最悪の日韓関係

一九五三年二月一五日、スイス南部の避暑地クラで、翌年の夏に同国で開催される第五回ワールドカップの予選の組み合わせが決まった。

今や世界最大のスポーツ大会となっているワールドカップであるが、この当時は、本選出場国が一六ヵ国、エントリーした国は三八ヵ国にすぎなかった。そして、日本と韓国がワールドカップの予選に初めて出場したのも、この大会であった。

ＦＩＦＡのワールドカップ実行委員会が協議した結果、地理的に近い国同士で予選を行なうこととなり、日本は、韓国、中国とともに「グループ一三」、いわゆる極東地区に組み込まれ、翌年の四月一日までに代表一つの座を賭《か》けて戦うことになった。

しかし、この時はまだ、朝鮮戦争のさなかであり、韓国と中国は戦争状態にあった。したがって、この組み合わせ自体、長時間の議論の末、決定されたものだった。二月二一日付の『アサヒスポーツ』には、実行委員会会長であるエルンスト・トンメン（スイス人）の次のような談話が掲載されている。

――「わが実行委員会は純然たる中立機関で政治的理由のために中共を除外することは不可能だ。国際スポーツには政治的考慮は禁物で、私としても韓国、日本二国がサッカー場で中共と対戦し得ない正当な理由を認めない。昨年のヘルシンキ・オリンピック大会でも政治的友情は欠けていてもこれら三国の選手は大会から除外されなかった。極東では多分世界のどこよりも、このことは強く証明されると思う。三国がスケジュール（来年四月一日まで）通り、たがいに予選試合を行うことを固く信ずる」――

こうした政治的事情があったためかどうかは定かでないが、中国は早々に棄権し、日本は、韓国と一騎討ちで代表の座を争うことになった。しかし、この日本と韓国の関係がまた問題であった。

この時、大統領であった李承晩《イ・スンマン》は、徹底した反日主義者として知られていた。そして、日韓のサッカーの試合に関しても、日本選手団が韓国に来ることはもちろん、韓国選手団が日本に行くことにも、強硬に反対していた。

李承晩は、日本の軍艦・雲揚号が江華島に接近したことをきっかけに、日本と朝鮮が武力衝突した、いわゆる江華島事件の起きた一八七五年、今は北朝鮮となっている黄海北道平山《ファンヘプットピョンサン》に生まれた。九四年に培材学堂に入学し、翌年には同校の英語教師になり、九六年に開化派の人たちによって、純民間人による朝鮮最初の新聞である独立新聞が創刊されると論説の執筆者になった。

李承晩の反日思想は、海外での長期にわたる亡命生活を強いられたため、より強固になったと言われているが、そのきっかけは、一九〇四年に、当時の国王・高宗《コジョン》の王命により、アメリカのセオドア・ルーズベルト大統領のもとに密使として派遣されたことであった。この時、李承晩は、日本の勢力を朝鮮から排除するためにアメリカの協力を求めた高宗の密書を携えていたが、所期の目的は達成できず、そのままアメリカに逗留《とうりゅう》した。日韓併合直後、しばらくの間、帰国していたこともあったが、その後、再び渡米し、もっぱら在米朝鮮人の民族運動を指導していた。

そして、三・一独立運動を契機として、上海に大韓民国臨時政府が樹立されると、大統領に就任し、上海に滞在したが、臨政内部で独立運動のあり方をめぐって路線対立が生じると、またアメリカに戻り、列強に対して、独立のための外交的支持を訴えるという形での独立運動を展開した。

さらに李承晩は、日本がハワイ・真珠湾を攻撃する数ヵ月前に、『日本内幕記』という英文の本を書いて出版したが、その内容は、日本は遠からずアメリカに対して戦争を仕掛けるであろうと警告し、アメリカが日本に対して融和策をとるのでなく、強力な対決政策をとることを提議したものだった。

解放後は、四五年一〇月一六日に、国民的な歓迎を受けて帰国し、前述のような混乱した状況のなか、四八年八月一五日に政権樹立を宣布し、韓国の初代大統領に就任している。海外での亡命生活が長かった李承晩は、国内の政治的基盤が弱かったため、さまざまな手段を動員して、政敵を排除したり、憲法を改定するなどして、政権の延命を図った。

しかし、六〇年三月一五日に行なわれた正・副大統領選挙で不正が発覚すると、国民の怒りは爆発した。この選挙では、事前投票で四割の票を確保し、三人組、九人組の投票を組長の監視のもとに行なうようにさせたり、投票箱を交換するなど、ありとあらゆる不正の方法を用いた結果、与党・自由党の得票率が九五％を超えてしまい、急遽《きゅうきょ》、大統領候補の李承晩の得票率を八五％に、副大統領候補の李起鵬《イ・ギブン》の得票率を七五％に縮小して発表したほどだった。

投票の当日、不正選挙を糾弾するデモが、慶尚南道の馬山《マサン》で起き、警官隊と衝突して多数の死傷者を出したのをはじめとして、デモは各地に拡散していった。四月一八日の高麗大学の学生によるデモに続き、一九日には、ソウルの学生や市民約二万人が蜂起《ほうき》し、政府系機関紙であるソウル新聞の社屋などに火をつけ、当時の大統領府であった景武台《キョンムデ》を取り囲むなどしたが、鎮圧にあたった警官隊が実弾を発砲したため大勢の犠牲者を出した。四月一九日は、ソウルだけでなく、釜山、光州などでも反政府デモが繰り広げられ、この日一日に、ソウルで一五九人、釜山で一九人、光州で八人の死亡者を出しており、「血の火曜日」と呼ばれている。

こうした状況のもと、四月二六日に李承晩は下野し、五月二九日、ハワイに亡命した。そして、帰国の願いも、六一年五月一六日の軍事クーデターで実権を握った朴正熙《パク・チョンヒ》によって拒否され、再び祖国の土を踏むことなく、六五年にハワイで死亡した。しかし、遺骸《いがい》は韓国に移送され国葬が行なわれた。その遺骸は、漢江べりの銅雀洞(トンチャクドン)にある国立墓地に埋葬されている。

李承晩に関しては、独立運動の指導者であり、韓国の初代大統領であることから、「建国の巨人」と呼ばれている一方、大統領在任中のマキャヴェリズム的な政治手法から「独裁者」とも呼ばれ、韓国における彼の評価は極端に分かれている。

それに対して日本では、ある一定以上の年齢の人にとって李承晩は、イコール李承晩ラインであり、評判はすこぶる悪い。

李承晩ラインとは、五二年一月一八日に、李承晩大統領が発した「海洋主権宣言」に基づいて設定された朝鮮半島周辺の水域のことで、この水域内にある、すべての天然資源、鉱物、水産物を韓国政府が保護・保全・利用する権利を持ち、水産、漁業に対して主権を行使する、といったものだった。

敗戦国である日本は、海洋進出を厳しく規制されており、四五年九月二七日には、マッカーサー・ラインというものが設定されていたが、五二年四月二八日にサンフランシスコ講和条約が発効すると、このマッカーサー・ラインは撤廃されることとなった。当時、日本漁船は周辺国に比べ、技術面などで圧倒的に優勢であったため、韓国側には漁業資源が根こそぎ取られてしまう恐れがあった。それに対処するために設定されたのが李承晩ラインであり、韓国では「平和線」と呼ばれている。

しかし、このラインの水域内に入った日本漁船は大量に拿捕《だほ》され、六五年に廃止されるまでの間に、拿捕された漁船は三二七隻、釜山収容所に抑留された日本人は約三千九百人に及んだ。今日の日韓関係において、解決方法に最も苦慮している問題は、竹島（韓国では独島《トッ》）の領有権問題であるが、その領有権をめぐって両国が対立するようになったのも、この李承晩ラインを契機としてのことだった。

李承晩ライン設定以後、五三年二月四日には、済州島沖で操業していた福岡市の漁船・第一大邦丸の乗組員が射殺されるという事件が起きるなど、両国関係は緊迫の度を増したが、とくに関係が悪化したのは、朝鮮戦争の休戦協定が調印された五三年の夏以降のことであった。

前年の九月二七日に、在韓国連軍司令部が、韓国へのゲリラの侵攻を防ぐことなどを目的としたクラーク・ラインと呼ばれるものを、李承晩ラインとほぼ同じ水域に設定したため、日本側も国連軍には協力せざるを得ない状況にあった。このクラーク・ラインは、休戦に伴い停止となり、日本側としては自由操業に対する期待が高まっていた。しかし、九月七日に、韓国海軍から日本漁船に対して李承晩ラインの外への期限付きの退去命令が出され、国連軍という仲立ちのなくなった日韓両国は、直接対峙《たいじ》することになった。この九月七日から一〇月三〇日の間に拿捕された船舶・船員の数だけでも、四二隻、五〇八人にも及んでいる。

こうした韓国の強行措置に対して日本では反発の世論が高まり、『朝日新聞』の五三年九月一〇日付の社説では、こう非難している。

――李ライン問題に関し、政府は韓国にたいして抗議を発した。もとより当然の措置である。李ラインの設定が国際法を無視し、国際信義にもとることはいうまでもなく、とりわけ今回の強制措置に関する一方的宣言は、われわれ日本国民の絶対に承認し得ぬところである。強く韓国政府の反省を求めざるを得ない。――

日本漁船の拿捕は、当然、漁民の生活を直撃した。五三年一一月一四日付の『朝日新聞』は、「海を失った人たち〜李ライン問題後の漁港の表情」という見出しの記事を掲載している。その中には、九月二六日に韓国の軍艦によって拿捕された静岡県の漁船・第二福徳丸の船主の次女(当時、小学生)が、一一月の初めに東京で開催された日韓漁業問題解決促進国民大会で述べた、次のような言葉が記されている。

――「うちの船が捕ってからもう一カ月、テープを引きながら戸田港を出ていった皆の顔が浮んできて、教室にいても先生の言葉もよく耳に入りません。連れていかれた三人の兄さん達の夢ばかり見ます。お父さんは、すっかりやせてしまい、病気になったらどうしようと心配です。お母さんは毎朝仏壇に向って、お線香を上げながら泣きます。船がとられてから、学用品を買うお金ももらえません。乗組員の家のお友達には、お弁当を少ししか持ってこない人もあります。こんな日がいつまで続くのでしょう……」――

また、同じ紙面において、下関で七隻、萩《はぎ》で一八隻が捕らえられた山口県下の状況として、こう報じている。

――とくに萩基地では全部が二十トン以下の小型のべなわ船で零細漁業者が多く、その上捕えられた乗組員（百三十六人）はその家族八百七十九人の大黒柱であり、父子三人組をはじめ、兄弟二人組なども数組あって悲劇も多い。なかには夫を戦争で失い、女手一つで十八歳まで育て上げた一人息子を初漁に出して捕えられたという気の毒な家庭もあり、露天商を営みながら辛うじて食いつなぐ留守家族が日増しにふえていくという悲惨な状態に下関市当局などでも救済の方法を真剣に考えはじめている。――

李承晩ラインに対する日本での悪名は日を追って高まっていき、日本における対韓世論も極度に悪化していった。

このような状況のなか、漁業問題を含めた両国の懸案事項の解決を図るために、第三次日韓会談が五三年一〇月六日から東京で開かれた。この日韓会談の財産請求権委員会において、日本側首席代表・久保田貫一郎は一五日に次のような発言をしている。

――日本としても朝鮮の鉄道や港を造ったり、農地を造成したりしたし、大蔵省は、当時、多い年で二千万円も持出していた。……（中略）……これから先いうことは、記録をとらないでほしいが……私見としていうが、自分が外交史の研究をしたところによれば、当時日本が行かなかったら中国か、ロシアかが入っていたかも知れないと考えている。――『朝日新聞』（五三年一〇月二二日付）

日本統治は、悪い面ばかりでなく、よい面もあったとするこの発言に対して韓国側は、――「日本が統治中に朝鮮に恩恵をほどこしたというような発言は、会談の基礎を破壊する

ものだ」――(同右)

と猛烈に抗議して、発言の撤回を要求したが、日本側がこれを拒否したため会談は決裂した。こうして中断した日韓会談は再開されるまでに四年の歳月を要することになる。

この久保田発言に対して、韓国の『東亜日報』は五三年一〇月二五日付の社説で、次のように非難している。

――日本は長い間、その歴史が大陸と半島侵略で一貫した歴史であった。七十年前、いわゆる雲揚号事件で端緒を開いた両国の修好関係が、一九一〇年の帝国主義的強占までに一貫したものは、無理、臆説、恫喝《どうかつ》であったことを吾人《ごじん》はよく知っていることだ。

しかし、占領軍の下での統治を経て、日本も多少は民主主義の洗礼を受け、前に犯した過ちを悔い、平等な隣国として生きていくことを期待したのは吾人だけではなかっただろう。それなのに、今回の彼らの言動は、七十年前の帝国主義的侵略性から一歩たりとも出ることのできない、いわば「犬の尾は三年たってもイタチの毛にはならない」(劣ったものが、年月を経たからといってよくなるわけではない、という意味)ということであり、吾人は遺憾《いかん》に思うところである。――

韓国では、日本の閣僚など実力者が、植民地支配を美化したり、過去の侵略行為を正当化する発言をするたびに、「妄言」として激しく非難しているが、そうした妄言の第一号とされているのが、この「久保田妄言」である。九五年一一月に当時の総務長官・江藤隆美が、オフレコを前提として「植民地時代には、日本が韓国によいこともした」などと発言したことが表面化し、韓国側の強い抗議によって、結局、長官職を辞任に追い込まれたことがあったが、この時、韓国側が強い態度に出たのも、この「江藤妄言」が、四十年前の「久保田妄言」とあまりにも酷似していたからであった。そして、九五年一一月一二日付の『東亜日報』の社説では、「江藤妄言」をこう糾弾している。

――我々は、この発言が四十年前の韓日会談で出た久保田妄言と少しも違わないことに、驚きを禁じえない。「日本の植民地統治は韓国近代化に有益な部分もあった」という彼の歪曲された歴史認識が、四十年たった今日でも少しも清算されていないのだ。日本が植民地朝鮮に鉄道、道路、港湾などを造ったのは、日本資本と軍閥の利益を最大化して、朝鮮の収奪を極大化するためのものであって、朝鮮の近代化のためではないことは、言うまでもない。これを日本の一部知識人たちがまだ「韓国によいこと」であったと強弁するのは、無知のためなのか、悪意による歪曲なのか、鳥肌が立つほどだ。――

今日、日本と韓国の交流は、人的にも物的にも、かつてとは比較にならないほど盛んになっている。しかし、根本的な問題は、ほとんど解決されていないのが実情である。「江藤妄言」や「竹島問題」で日韓関係がぎくしゃくするたびに、雑誌などでは「最悪の日韓関係」という見出しが躍るが、こうした問題の火の粉は、四十年以上も前からくすぶり続けていたものだった。

ワールドカップ予選の組み合わせが決まり、日本と韓国がサッカーにおいて対決することになった五三年ごろの日韓関係は、このように険悪なものであった。それに韓国の経済も、朝鮮戦争の影響でどん底状態であった。そして何よりも、李承晩大統領の反日感情。どれを取っても、とても日韓がサッカーの試合をするという状況ではなかった。

五三年一一月、仁川で開催された大統領杯争奪蹴球大会は特務隊が優勝して幕を閉じた。これで、韓国におけるその年のサッカーシーズンは終了したわけだが、選手たちは、戦争も終わり、気兼ねなくサッカーができるようになった来シーズンの健闘を誓いあってグラウンドを後にした。この時、彼らは、来シーズンの劈頭《へきとう》に日本と対戦することなど、ほとんど考えていなかったという。

しかし、ちょうど同じころソウルでは、在日韓国人たちによって、東京でサッカーの日韓戦を開催するための誘致活動が繰り広げられていたのだった。

在日社会とサッカー熱

日本統治時代、その圧政が続く中で農地を喪失したことなどにより、日本に渡る朝鮮人の数は年々増加していったが、一九三八年時点の在日朝鮮人は約八十万人であった。しかし、三九年に国民徴用令が公布され、いわゆる「強制連行」が行なわれると、その数は急増し、日本が戦争に敗れた四五年には、二百万人を超えていた。

こうした人たちは、日本の敗戦とともに祖国が解放されると、帰国を急ぎ、下関、仙崎《せんざき》、博多といった港には、在日朝鮮人がどっと集まっていた。

その一方で、日本からの持ち帰り財産には厳しい制限があり、帰国後の生活に対する不安などから、そのまま日本に留まる人たちも相当数おり、なかには、苦労して祖国に帰っても、朝鮮半島はすでに記したような混乱状態にあったため、再び日本に来る人も少なくなかった。

敗戦直後の日本には、こうして日本に留まった在日朝鮮人による団体が、続々と誕生したが、それらの団体が大同団結する形で結成されたのが、在日本朝鮮人連盟〈朝連〉であった。

朝連は、四五年九月一〇日の結成準備委員会を経て、一〇月一五、一六日には結成大会が開かれたが、その宣言において、

――人類の歴史上類例のない第二次世界大戦はポツダム宣言によって終結され、ここにわが朝鮮もついに自由と独立の栄光が約束された。われわれは総力をつくして新朝鮮の建設に努力するであろうし、関係各当局との緊密な連絡のもとにわれわれの当面する日本国民との友《ゆう》誼《ぎ》保全、在留同胞の生活安定、帰国同胞の便宜を図ろうとするものである。――『解放後在日朝鮮人運動史』（朴慶植著、三一書房刊）

と謳《うた》っているように、本来は、イデオロギー的色彩を帯びない組織であった。しかし、一〇月一〇日に、GHQの指令により、治安維持法の廃止と政治犯釈放が実行され、府中刑務所から徳田球一、志賀義雄らとともに、社会主義運動家の金天海《キム・チョネ》が釈放されると、朝連内部で左派勢力が力を持つようになり、植民地時代に日本に協力した人たちなど右派の幹部を

排除した。そして、金天海は朝連の最高顧問を務めると同時に、日本共産党朝鮮人部の責任者となった。

一方、もともと朝連結成の動きに不満を持っていた右派民族主義的青年たちは、朝連から排除された旧親日派や反共主義者なども引き入れて、一一月一六日に朝鮮建国促進青年同盟〈建青〉を発足させた。建青は、朝連にとっては反動団体であり、両者は激しく対立するようになる。

また、二三年九月の関東大震災の時に検束され、二六年三月に、皇太子暗殺を謀ったとして大逆罪にでっち上げられて死刑の判決を受けたが、翌月無期懲役に減刑されて、獄中生活を送っていた無政府主義系の独立運動家・朴烈《パク・ヨル》が、四五年一〇月二七日に秋田刑務所から釈放された。朴烈は出獄に際して、朝連からも歓迎を受けたが、左派陣営で固まった朝連に、無政府主義者の朴烈が指導者として入り込む余地はなく、朴烈を支持する無政府主義系、あるいは民族主義者などが集まって、四六年一月二〇日に朴烈を委員長として、新朝鮮建設同盟〈建同〉が結成された。

四六年といえば、南朝鮮では四五年一二月二七日の米英ソによる三国外相会議で採択された朝鮮信託統治案をめぐり、左右が激しく対立していた時代である。こうした対立は、在日の社会にも影響を及ぼし、朝連が信託統治案を支持、建青と建同が反対の立場を表明し、双方の関係はいっそう悪化していった。

そして一〇月三日には、建青、建同など右派系を中心とした各団体が参加して、在日本朝鮮居留民団〈民団〉が結成された（四八年に在日本大韓民国居留民団、九四年に在日本大韓民国民団と改称される）。なお、民団結成以後、建同は解散したが、建青は解散せず活動を続けていた。

その建青は、四六年五月に体育部を設置し、部長には、当時東京ＹＭＣＡの体育主事であった蔡洙仁《チエ・スイン》が就任した。これが、今日の民団系のスポーツ活動のはしりとなる。

そして、建青は体育部の事業として五月一四、一五の両日、後楽園球場を借り切って、国際親善サッカー大会を開催した。これは、連合軍に対して解放への感謝の気持ちを表わすとともに、親善を図っていくことを目的としたもので、イギリス、ソ連、中国のほか、建青のチームが参加した。しかし、日本の参加は、ＧＨＱからの命令で見合わせたという。

この時分、日本のサッカーは、五月五日に東西の予選の勝者による全日本選手権の決勝が行なわれ、復活への足場を築きはじめていたころであった。

国際親善サッカー大会実現のために奔走した蔡洙仁は、懐かしそうに当時の思い出を語る。

「後楽園球場の外野を使って試合をやったんですよ。お客さんも数千人詰めかけましたね。日本政府から、当時なかなか手に入らない、羊羹《ようかん》やみつ豆などの配給を受け、観客に配ったりもしました。あの時は、本当に盛り上がりましたよ。今考えると感慨無量です」

この大会で優勝したのはイギリスであったが、戦後間もない混乱期に、こうしたサッカー大会を開催していることからも、在日社会におけるサッカー熱の盛り上がりが窺《うかが》える。

建青のサッカーチームにとって最大のライバルは、在日本朝鮮学生同盟〈学同〉であった。五月一九日には、在日の青年運動が盛んな名古屋で大運動会が開かれたが、その最大のイベントは、建青と学同によるサッカーの試合であった。この時は接戦の末、一対〇で建青が勝利を収めたが、観衆も一万人を超えていたという。

学同とは、四五年九月一四日に、在日の学生らの生活不安や、帰国・残留に際しての問題を解決するとともに、祖国の完全独立に寄与することを目的として結成された組織で、朝鮮奨学会を接収して事務所としていた。

今は韓国籍、朝鮮籍を問わず、在日の子弟のための支援機関となっている朝鮮奨学会であるが、その歴史は日本の植民地支配以前にさかのぼり、日本統治時代は朝鮮総督府の管轄下に置かれ、朝鮮人留学生の監視補導の中心的存在となっていた。しかし、解放後の朝鮮奨学会をめぐっては、朝連でもその接収を決めたため、朝連、学同の両者で対立が起きた。また、朝連と民団の対立の深化は学同にも及び、結成当初はイデオロギー的色彩を帯びない組織であった学同でも、左右の思想的対立が激しくなっていった。

こうした政治的対立の中においても、学同内部ではスポーツ活動が盛んに行なわれ、とくにサッカーチームは、学同だけで四チームを編成するほどになっていたという。そうした学同のメンバーを集めてチームを結成したのが中央大学であった。四八年ごろの中央大学のサッカー部は、メンバー一一人のうち、一〇人までを在日朝鮮人で固め、関東大学リーグの三部から一部に昇格したこともあった。このように、中央大学に集まった理由について、当時学同のメンバーで、五四年の日韓戦の誘致にも携わることになる金世基《キム・セギ》は、こう語る。

「もともと、学同のメンバーには中央大学の選手が五人ほどいました。しかし、中央大学にこれだけ集まったのは、日本蹴球協会の常務理事であった小野卓爾《たくじ》さんが、当時、中央大学の監督だったんですが、その小野さんが非常に熱心に誘ってくれたことが大きかったですね。あの時は、中央も選手がいなくて、大学リーグにも出られない状態でした。私たちも仲間うちで練習したりしていましたが、定期戦に入ってないと常時何にもできない。それで小野さんのほうから、『みんな中央大学に編入して一緒にやりましょう』ということになったわけです。なかには、二重学籍の人もいました」

四六年には、関東と関西の大学リーグはすでに復活を果たしていた。しかし、中央大学は終戦後、部員不足のため、他大学に後れをとっていた。そこで、在日朝鮮人の力を借りて部を再建させたのだった。なお、この時の中央大学のメンバーの一人であった金東春《キム・ドンチュン》は、後に詳述する在日本大韓体育会の中心メンバーとなる。

関東大学リーグの三部といえば、一番下のランクに位置する。したがって、日本代表クラスの選手はまずいないのが普通であるが、この当時、三部に属していた国学院大学のGK・渡部英麿《ひでまろ》は、五四年の日韓戦にも出場するなど、日本代表として活躍した選手であった。渡部は、この時の中央大学のチームについても、よく覚えていた。

「私が三部でプレーしていたころの中央大学は強かったですよ。GK一人が日本人で、後はみんな朝鮮人でした。ごっつい体しているな、という印象は残ってますね。確か、七対〇かなんかでやられました。もっとも、国学院大学では、サッカーをしてきとったんが半分もおりませんでしたから、ボールを返すこと自体もままならなかったです」

渡部は、名門・広島一中の出身であり、四二年の明治神宮国民錬成大会にも出場している。

「先輩は早稲田か慶応に行け、言いよったんですけど、おやじが『うん』言わなかったでしょ。私の家は代々神社でしたから、国学院に行ったのは、その関係です。宮司で日本代表なんて、私一人しかおらんでしょう。ですから、変わり種なんですよ」

渡部は今でも広島市南区の邇保姫《にほひめ》神社の宮司を務めている。ちなみに、三〇八五本という日本プロ野球史に残る通算最多安打記録を達成した広島出身の在日韓国人・張本勲は、中学生時代に、この邇保姫神社の石段を登って足腰を鍛えたという。

在日の社会でスポーツ活動が活発になるにつれ、左右の政治的対立を超えて、スポーツだけでも一つになろうという機運が高まってきた。そして若い世代の代表者が会合を重ねた末、四七年四月一二日に結成されたのが、在日朝鮮体育協会である。会長に就任したのは建青の蔡洙仁であったが、役員には朝連関係者も名を連ね、顧問には民団団長の朴烈、建青委員長の洪賢基《ホン・ヒヨンギ》、同副委員長の李禧元《イ・ヒウォン》、朝連委員長の尹槿《ユン・グン》、在日朝鮮民主青年同盟委員長の尹《ユン・》鳳求《ボング》、朝鮮YMCA総務の李禎烈《イ・ジョンニョル》と、左右問わず各団体の幹部が並んでいる。会長であった蔡洙仁は、この当時を振り返ってこう語る。

「朝連の中央本部は月島にあったのですが、そこにしばしば体操を教えに行きました。こうしたことから、スポーツは青少年の団結に効果的であると考えるようになり、建青と朝連の間で真剣な話し合いをしました。スポーツは一つということで、一緒にやっていったんですが……」

在日朝鮮体育協会は、在日中国人チームとバスケットボールの試合をするなどの活動を続けてきたが、やはり本国の政治情勢と無縁ではいられなかった。翌年に、南北それぞれの単独政権樹立が確定的になり、ロンドンオリンピックに朝鮮半島の南半分だけの代表が出場するようになると、朝連出身の役員は少しずつ離れていったという。

そして、四九年には、ソウルで開催された全国体育大会に蔡洙仁など役員三人を派遣し、五〇年四月には、在日朝鮮体育協会の名称も在日大韓人体育会に改称された。

日韓戦誘致のキーマン

在日韓国人の中には、本国のスポーツ選手を日本に招くとともに、こちらからも本国に行って試合をしようという構想が頭をもたげてきた。そうした動きの中心的人物であり、中央大学のサッカー選手であった金東春は、その基となっている考えについてこう語る。

「日韓関係は長い歴史がありまして、とくにスポーツは戦前から濃い関係にあったわけですが、戦後になると、両者は疎遠になる向きがありました。しかし、例えばサッカーならば、韓国がどうだ、日本がどうだと言っても、巨視的に考えれば、欧州との力関係では負けるのは決まっているのです。ならば、お互いにどうすればいいか、というのが発想の始まりなんです」

こうしたなか、一九五三年の二月に、大韓体育会と大韓蹴球協会の理事であった李裕瀅《イ・ユーヒョン》が、目の手術をするために来日した。李裕瀅の来日目的は、目の治療だけでなく、大韓体育会の日本支部にあたる組織を作ることであり、そのために、大韓体育会の規約なども持参していた。そして、当時、日本に在住しており、かつては京城蹴球団の選手であった鄭龍洙《チョン・ヨンス》や、中央大学のサッカー選手であった実弟の李裕哲《イ・ユーチョル》らに、その話を持ちかけた。

なぜ、日本に大韓体育会の支部的な組織が必要なのか。李裕瀅は、こう説明する。

「とにかく大きな目的は、日本にやって来る韓国選手の面倒をみてもらうことです。それまでも、韓国選手に対する在日同胞の助けは、本当に大きかったですから」

四八年のロンドンオリンピックの際にも、日本に立ち寄った選手団を在日の同胞たちが、さまざまな形で支援したが、とりわけ朝鮮戦争のさなか、かなりの無理をして選手団を派遣した五二年のヘルシンキオリンピックにおいては、彼らの助けなしには参加が実現し得なかったほど、果たした役割は大きかった。

この時、韓国選手団は、六月一二日に羽田空港に降り立ち、約二週間日本に滞在してヘルシンキに向かったが、選手団の来日に合わせて、韓国の駐日代表部（当時、日本と韓国の間には国交がなかったため、大使館は置かれていなかったが、四九年一月からは駐日代表部が設置されていた）の公使であった金溶植《キム・ヨンシク》を会長として、在日韓国人ヘルシンキオリンピック後援会を組織した。そして、役員が中心となり、方々を駆けずり回って資金を集め、選手団の統一コスチュームの生地からレインコート、ボストンバッグといった身の回りのものや、競技用具などを寄付するとともに、日本滞在中の練習場を確保し、日本選手との合同練習をセッティングするなど、親身になって祖国の選手たちの面倒をみた。ヘルシンキオリンピックには、後援会の事務方として活動した蔡洙仁も韓国選手団の役員として参加している。

　このように、当時の韓国スポーツ界において、在日同胞の援助は不可欠のものとなっていた。しかし、五三年二月の李裕瀅の来日には、もう一つ別の目的もあった。

「弟のほかにも多くの在日の同胞に会って、『ワールドカップの予選で、日本と試合をするから協力してほしい』と言いました」

　と李裕瀅は語る。つまり、李承晩大統領の反対により開催が危ぶまれていた、サッカーの日韓戦の実現に向けて、在日の側からの後押しを要請することであった。したがって、大韓体育会の日本における支部組織の結成と、サッカーの日韓戦誘致に向けての動きはリンクしていたわけだ。

　そして李裕哲は、同じ中央大学出身である金東春らとともに組織結成に向けて奔走することになる。こうして、同年の五月五日に、これまで蔡洙仁を中心として続けてきたスポーツ活動を発展的に解消する形で、本国の体育会に属する組織としての在日本大韓体育会（以下、在日体育会と記す）が結成され、理事長となった金東春の所有する銀座のビルの一室に事務所を置いた。また、初代会長には、駐日代表部参事官の柳泰夏《ユ・テハ》が就任した。

ちなみに、在日体育会の初代と二代目の会長には、代表部の参事官が就任しているが、二代目の会長は、七九年一〇月二六日に朴正煕大統領が暗殺された後、八〇年八月に下野するまでの間、韓国の大統領を務めていた崔圭夏《チェ・ギュハ》である。


このようにして結成された在日体育会がなすべき当面の課題は、本国の全国体育大会に在日の選手団を派遣するとともに、その機会を利用して、サッカーの日韓戦を日本で開催できるように誘致活動をすることであったが、そこで問題となったのは、選手団の再入国許可を得ることであった。

この当時の在日韓国・朝鮮人の法的地位は、きわめて不安定なものだった。五二年四月二八日にサンフランシスコ講和条約が発効した時から、在日韓国・朝鮮人は日本国籍を離れ、完全に外国人となった。そして、その後の在留については、「ポツダム宣言の受諾に伴い発する命令に関する件に基づく外務省関係諸命令の措置に関する法律」という長い名称の法律の第二条六項において、こう規定された。

「日本国との平和条約の規定に基づき同条約の最初の効力発生の日において、日本の国籍を離脱する者で、昭和二十年九月二日以前からこの法律施行の日まで引き続き本邦に在留するもの（昭和二十年九月二日からその法律施行の日まで本邦にて出生したその子を含む）は、出入国管理令第二二条の二・第一項の規定にかかわらず、別の法律で定めるところにより、その者の在留資格および在留期間が決定されるまでの間、引き続き在留資格を有することなく本邦に在留することができる」

つまり、先のことについては、何の保証もない状態での在留が認められているにすぎなかった。

在日韓国・朝鮮人に対して永住の法的資格が認められたのは、六五年の日韓基本条約に基づいて「法的地位協定」が結ばれてからのことであり、九一年に、「出入国管理特例法」が制定されたことにより、子々孫々に至るまでの永住資格が認められた。在日韓国・朝鮮人が永住権を得るまでには、かなりの紆余曲折《うよきょくせつ》があったのだった。

しかも五三年当時は、日本と韓国の間に国交はなく、在日体育会としては二五人の選手団を派遣することになるのだが、これだけの人数が再入国を申請すること自体、当時としては前代未聞のことであり、許可を得るのは不可能に近いことであった。会長に代表部の参事官を擁立した背景には、こうした事情も絡んでいたわけだが、官僚ベースの話し合いはなかなか進まなかった。

そこで、在日体育会の理事長の金東春と常務理事の金世基の二人は出入国管理事務所との直接交渉に乗り出した。この二人はともに咸鏡北道城津《ソンジン》の出身で、小学校の同窓生であり、学同のメンバーでもあった。

金東春は当時のことを、こう語る。

「私はアマチュアのスポーツ精神のことを言ったのですよ。つまり、日韓の関係が悪いからと言って、再入国許可を出さないということは、歴史的見地から見て、アマチュアスポーツの精神を甚だしく蹂躙《じゅうりん》するものである、と。担当の人が東大でサッカーをなさっていた人で、在日の立場と今までの過程を説明したところ、一〇〇パーセント理解してくれました」

また金世基は、こう振り返る。

「何しろ初めてのことだから、入管の人も再入国の許可を出していいものか迷ってましたけどね。しかし、入管の局長とか課長とは非常に昵懇《じっこん》になりましたよ。そのうち、こちらの趣旨に賛成してくれて、『世基君頑張ってくれ。犯罪者でなければ、（再入国の許可を）どんどん出すから、交流を深めて、両国が仲よくするようにしてくれよ』と、言われました。それから、『向こうに行ったら、李承晩ラインも頼むよ』といった調子でした」

このようにして、再入国の問題を解決し、パスポートのほうも、在日体育会の会長で代表部参事官であった柳泰夏が、「俺《おれ》は俺でバックアップするから、とにかく日韓関係を根底からいい方向に持っていってくれ」と言い、その場で発給した。

こうして、サッカーを中心とした二五人の選手団は一〇月、ソウルに向け出発することとなった。これが、在日韓国人と本国との本格的なスポーツ交流の始まりである。これ以後毎年、在日体育会は韓国の全国体育大会に「在日同胞」として選手団を派遣している。

日本人にはあまり知られていないことであるが、在日韓国人と本国のスポーツ界との交流は活発で、韓国代表として国際大会に出場した在日韓国人も多い。オリンピックのメダリストだけを見ても、東京オリンピック・柔道の銅メダリスト金義泰《キム・ウィテ》、ミュンヘンオリンピック・柔道の銀メダリスト呉勝立《オ・スンリプ》、モントリオールオリンピック・柔道の銅メダリスト朴英哲《パク・ヨンチョル》らがいる。また、八八年のソウルオリンピックに際しては、在日同胞が約九十八億円を集めてオリンピックの組織委員会に寄付している。

初めて韓国の体育大会に出場した「在日同胞選手団」の団長は鄭龍洙、副団長は辛熙《シン・ヒ》で、監督は金東春、選手主将は李裕哲といった顔触れであった。

選手たちが祖国の土を踏んだのは、朝鮮戦争の休戦協定が調印されてから、まだ三ヵ月もたっていない時であった。選手団の主務という立場で参加している金世基は、当時のソウルについて、

「荒涼としていて、人が住んでいるのか、いないのか分からない、死んだ街でした」

と、振り返る。

それでも、初めて祖国の大会に参加する在日同胞の選手団に対しては、新聞やラジオなどでも歓迎ムード一色であったという。そして、一〇月一七日の開会式では、入場する選手たちに対して、ソウル運動場に詰めかけた満員の観衆から万雷の拍手が送られた。

この時、正式競技に参加したのはサッカーだけで、一回戦で二九八部隊に〇対五で敗れているが、その後、バスケットボールなどの交歓試合も行なった。

さて、この時の祖国訪問のもう一つの大きな目的は、日韓サッカーの誘致であったわけだが、その誘致活動の中心的役割を果たしたのは、現地にて直接交渉にあたった辛熙と、日本において指揮をしていた鄭建永《チョン・ゴニョン》という、ともに在日体育会の副会長であった人物だ。辛熙は咸鏡南道の出身であるが、解放後の混乱期のなか、共産勢力に抵抗していたところ、ピストルで足を撃たれ、三八度線を越えて南に来た。しかし、当地では足の手術をすることができず、アメリカ軍政庁に事情を説明した結果、特別許可を得て、日本に渡航してきた。結局、日本でも足は完治しなかったが、そのまま日本に留まってタクシー会社を興し、当時、その会社の社長を務めていた。

一方、鄭建永は、かつて組員一五〇〇人以上を擁した組織暴力団・東声会の会長で、後に東亜相互企業という会社を設立し社長となった人物であり、日本名は町井久之という。山口組組長であった田岡一雄とは義兄弟の関係にあり、右翼の大物・児玉誉士夫《こだまよしお》とは盟友関係にあって、「銀座の虎《とら》」、「夜の警察署長」などと呼ばれて、恐れられていた。

しかし、その一方で、

――戦後、多くの在日韓国人が、その混乱期にも町井の名前を出すことで日本の暴力団から災難を免れたというのはよく知られた話である。――『シャブ!~知られざる犯罪地下帝国の生態』(趙甲済著、黃民基訳、JICC出版局刊)

という一面もあったという。また鄭建永は、韓国のスポーツ界とも密接な関係にあり、六六年から七九年までKOC委員、七一年から七九年までは在日体育会の会長を務めている。

サッカーの日韓戦を開催する上で、この時、最大の関門となっていたのは、再三記しているように李承晩の反日感情であったが、その関門を突破するために、まずなさなければならないことは、当時大韓体育会の会長であった李起鵬を説き伏せることであった。

一八九六年、ソウルに生まれた李起鵬は、アメリカ留学中に李承晩と知り合い、帰国後は、李承晩の秘書を務めた。そして、一九四九年にはソウル市長、五一年には国防部長官を歴任し、五一年に発足した政権与党である自由党の結成にも参画し、五三年一一月には党最高委員に就任して権力基盤を固め、五四年六月からは、国会にあたる民議院の議長を務めている。李承晩とは、家族ぐるみの親交があり、息子の李康石《イ・ガンソク》を李承晩の養子にしているほどであった。しかし、李承晩政権が倒れるきっかけとなった六〇年三月一五日の不正選挙では、副大統領候補として立候補し、独裁政権打倒を訴えるデモにより、李承晩が下野声明をした二日後の四月二八日、家族会議を開き、一家もろとも拳銃《けんじゅう》で集団自殺を図り最期を遂げている。

こうした経緯からくる歴史的な評価はともかく、李起鵬は李承晩が最も信頼していた側近中の側近であり、大韓体育会の会長という立場からしても、李承晩を説得できる人物は李起鵬しかいないということは、誰の目から見ても明らかであった。

在日の選手団は、全国体育大会が終わると、三々五々、日本に戻ったが、辛熙、金世基、金東春の三人は、そのままソウルに残り、日韓戦の誘致のための活動を続けることとなった。彼らはまず毎朝、大韓体育会の本部に顔を出すことから始めた。大韓体育会の幹部も誘致

活動には協力的であり、理事の李裕瀅はもちろん、理事長の鄭《チヨン・サン》商熙《ヒ》、常務の金《キム・ミヨンゴン》明坤とい
った人たちが、ワールドカップの予選に韓国を参加させようと、積極的に後押ししたという。
鄭商熙はかつて陸上の選手、金明坤は剣道の選手であり、ともに明大に留学した経験を持っ
ている。

辛熙らは、李起鵬の家にも十数回出向き、粘り強く折衝を続けた。辛熙とともに活動して
いた金世基は、こう振り返る。

「辛熙さんは、話がうまく、まったく型破りの人でした。李起鵬さんは、辛熙さんを見ただ
けで、ワハハと笑うくらいでしたから」

しかしながら、李起鵬は当初、

「名分はすばらしいが、李承晩ラインもあって、韓日関係が険悪であるから、いかがなもの
か。それが引っ掛かる」

と、慎重な姿勢を見せていた。

これに対して、辛熙らも、韓国選手団の遠征費用の一切を在日が負担すること、大韓蹴球
協会が負っている借金もすべて自分たちが支払うことなどを約束した。蹴球協会の借金とは、
その年の春に、国からお金を借りて東南アジア遠征をしたものの、当初の約束どおりに返済
することができず、李承晩が激怒したという、いわゆる「一万四〇六〇ドル事件」を指して
いる。この事件のため、蹴球協会自体が苦境に立たされていたのだった。

その一方で日本では、鄭建永が駐日代表部に頻繁に足を運び、誘致への理解を求めていた。

そして、駐日代表部も、日本とサッカーの試合をすることの意義について数次にわたって本国に打電していた。

金世基は、証言を続ける。

「交渉において大言壮語はしたものの、日本に帰って、そのとおり実行できなかったら、ほら吹きだということで大変なことになると、心配にもなりました。それで、当時なかなか電話がつながりませんでしたが、鄭建永さんに何回も電話を入れたわけです。そうしたら、『貴様ら、試合の誘致もできないのなら、日本に帰ってくるな。後のことは俺が引き受けるから心配するな』と言われました」

こうした度重なる交渉の中で、李起鵬の心を最も動かしたのは、

「ワールドカップの予選に参加することによって、韓国が日本社会に与えるイメージは、お金では代えられませんよ」

という辛熙の言葉だったという。

ここで言う、「日本社会に与えるイメージ」とは、単に日本人に対して、という意味だけではない。

在日韓国・朝鮮人は、四七年五月二日の「外国人登録令」において「外国人とみなす」と規定され、外国人登録の対象となったわけだが、その時点では、国籍の欄はすべて「朝鮮」であった。それが、四八年の韓国政府樹立とともに、「韓国」と表記することを求める動きがあり、五〇年からは、その両方を認めるようになっていた。しかし、この当時の外国人登

録欄における「韓国」と「朝鮮」の比率は二対八で、圧倒的に朝鮮籍が多かった。

また、今日の在日韓国・朝鮮人の組織としては、北朝鮮を支持する総連〈在日本朝鮮人総連合会〉系と韓国を支持する民団〈在日本大韓民国民団〉系とに大きく分けられるが、当時民団系は組織の上できわめて劣勢であった（朝連は四九年九月に「団体等規正令」により解散させられ、その活動は五一年一月に結成された在日朝鮮統一民主戦線〈民戦〉などに受け継がれ、五五年五月にそれらを発展的に解消して在日本朝鮮人総連合会が発足した）。

さらにその後、在日朝鮮人の北朝鮮への帰国運動も高まりを見せるようになり、五九年一二月に第一次帰国船が新潟港を出航したのを皮切りに、当時、北朝鮮が「地上の楽園」と宣伝されるなか、六〇年には一年間で約四万九千人が北朝鮮に向かい、集団帰国が打ち切りとなった八四年までに、その数は延べ約九万三千人に及んだ。

このような状況を見ても分かるように、辛熙の言葉にある「日本社会」とは、在日同胞社会のことも意識してのことであった。

大統領が与えた条件

二〇〇二年のワールドカップ開催地をめぐっては、日本と韓国が激しい招致合戦を繰り広げたが、そうした競争がとくに過熱していた九五年から九六年にかけて、韓国の各テレビ局は招致ムードを盛り上げるための関連番組を数多く放送した。ＭＢＣ〈文化放送〉が、九五年八月二八日から四回シリーズで放送した『ビバコリア　二〇〇二ワールドカップ』もそうした番組の一つである。ドキュメンタリー・ドラマの形式で、韓国サッカーの歴史をたどることを目的としたこの番組では、当然、五四年の日韓戦についても触れている。

五三年の秋、辛熙たちからの請願を受け、日本との試合をすることに同意した李起鵬は、今度は大統領である李承晩を説得しなければならなかった。この時の李承晩と李起鵬とのやりとりを、この番組では、こう再現している。

李起鵬　我々が日本に勝てる確実な分野があります。

李承晩　それは何だ。

李起鵬　サッカーです。ほかのことはともかく、サッカーだけは確実に日本に勝つことができます。

李承晩　間違いないか。

李起鵬　間違いありません。解放以前から我々のサッカーは、いつも日本より優れていました。

在日本大韓体育会の辛熙氏や鄭建永氏なども、我がチームの出場を、強く望んでおります。我が選手たちが、日本の地で、日本人に勝てば、我が在日同胞の士気は、どれだけ上がることでしょうか。

李承晩　うーん、分かった。じゃ、出場しよう。

李起鵬　それで……。国際サッカー連盟の規則によって、両チームがお互いに行き来する、ホーム・アンド・アウェーで試合をすることになっているのですが。

李承晩　それは、だめだ。日本人たちを我が領土に入れることはできないから、二試合ともすべて、日本でするようにしろ。

李起鵬　はい、分かりました。

やりとりの細かい部分はともかく、この番組でも再現しているように、李起鵬は、「日本に勝つ」ということを強調して、李承晩を説得したと言われている。また李承晩もこの時、大統領に就任する前の四七年、上海において自分の目で見た、ソウル蹴球団が大勝した時の光景を頭に思い浮かべたという。

こうして、日本選手団が韓国に来ることはできないが、韓国選手団が日本に行くことに関しては内諾を得たわけだが、今度は大韓体育会の役員が、李承晩から正式の許可を得るために、当時の大統領府であった景武台に出向くことになった。この時の顔触れは、当事者の一人である李裕澄の記憶によれば、会長の李起鵬、常務で事務方の責任者であった李橓宰《イ・スンジェ》、在日体育会副会長の辛熙であった。

辛熙はこの時、李承晩に対して、

「日本には百万の同胞がおります。日本と試合をすることで、百万同胞の士気に与える影響は、政治的に言ったら、お金では代えられません。まして、韓国がここで勝利を得ることは間違いないですから……。費用は全額、在日同胞が集めます」

と、威勢よく言うと、李承晩もその言葉に酔ったという。辛熙とソウルでの行動を共にしていた金世基は、こう語る。

「辛熙さんが言うことは、生々しい現実感があるわけです。解放後の混乱の中で共産軍に撃たれて、足が不自由になっているわけですから。大統領も辛熙さんに抱きついて、『よし、分かった』と、言ったそうです」

反共主義者ということでは、李承晩も辛熙も筋金入りであった。

しかしこの席で、李承晩の口から、衝撃的な発言が飛び出している。そもそも、李承晩が日本との試合に反対してきたのも、

「我々は三十六年間、日本にひどい目に遭ってきた。もし負けたら、国民や在日同胞がどれだけ失望するか」

という思いが根底にあったからだと言われている。したがって、日本と試合をする条件は、一にも二にも、日本に勝つということであった。この席で李承晩は、こう言い放ったという。

「行ってもいいが、責任は取れ。もし、負けたら、玄界灘にそのまま身を投げろ」

李裕瀅は、その時のことを、こう振り返る。

「それは驚きました。『負けたら、帰ってくるな』ということですからね。しかし、私も覚

悟を決めて、『必ず勝ちますから、心配なさらないでください』と言いました」

日本にとって永遠のライバルとなる韓国との初めての試合は、このようにして実現することが決まったのだった。日本統治の記憶が生々しいこの時代、韓国の選手は、最初から決死の覚悟で臨まなければならない状況にあったわけだ。

当初の目標を達成した辛熙たちが、再び日本に戻ったのは、五三年も終わろうとしている時であった。

日本を知り尽くした布陣

二試合とも日本で行なうことを条件に、ワールドカップの予選に出場することを李承晩が許可したことを受けて、韓国では、大韓蹴球協会を中心にして、代表選手の選考に取りかかった。

まず、選手団の役員として、団長に鄭商熙、代表チーム監督に李裕瀅、コーチに裵《ベ》宗鎬《ジョンホ》が選出された。鄭商熙は既述のように、大韓体育会の理事長であるが、サッカーとは関係のない陸上競技連盟の副会長であった。サッカー関係者ではない人物が団長になった要因としては、この日韓戦を実現するに当たっては、大韓体育会の主導でなされていたということが、まず挙げられる。しかし、団長の人選には、もう一つ別の事情も絡んでいた。

「五三年度に我々は東南アジア遠征をしたんですが、その時に借金が生じてしまったんですよ。その責任ということで、団長はサッカー関係者以外の人が務めることになり、鄭商煕が就任したわけです」

と、李裕澄は語る。つまり、かの「一万四〇六〇ドル事件」に対するペナルティーという意味合いでもあったのだった。

いずれにしても、役員三人に共通しているのは、屈指の日本通であるということだ。鄭商煕は明大に留学経験を持ち、日本のスポーツ関係者との親交も篤《あつ》く、李裕澄と裵宗鎬は、ともに元日本代表選手で、李裕澄は中大のサッカー選手だった弟が日本におり、裵宗鎬は、自身が早大サッカー部の主将であった。

この時の韓国チームでは、監督は主として行政面を受け持ち、コーチは戦術面を受け持つということになっていた。そして、この二人が、まず着手したのは、日本サッカーについての情報収集であった。李裕澄は、こう証言する。

「中央大学を出た弟が日本にいるのですが、彼に、日本にはどんな選手がいて、実力はどの程度なのか書いてよこせ、と頼みました。裵宗鎬氏も、早稲田のチームメートから情報を集めていました」

これは、サッカーに限ったことではないが、日本人の韓国に対する知識よりも、韓国人の日本に対する知識のほうが豊富であるという場合が多い。

今日では、ほとんどのスポーツにおいて、情報収集能力が勝敗に大きな影響を及ぼすようになってきている。日本のサッカー界も、ライバル韓国に対する情報収集には力を入れているが、韓国では日本の衛星放送を視聴する人も多く、Jリーグなど日常の試合を見ることができるので、少なくとも情報の量においては韓国が優位であることは、今日でも変わらない。

この時も、監督、コーチが中心となって情報を集めた結果、日本代表には、どういう選手がいて活躍しているのかを、韓国側は把握していた。とくに、前年の五三年には、ヨーロッパのクラブチームが二つ来日し、日本代表とも試合をしているが、出場メンバーなどを含めて、こうした試合の情報も当然収集していたのだった。

当時の日本サッカーの状況については後述するが、韓国の首脳陣にとっては、FWに川本泰三、二宮洋一といった戦前からの日本代表選手が、依然として活躍していることは、注目すべき事実であった。

「二宮や川本はうまいですよ。しかし、日本代表で一緒にやっていましたから、彼らがどんなプレーをするのか、よく知っていたので、対策は立てやすかったですよ。日本側は我々について、ほとんど知らなかったでしょうが、我々は日本についてよく知っていたのです」

と、李裕瀅は語る。さらに、当時はマン・ツー・マンのディフェンスを基本としていたが、川本や二宮をマークするFBやCHには、朴奎禎《パク・キュウジョン》や閔丙大《ミン・ビョンデ》といった元日本代表選手が、こちらもまだ現役で頑張っていた。

李裕瀅は続ける。

「朴奎禎も閔丙大も、日本についてはよく知っているのです。もちろん、知っているが故にやりにくい部分もありましたが、こちらがマン・ツー・マンでしっかり守れば、後は速攻です。そうすれば、日本選手は疲れる、という考えはありました」

こうして選ばれた韓国代表選手は、ＦＷを中心に若手も混じった陣容になった。そのメンバーは、次のようになっている。

ＧＫ・洪徳泳《ホン・ドギョン》（朝鮮紡績）、咸興哲《ハム・フンチョル》（憲兵司令部）、ＦＢ・朴奎禎（兵站《へいたん》）、李鍾甲《イ・ジョンガプ》（特務隊）、李教《イ・ギョ》（兵站）、ＨＢ・朱榮光《チュ・ヨンガン》（海軍）、李祥誼《イ・サンイ》（朝鮮紡績）、閔丙大（特務隊）、金知星《キム・ジソン》（特務隊）、姜昌基《カン・チャンギ》（朝鮮紡績）、韓昌華《ハン・チャンファ》（特務隊）、ＦＷ・朴日甲《パク・イルガプ》（特務隊）、鄭南湜《チョン・ナムシク》（諜《ちょう》報隊《ほうたい》）、崔貞敏《チェ・ジョンミン》（特務隊）、朴建燮《パク・コンソプ》（海軍）、崔光石《チェ・グァンソク》（朝鮮紡績）、成樂雲《ソン・ナグン》（兵站）、鄭國振《チョン・グッチン》（海軍）

このようなメンバー構成に対して、ＧＫとして出場した洪徳泳は、厳しい見方をしている。

「韓国チームは三つの要素から成り立っていて、一つは解放前からやっていた選手。それから解放後に出てきた選手。さらに北から来た選手です。この時は、その三つを単に盛り合わせたというだけで、まだ溶け込んではいない。新しい秩序をこれから作ろうという時期で、実力的には一番弱い、過渡期だったのです」

また、団長の鄭商熙は、五四年三月六日付の『朝日新聞』で、当時の韓国スポーツの状況について、次のように語っている。

――韓国のスポーツ界は今度の動乱でひどく荒れており、それはとても日本の人たちには理解してもらえないかもしれない。……（中略）……韓国スポーツ界の現況はまだ既成選手に頼る面が多いが、ようやく各競技に新しい優秀選手が台頭してきている。問題はこれらの若い層に意欲を燃え立たせるだけの設備を充実させることである。……（中略）……最も盛んなのはサッカー、ボクシング、陸上、重量挙、バスケットである。サッカーは地方のすみずみでもやっており、子供もサッカーとマラソンは大好きらしい。――

鄭商熙の言う既成選手とは、このチームの場合、朴奎禎、閔丙大、鄭南湜、鄭國振など、日本統治時代から活躍していた選手であり、若い層とは、咸興哲、姜昌基、崔貞敏、崔光石、成樂雲など、解放後に頭角を現わしてきた選手を指していると思われる。

また、このメンバーの中で、朝鮮戦争以後、北から来た選手は、朴日甲、崔貞敏の二人だが、朴奎禎、朱榮光、崔貞敏、鄭國振といった選手は平壌、洪徳泳は咸興、韓昌華は元山《ウオンサン》、朴日甲が黄海南道松禾《ソンファ》の出身であり、監督の李裕瀅も黄海南道信川《シンチヨン》の出身であった。これらの地域は、いずれも今は北朝鮮となっており、彼らは分断によって故郷を失った人たちである。

このように、それぞれ立場の違う人たちが集まって結成されたチームであるが、こと日本に関しては、「三十六年にわたって植民地支配をしてきた国」であり、そうした中においてもサッカーは、「日本に対して負けることはなかった」という認識では一致していた。植民地支配という屈辱の歴史がある以上は、「日本に負けてはならない」という信念がある一方で、過去の実績から、「日本に負けるはずがない」という自信もあったのだった。

李承晩大統領から、

「もし負けたら、玄界灘にそのまま身を投げろ」

と言われていた監督の李裕瀅は、

「私たちは負けるということは考えませんでした」

と、自信を持って語る。選手として出場した李鍾甲も、

「大統領の言葉は知っていました。大統領も関心があり、熱意を持ってそう言うのだから、一生懸命やらねば、と思っていました」

と強い語調で語る。


なお、この代表メンバーには後日、在日韓国人の李錫儀《イ・ソギ》が追加で選ばれている。ただ、ふだん一緒にプレーをしていない在日の選手がメンバーに加わることには、抵抗もあったという。これに対して、李錫儀を推薦した人物の一人である金東春は、こう反論する。

「李錫儀君の場合は、ずっと東京にいるわけで、たとえ力があっても、選抜されないわけですよ。こっちの役員も、向こうの役員も、李君の実力は認めていた。そこで、しかるべきプロセスを経なければならないということで、韓国で二回審査会を開いて討議して、正式な手続きを経て、代表選手に認定されたのです」

李錫儀は当時、在日の先輩の多い中大の選手であった。中大クラブは天皇杯全日本選手権

において、五五年の大会は準優勝、五七年の大会では優勝しているが、李錫儀はこの時、CHとして活躍している。また、前日本サッカー協会長である長沼健とはチームメートであった。長沼は李錫儀のことを、

「ドリブルのうまい、下半身の強い選手でした」

と評価する。

また、李錫儀の姉は、銀座の大昌園という、当時、東京では有名であった焼き肉店を営んでいた。日韓を問わず、この店の焼き肉を御馳走《ごちそう》になったサッカー選手は非常に多く、李錫儀自身は若くして亡くなったが、日本と韓国をつなぐ存在の選手であった。

迎え撃つ日本サッカー界

韓国チームを迎え撃つ、当時の日本サッカー界は、二つの意味で転換期にあった。一つは、戦前派から戦後派へという世代交代の問題であり、もう一つは、競技の軸が、それまでの学生中心から社会人チームへと移行していく兆しが見えはじめたということだった。

「戦争によるブランクがあったためか、若い選手が伸び悩んでいました。私たちは、昔の経験で何とかなりましたけれども、若い選手は、伸び盛りの時期にサッカーができなかったこ

とによる影響は大きかったですね」

と、戦前からの名選手であった加納孝が言うように、戦争の影響は、韓国と同様に世代間のギャップを生んでいた。

ワールドカップ予選の組み合わせが決まった五三年には、六月に西ドイツのクラブチームであるオッフェンバッハ・キッカーズが、一一月にスウェーデンのクラブチーム、ユールゴルデンがそれぞれ来日している。しかし、戦前から活躍しているベテラン中心の日本代表は、ユールゴルデンとの第一戦は、一対五（前半〇―一、後半一―四）で敗れ、第二戦も、一対九（前半一―三、後半〇―六）と大敗している。また、オッフェンバッハ・キッカーズとの試合においても日本代表は〇対九（前半〇―二、後半〇―七）と完敗し、世界との実力の違いをまざまざと見せつけられている。ただ、学生選手の多い全関東は、ユールゴルデンに〇対一（前半〇―一、後半〇―〇）と健闘し、オッフェンバッハ・キッカーズの時には、全学生が〇対二（前半〇―〇、後半〇―二）と善戦している。

対戦相手によって、試合に臨む気構えも違ってくるだろうから、単純に比較はできないが、全関東の選手として出場した高林隆のように、

「あの時、若い連中の間には、思い切って俺たちにやらせてくれないか、という気持ちがあったことは事実ですね」

と考えるのも、試合の結果からすれば、無理からぬところであった。しかし、全学生として出場した元Jリーグ・名古屋グランパス監督の平木隆三が言うように、

「ベテランの人はうまかったです。若い人はスピードがあったし、体力の面でベテランをしのいでましたが、質的には、ベテランの人のほうがはるかに上でした」

というのが現実であった。しかし、日本代表がいずれの試合においても、後半に大量点を奪われていることから、問題は明らかであった。代表チーム監督の竹腰重丸が『アサヒスポーツ』に記した、五三年の総括の中に、そのあたりの苦悩が如実に表われている。

――ユールゴルデンに対した場合、その鋭さと技能の幅に圧倒されて、最後の数分に大量の失点を余儀なくされたが、疲労によって動きの鋭さを失えばわずかに最後の一蹴《チセン》が間に合わず負けてしまう。二十八歳以上の選手が大半である現在の日本代表は、確かにエネルギーの点で問題がある。ただ残念ながら若い選手が未《い》だ《ま》十分に戦術眼や技術の幅を持つに至ってないので、交代がおくれているのが現状である。――（五三年一二月一九日付）

こうした状況を打開すべく、五三年には、かなり思い切った遠征を断行している。八月九日から一六日まで、西ドイツのドルトムントで国際学生スポーツ週間（ユニバーシアードの前身）が開催されたが、この大会に参加することを含めて、約二ヵ月にわたるヨーロッパ遠征に、若手OBを交えた学生選抜チームを派遣している。

しかし、お金がないのは、日本も同じであった。選手として参加した村岡博人は、しみじみとこう語る。

「自費参加だったので、先輩たちがお金を納めてくれました。ずいぶん後まで、『君の遠征には、僕もお金を出したよ』という先輩に会いましたよ」

遠征経費の大半は自己負担で賄われたため、選手たちは先輩から寄付を集めて参加し、また選手団としても、現地で試合の興行権のようなものを売って、遠征の費用に充てたりした。竹腰は、この遠征に際して、こう檄《げき》を飛ばしたという。

「日本の戦後のサッカーを、これから育てていくための、修学旅行みたいなものだ。将来の日本のサッカー界を担う人たちであるということに期待して、君たちを送り出すんだ」

この遠征の参加者は、監督・竹腰重丸、助監督・松丸貞一、マネージャー・大谷四郎、FW・木村現（関学出）、鈴木徳衛（慶大出）、小林忠生（慶大出）、長沼健（中大）、岡野俊一郎（東大）、高林隆（立大）、筧《かけい》晃一（関大）、徳弘隆（関学）、HB・FB・小田島三之助（早大）、三村恪一（中大）、山口昭一（明大出）、岩田淳三（関大）、井上健（関学出）、山路修（早大出）、平木隆三（関学）、GK・村岡博人（教育大）、玉城良一（立大）、といった顔触れである。

選手のほとんどが、旧制中学に入学し、新制高校を卒業した狭間《はざま》の世代である。また、アトランタオリンピックではブラジルを破るという大金星を挙げた日本サッカーであるが、それ以前の輝かしい実績といえば、三六年のベルリンオリンピックにおけるスウェーデン戦での勝利と、六八年のメキシコオリンピックにおける銅メダルの獲得である。この時のメンバーは、ベルリンの選手たちからサッカーを学び、メキシコの選手たちを育てた、つなぎの世代にあたる。とくに、長沼はメキシコオリンピックの時の監督で、岡野、平木はその時のコーチであり、さらに長沼と岡野は、現在の日本サッカー協会の前・現会長である。そして、ほとんどの選手が日本代表として活躍した。

この遠征は、戦後の新しい日本サッカーを築いていく上で、大きな意味を持っていたことは間違いない。木村は、当時をこう振り返る。

「僕らには、強烈な印象が残ってますね。それまで暗い時代だったでしょう。戦争が終わって、初めて我々の好きなスポーツの勉強に行けるんだという喜びがありました」

国際学生スポーツ週間では、初戦に西ドイツと当たり、三対四で敗れた。

「これは完全に二階と一階の試合でした。四点のうちの三点はヘディングで入れられましたから。『勝負に勝って、試合に負けた』ということで、現地の新聞などでの評判もよかったですよ」

と、高林は回想する。

また、二〇〇二年ワールドカップ招致委員会の実行委員長として、招致活動に奔走した岡野は、『サッカーグランプリ』九六年二月号（ソニー・マガジンズ刊）の「2002年への階段～夢を追いかけて半世紀」（文・楊順行）という記事において、試合に負けて引き上げていった選手村の食堂での思い出を、

――「食堂にいた全員が立ち上がって、サッカーを通じた仲間として、同じスポーツマンとして、西ドイツ戦での奮闘ぶりをたたえてくれていたんですね。あのスタンディング・オベーションの、体が震えるような素晴らしい感動は、いまでも忘れません」――

と語っているように、その後の岡野のサッカー人生にも大きな影響を与えるものとなった。

この大会において日本は、一〇ヵ国中六位に終わったが、その後、ユーゴスラビア、イギリスなどヨーロッパ八ヵ国を回って一二試合を行ない、三勝八敗一引き分けの成績を収めた。日本は、五五年一月にも、二五歳以上の選手は加えない若手ばかりのチームをビルマに派遣して、メンバーの若返りを図った。

一方、もう一つの転機についてであるが、五四年二月六日付の『スポーツ毎日』は、「サッカー一九五三年」という記事の中で、こう記している。

――実業団チームは大学の優秀選手を吸収する傾向が顕著となり中でも関西の田辺製薬、関東の日立製作所、広島の東洋工業は国内一流チームの域に達しつつある。戦前大学を卒業し就職するとともに、若隠居然とOBとなったのに比べ隔世の感がある。そのため昨春卒業者は、いずれも第一線選手として活躍しているのも顕著な事実である。――

この当時は、大学を卒業すると、その後の選手活動の場は、きわめて限られていた。長沼は関学を卒業した後に中大に再入学しているし、平木は関学で四年を終えた後、他学部に編入しているが、選手生活を続けるための、こうした例も、少なからずあった。

このような状況において、当時、田辺製薬の社長で、日本蹴球協会の副会長でもあった田辺五兵衛《ごへえ》は、

「日本のサッカーを強くするには、一つ強いチームを作らなければならない」

という考えに基づき、優秀な選手を次々と自社に入社させた。GKの津田幸男、HBの宮

田孝治、FWの鴇田正憲、賀川太郎、そして少し後になって高林隆など、日本代表クラスの選手を擁した田辺製薬は、全日本実業団選手権で、五〇年から五五年までの間、無敵を誇り、六連覇を達成して、実業団サッカーの一時代を築いた。しかし、その練習環境といえば、
「大学を卒業してからボールを蹴《け》ることは、それほど多くなかったですね。練習にしても、グラウンドも何もないんやからね。週末の練習試合が練習やという感じでした」
と、当時の選手であった宮田が語るように、いかに実業団のチームが台頭してきたとは言っても、今の感覚からは想像できないような状況であった。

戦後の日本サッカーで最も権威のある大会といえば、やはり天皇杯全日本選手権であるが、実業団の単独チームでは、この大会で勝つことはできないということで、大学の現役・OBの混成チームで戦うか、地域でクラブチームを作って戦うのが一般的であった。関西の場合、戦前から神戸一中をはじめとしてサッカーが盛んだったが、早大、慶大など東京の大学を卒業して関西に戻ると、母校ではプレーできないため、そうした選手たちを集めて作った大阪クラブ、神戸クラブ、六甲クラブといったクラブチームが勢力を誇っていた。なかでも、シベリア抑留生活を終えた川本泰三が中心となって結成した大阪クラブには、日本代表クラスの選手が集まり、しばしば天皇杯の優勝争いに加わっていた。

五三年の天皇杯の決勝は、その大阪クラブと全関学が戦ったが、この試合は、天皇杯の歴史に残る熱戦となった。試合終了一〇分前までは、全関学が四対〇と大量リードし、圧勝かと思われたが、ここから大阪クラブが猛反撃をし、立て続けに三点を返し、残り数秒のとこ

ろで、山路修が劇的な同点シュートを決めて、延長にもつれ込んだ。延長では全関学の徳弘隆のシュートが決勝点となり、五対四で全関学が優勝している。

「延長で負けてしまいましたが、もう五分あったら勝てたなあ」

と語る山路であるが、大阪クラブに関しては、

「練習は全然なしですわ。まあ同好会ですな。それで決勝まで行くのだから、昔の顔でやっているという感じです。ちゃんとした練習をしたのは、大学までですな」

と語れば、対戦相手である全関学の選手であった平木も、

「名勝負というよりも、僕らがだらしなかったな。現役は四人くらいで、練習していないという面では、我々も似たようなもんです」

と語っており、今日と比べれば、かなりのどかな感じもする。しかし、サッカーに取り組む環境としては、それだけ厳しかったのも事実であった。

五〇年代の天皇杯に企業単独チームで出場しているのは、Jリーグ・サンフレッチェ広島の母体となっている東洋工業や、八幡《やはた》製鉄所などに限られており、優勝チームは、すべて大学の現役・OB混成チームであった。

企業単独チームが、初めて天皇杯を制したのは、Jリーグ・ジェフ市原の母体となっている古河電工で、六〇年のことであった。古河電工のサッカー部は、アイスホッケーの選手がオフのトレーニングの一環としてやっていたのが始まりであったが、その後、サッカーそのものにも力を入れるようになり、優勝した時のメンバーには、長沼、平木をはじめ、鎌田光

夫、内野正雄、八重樫《やえがし》茂生など錚々《そうそう》たる選手が揃《そろ》っていた。

六五年に日本リーグが発足すると、日本サッカーの主役は完全に実業団に移り、さらに今日のJリーグへとつながっていく。ちなみに、大学チームの天皇杯優勝は、六七年に、釜本邦茂、森孝慈《たかじ》を擁した早大が成し遂げて以来出ていないし、おそらく今後も出ないであろう。

このように、日韓戦を控えた日本のサッカー界は、戦前から引き継いでいるものを残しつつ、いかに戦後の新しい日本サッカーを築いていくかという過渡的な時期であり、その点では韓国と似ている部分もあった。

その韓国との対戦に備えて、日本代表候補選手は、五四年二月七日から八日間、京都の西《にし》京極《きょうごく》競技場において強化合宿を行なった。自らが代表候補選手であり、毎日新聞の記者でもあった岩谷俊夫は、その合宿の様子について、こう記している。
——今度の合宿はマナジリを決して行われた。……(中略)……禁酒、禁煙の条項があるわけではないが、お茶をにごすようなプレーから脱却しようとする心構えは、そういう禁止令を必要としなかった。——『毎日新聞』(五四年二月一七日付)
こうした厳しい合宿練習が終わった後、代表メンバーが発表された。
監督・竹腰重丸、コーチ兼選手・川本泰三(早大出—川惣《かわそう》電機)、GK・渡部英麿(国学院大出—中国電力)、村岡博人(教育大)、下村幸男(修道高出—東洋工業)、FB・岡田吉夫(早大出—川惣電機)、平木隆三(関学)、土井田宏之(慶大出—東京銀行)、青木要三(早大出

―千代田生命）、HB・松永信夫（文大出―日本軽金属）、宮田孝治（早大出―田辺製薬）、杉本茂雄（関学出―京阪神急行）、山路修（早大出―住友金属）、大埜《おおの》正雄（東大出―日産化学）、井上健（関学出―新三菱重工）、三村恪一（中大）、FW・鴇田正憲（関学出―田辺製薬）、賀川太郎（神経大出―田辺製薬）、木村現（関学出―藪《やぶ》織物）、二宮洋一（慶大出―エリオット商会）、岩谷俊夫（早大出―毎日新聞）、長沼健（中大）、加納孝（早大出―東泉製作）、徳弘隆（関学）、高林隆（立大）、寛晃一（関大）

ベテラン中心の構成ではあるが、ヨーロッパ遠征に参加した若手も、かなり加わった顔触れになっている。

この当時のワールドカップは、世界選手権と呼ぶのが一般的であったが、もし本選に出場すれば、日本の第一戦は、チューリヒで行なわれることが決まっていた。

しかし、この当時のワールドカップに対する意気込みは、今とはかなり異なる。監督の竹腰は、選手たちに、

「勝って、チューリヒに連れていってやりたい。スイスの山を見せてやりたい」

と話し、選手たちも、勝って出場したいという気持ちは強かった。とは言っても、ワールドカップに対する認識としては、

「プロと一緒にやる大会くらいの認識しかなく、今のようなすごいものだとは思いませんでした。日本ではオリンピックが一番上等な大会と思ってましたからね。『オリンピックに行

くのは二軍クラスで、その上にワールドカップというのがあるんや』という話を聞いて、へーと思ったくらいで、全然ピンときませんでした。日本にプロができるなんて、考えもしませんでしたからね」

と山路が語るように、日本人にとっては、何といってもオリンピックがスポーツの最高峰に位置していた。実際、五八年のワールドカップの予選などのように、アマチュア規定との関係で、ワールドカップに出場した選手はオリンピックに出られなくなる可能性もあったため、参加申込みを見合わせたこともあったほどである。

その後、オリンピックはオープン化して、八四年のロサンゼルス大会からは、ワールドカップの予選および本選に出場したヨーロッパや南米の選手以外はプロの参加も認められ、九二年のバルセロナ大会からは、二三歳以下であれば無条件に出場が認められる現行の制度になっている。サッカーにおいては、ワールドカップがオリンピックの上位にあることは、今日では誰の目にも明らかになっており、日本でもその点は浸透してきているが、当時は、そうではなかった。

さらに今と違うのは、当時のサッカー選手は、もちろんプロではないし、企業丸抱えの、いわゆる企業アマでもない、完全なアマチュア選手だったということだ。

「あの時は、(五月に開かれる)マニラのアジア大会のほうで頭の中はいっぱいだったんではないかな。アジア大会に備えていたところに、ワールドカップというのが出てきた。プロと違い、仕事と両立させなければならないので、若干負担になるのではないかと思いつつ、ワールドカップの予選に臨んだような気がします」

と大埜は当時の状況を語る。ともかく相手は韓国である。長沼は、こう振り返る。

「本大会は、はるか遠くの高峰という思いで、当面の相手である韓国のことで頭がいっぱいだったと思います」

さて、韓国チームについてであるが、監督の竹腰の認識は、

――韓国の実力がどの程度のものか全くわからないので、日本としては調子を整え、各選手が当日最高のプレーを発揮し得る状態にしておく以外ない、……（中略）……サッカーは韓国の国技であり、戦前その実力を知らされている、今度来る中にも戦前全日本候補にあげられた朴、閔などの顔が見えるが果たしてこういった人達が中心か、若い選手が活躍するのかわからない、ただ個人技の点では日本よりすぐれていると見て間違いあるまいから、日本の特長であるシュート、パスのコンビネーションを一層よくしておく。――『日刊スポーツ』（五四年二月一二日付）

というものだった。

一方、戦後派に属する木村は、こう語る。

「それまで、韓国と試合をしたことも、見たこともありませんから、とくに韓国を意識したことはないです。関学のOBの人たちにしごかれましたから、強いという話は聞いてましたけれど」

ただ、戦前、朝鮮のチームと試合をしてきている岡田は、この試合には自信を持っていた

という。

「僕らはね、韓国に負けるはずはないと思ってました。僕は神戸一中の卒業だからね。神戸一中は韓国には負けていない。強いぞ、ということは分かっていても、韓国に対するコンプレックスは、神戸一中の出身者にはありません」

前述のように、神戸一中は、戦前の全国中等学校蹴球選手権においては、三八年に朝鮮代表の崇仁商業に二対〇で勝ち、明治神宮国民体育大会においては、四一年に普成中学と二対二で引き分け、翌年は培材中学に三対〇と勝利を収めている。

当時の選手であった賀川浩の言うような、

「朝鮮のチームとやって勝てるのは、中学校の場合、神戸一中だけなんです」

という自信は、初めて韓国の代表と戦う五四年の試合においても生きていたわけだ。実際、日本代表選手のうち、神戸一中の出身者は、岡田のほか、宮田、杉本、山路、井上、鴇田、賀川、二宮、岩谷と九人にものぼっていた。

韓国代表チームも、日本統治時代での実績を根拠に「日本に負けるわけがない」という自信は当然持っていた。

日韓のサッカー対決は、後に言われるようになった「韓国コンプレックス」という言葉に代表される精神的側面が、勝敗に大きく影響したと言われる。しかし、両者が初めて激突したこの時はまだ、日本側にも、そうした精神的な引け目は、存在していなかった。

来日を待つ在日同胞

ワールドカップの予選を開催するために、在日体育会が五三年の秋から冬にかけて繰り広げた誘致活動が成功し、五四年三月七日と一四日の両日、東京の明治神宮競技場において、日本と韓国が対戦することが決まった。

本国の選手を迎え入れることになった在日体育会は、さっそく支援活動に乗り出し、まず、大韓民国選手団在日本後援会を組織した。名誉会長に駐日代表部公使の金溶植、会長には同参事官で在日体育会会長の柳泰夏、そして事務局長には辛熙、事務局次長には金世基がそれぞれ就任し、支援のための募金活動が始まった。

ちょうどそのころ日本列島は、一人のヒーロー誕生に沸き返っていた。五四年二月一九日、東京・蔵前国技館で、日本初のプロレス国際試合として、力道山・木村政彦組対シャープ兄弟のタッグマッチが行なわれ、プロレス時代の幕が開けた。力道山の空手チョップは、国技館に詰めかけた観客のみならず、前年に本放送が始まったばかりのテレビ放送の電波に乗って、各地に設置された街頭テレビの前に群がった人たちをも魅了し、力道山は一躍時代の寵児《ちょうじ》となった。

このころの日本経済は、朝鮮戦争による特需景気によって目覚ましい復興を遂げ、五六年七月に経済企画庁が発表した『経済白書』では、「もはや戦後ではない」と結論づけるまでになった。しかし在日韓国・朝鮮人は、日本の職場から排除されており、その多くは生活苦にあえぎ、貧困は社会問題にもなっていた。

こうした中でも、時代の波にうまく乗り、財を成す人も現われていた。在日のサクセスストーリーとして、「東のロッテ、西の阪紡」と言われた、ロッテの辛格浩《シン・キョッコ》と、阪本紡績の徐《ソ》甲虎《カッポ》は、その代表的な例である。

ロッテの成り立ちについて、『財閥と家閥〜婚脈を通してみる韓国の上流社会』(ソウル経済新聞編著、韓国・知識産業社刊)は、こう記している。

——青年・格浩は、牛乳、新聞配達に肉体労働までして元手を集め、一九四五年、終戦とともに、東京のある古い倉庫に大きな釜《かま》を置いて、油脂・石鹼《せっけん》工場を設立、企業家として出発した。米軍が日本に進駐して、日本に流行病のようにガム旋風が起きると、彼は、一九四八年に資本金一〇万円、従業員一〇人でガム生産工場である株式会社ロッテを設立した。この会社が、今日、韓日両国に四九個の企業群を率いるロッテ王国を築く礎石となった。——

また徐甲虎も、在日の実業界では、広く知られた人物であった。当時の勢いについて、『大阪興銀三十年史』(編集、発行・信用組合大阪興銀)は、次のように記している。

——戦後の財閥解体で、有力紡績の工場を一部手に入れた徐氏は、1950年に阪本紡績を設立、同年に勃発《ぼっぱつ》した韓国動乱では、韓国軍の軍服を一手に引き受けるなど、軍需による糸へんブームの中で、その頃日本の十大紡を下請けに使うほどの勢いであった。——

当時、在日韓国・朝鮮人の数は、およそ五五万人であったが、阪本紡績のある大阪には、そのうちの約二〇%が集まっており、韓国選手団を迎えるための募金活動の重点地域でもあった。そのため、大阪には、辛熙、鄭建永、金世基といった在日体育会の幹部たちが向かった。そして、徐甲虎のところに募金の依頼をしに行った際には、たまたま大阪で興行があった力道山も同行し、募金活動に一役買っている。

力道山と鄭建永の関係については、『力道山〜大相撲《おおずもう》・プロレス・ウラ社会』（牛島秀彦著、第三書館刊）において、力道山の付き人であった田中米太郎が、

――「力さんは、終戦を境に、朝鮮人を、とにかく毛嫌いしてたね。とにかくむこうの人間とつき合って帰ってくるとね、そりゃあ機嫌が悪かった。終戦直後だったな。解放解放って騒いでる朝鮮人を見て、マンホールの蓋《ふた》を開けて、すごい勢いでなぐりつけて、放りこんだこともあったんだ……。ええ、東声会の町井久之さんなんかとは、あちらの人だけど、意気投合してましたがね……。町井さんも力さんに似たところがあったから……」――

と、語っているように、つとに有名であったが、一方、力道山と辛熙は、同じ咸鏡南道浜《ピン》京《ギョン》郡《グン》龍《リョン》源《ウォン》面《ミョン》の出身という同郷の仲であった。

在日韓国・朝鮮人は、慶尚南道、慶尚北道、全羅南道、済州島といった朝鮮半島南部の四道の出身者が全体の八五%以上を占めており、五二年当時、咸鏡南道の出身者は全体の〇・五%にすぎなかった。

そしてこの時、その金額については定かでないが、力道山自身、当時のお金で何十万円と

いう額を韓国選手団を迎えるために寄付したと言われている。プロレスラーとして日本のリングに本格的にデビューした当初の力道山が、多少なりとも、この日韓戦に関わっていたことは、興味深い話である。

今でこそ、力道山が朝鮮半島の出身であることは周知の事実となっているが、この当時はタブーであり、力道山自身も、それを知られることを極度に警戒していたようだ。

いずれにしても、日本において辛《つら》い思いをしながら苦しい生活を続けていた在日の人たちにとって、祖国の選手が来日して、日本を相手に試合をすることには、特別な思いがあった。それだけに、大きな期待と関心を集め、辛格浩や徐甲虎といった人たちに限らず、全国各地の在日同胞が、多少の無理をしてでも寄付をして、選手団の来日に備えていた。

さらに、在日韓国人の支援は、資金面だけではなかった。韓国選手団の宿舎は、ホテルではなく、東京中野の福屋という旅館であった。その理由について、金世基は、こう説明する。

「学生のころ、怠けて勉強しなかったから、試験の時は、福屋旅館を下宿代わりにして勉強をしていて、旦那《だんな》さんや女将《おかみ》さんとは、親戚《しんせき》みたいにして付き合ってました。

韓国人は、衣食住すべてが韓国式になっていないとだめなんだけれど、そこらのホテルでは、こちらの自由にならないでしょう。だから、気心の知れた福屋旅館を宿泊所にしたわけですよ。

その間は、ほかのお客さんは取らないようにしてもらい、婦人会を動員して、キムチなんかを作ったりもしました。旅館には、迷惑をかけたと思います」

福屋旅館は、今は喫茶店と賃貸マンションになっているが、もともとスポーツ選手の宿泊の多い旅館であった。後にロッテの監督となった濃人渉《のうにんわたる》の指導のもと、都市対抗野球史上ただ一人の完全試合投手である村上峻介《しゅんすけ》や、中日ドラゴンズなどで活躍した江藤慎一などを擁して、戦後の社会人野球に一時代を築いた福岡の日鉄二瀬《ふたせ》の定宿でもあった。

この時の韓国選手団については、

「大変礼儀正しい人たちのグループという印象を受けました」

と、福屋旅館の女将であった坂柚子《ゆずこ》は振り返るが、婦人会の人たちが漬けるキムチについては、一種のカルチャーショックを受けたという。

「あの時は、調理場を開放したのですが、在日の婦人会の方が毎日見えられて、白菜のキムチとか、肉の叩《たた》きみたいなものを、ニンニクなどいろいろ入れて作っていました。それで、選手の方々がお帰りになった後もしばらくは、お風呂などにニンニクのにおいが残っていましたが、あれが原動力で強かったのかな、と思ったりもしました。婦人会の方々から、キムチなどを『どうぞ、どうぞ』と勧められましたが、あの時は慣れてなかったので、手が出ませんでした」

今ではスーパーに行けば、一つのコーナーができているほど、キムチは日本人の食卓によくのぼる食品となっているが、当時はまだ珍しかった。二〇人以上にものぼる韓国選手団が食べるキムチの量といえば、相当なものであろうから、強い印象が残っているのも無理からぬところがある。

最近のある調査で、韓国の小学生が一番嫌いな食べ物として、キムチを挙げたことが話題になったことがある。一方、日本ではソウルオリンピック以降、キムチ人気が高まり、今では日本製のキムチを海外に輸出するまでになっており、それに対して韓国では、キムチの宗主国として危機感を募らせているという話もある。

こうして見ると、この五四年当時は、今日とは隔世の感があるが、いずれにしても、初めて開催されるサッカーの日韓戦を前に、在日の同胞たちはあらゆる努力をして、祖国の選手たちをサポートしていたのであった。

三・一節の出発

ワールドカップの予選として、日本と韓国が対戦することとなったことは、韓国でも大変な話題となっていた。

ワールドカップについての認識は、韓国においても、日本と大きな違いはない。もっとも韓国の場合、ワールドカップは目標ではなく、あくまでも目標を達成すれば得ることのできる結果にすぎなかった。問題はワールドカップではなく、何が何でも日本に勝つこと、それがすべてであった。

サッカーに限らず、スポーツの競技で日本と韓国が対決するのは、解放後、これが初めてであった。したがって、韓国においては、この試合はもはやワールドカップの予選でもなければ、単なるサッカーの試合でもなかった。

韓国代表チームは、二月に約二十日間にわたって、ソウル南西部の永登浦《ヨンドウンポ》で合宿練習を行なった。永登浦とは、今は国会議事堂などがあり、韓国の新都心となっている漢江の中州・汝矣島《ヨイド》の南に位置し、港湾都市・仁川などへ向かう鉄道交通の起点となっているところである。

ソウルの冬は、零下一〇度以下の日が続く、厳しい寒さに襲われる。今日、漢江の水が凍ることは年に数回ほどで、それも氷が浮かぶ程度であるが、五〇年ごろは完全に凍結し、氷の上を人や馬車が通ったり、氷に穴を開けて釣りを楽しむ人もいたりするほどだった。

このような厳寒期だけに、練習はロードワーク中心で、満足のいく練習はできなかった。しかも、ロードワーク途中に、主将の朱榮光が交通事故に遭い、足を負傷するというアクシデントも起きた。

しかし、こうした過酷な練習環境にもかかわらず、周囲の期待は、いやが上にも高まっていった。ある日、見知らぬ老人が、「これを食べて力を出して、日本に必ず勝ってくれ」と言って、当時、市場などでよく売られていた、玉子を藁《わら》で包んだものを五〇個ほど差し入れるという一幕もあった。

「あの老人は、サッカーを見たこともない人なんですよ。だから、これは普通のことではないと、選手たちはもう、凍ってしまいました」

と、GKの洪徳泳は、当時を振り返る。さらに、合宿の雰囲気についてこう語る。

「私は、代表チームの合宿を何度も経験しましたが、あの合宿は、本当に真剣にやりました。選手はみんな緊張してましたしね。年を取った選手もいるし、軍人もいましたが、監督やコーチに言われなくても、時間は厳守だし、お酒なんかも一切飲みませんでした」

対日感情が極度に悪化している状況において、選手に対する必勝への期待は、日増しに高まっていき、その重圧は、選手に重くのしかかっていった。しかも、日本への出発の日が三月一日であることも、選手の気持ちをいっそう引き締めることになった。この日は、言うまでもなく、一九一九年に起きた抗日独立運動の記念日である。

今日であれば、ソウルと東京は約二時間で結ばれているが、この時は、朝鮮戦争の影響で、ソウルの飛行場は使えなかった。そこで、選手団は、二八日にソウルを発って汽車で釜山へ向かった。

釜山の北東部に、韓国有数の海水浴場である海雲台《ヘウンデ》があるが、その近くに、今日その役目を終え、跡地にコンベンションセンターが建てられた水営《スヨン》という所に飛行場があった。そこが、韓国選手団の日本行きの出発点となった。三月一日の昼過ぎ、選手団総勢二四人を乗せたノースウエスト機は、水営飛行場を飛び立った。そして、日本代表チーム監督の竹腰重丸をはじめとする日本蹴球協会関係者や、在日韓国人が出迎えるなか、韓国選手団は、この日の夕方、羽田空港に到着した。空港では、元日本代表選手でもあった李裕瀅や裵宗鎬らと、竹腰が固い握手を交わし、選手団には、在日韓国人から花束が贈られた。

　この時、団長の鄭商煕は、詰めかけた記者団に、こう語っている。

――選抜チームだから攻守に相当厚味のあるチームだと自信がある。天気がわるく練習は京《マ》城《マ》で二十日間ばかりしかやらなかった。だからまだ具体的に韓国チームがどんな力をもつか申上げられない。毎年春に我我は南方各地に遠征をやっているが好《い》い成績をあげている。全力をあげて日本チームに勝ちたいと思う。戦後の日本チームの実力はよく知らないが、旧友の二宮、加納さんが出るらしいから相当なものだと大いに警戒している。――『毎日新聞』(五四年三月二日付)

　また鄭商煕は、在日韓国人向けのパンフレットの中で、「在日同胞の皆さんへ」として、次のような声明を出している。

――意義深き三月一日、私達選手団を喜んで迎えて下さった、在日同胞並びに、日本の国民皆様に心から深い感謝の言葉を申し上げます。

　韓国と日本との試合はこれが始めでありますが、この試合こそ両国親善の新しいキズナになると思います。特に〝サッカー〟は我が国の国技でありますので、これを以《も》って友好のスタートを切ったことは最も有意義と存じます。私達は祖国の南北分断と三年越しの動乱の為《ため》に多くの同僚選手を失い何よりも心痛く感じています。しかし、私達は韓国にいるすべての選手と手をたずさえて戦いと仕事と勉学のひまひまに練習を積み、祖国同胞の歓呼の声に送られて日本にまいりました。いったん来た以上はスポーツマンシップを充分に発揮し、同胞皆様の期待に添うよう力一杯に斗《たたか》うつもりであります。

おわりに親愛なる在日六十万同胞皆様の御健斗《ごけんとう》をお祈り申し上げます。——

三十五年前、民族独立の意志を広く宣言したその日、日本と韓国のサッカーの新しい歴史が始まった。

三・一独立運動を記念して、李承晩大統領がこの日、釜山で発した声明を、外電は次のように伝えている。

——我々は同胞としっかと手を握り、わが祖国の昔の国境まで進撃するだろう。我々は同盟国が我々に味方し、我々とともに進撃することを希望する。もし彼らが我々と行動をともにしないならば、我々は独力でも進撃せねばならぬ。板門店の休戦は恥ずべき降服である。

——『毎日新聞』(五四年三月一日付夕刊)

また、この日、遠く南太平洋で操業していた静岡県の焼津漁港所属のマグロ漁船・第五福竜丸は、アメリカがビキニ環礁で行なった水爆実験によって「死の灰」を浴び、無線長の久保山愛吉は、被爆から半年後に息を引き取った。

この当時、戦争が終わったといっても、本当の意味での平和が来たとは、まだまだ実感できない時代であった。

第五章 ❖ 日韓激突・伝説の一戦

韓国選手にとっての日本

韓国人の対日感情は、世代によって、かなりの違いがある。

一九九五年の夏、朝日新聞と東亜日報が共同で行なった世論調査によれば、「日本はきらい」と答えた韓国人は、六〇歳以上で八三％、五〇代で七四％、四〇代で六九％、三〇代で六六％、二〇代で六四％となっている。年代が下がるにつれて、反日の回答率も低くなってはいるが、二〇代の六四％は、かなり高い数字である。

しかし、九〇年代の韓国には、日本ブームとも呼べるほどの現象があった。ソウルをはじめとする大都市では、日本式の居酒屋、いわゆる「炉端焼き」が立ち並び、雑誌『ｎｏｎ－ｎｏ』が売れ、漫画の『ドラゴンボール』が読まれて、たばこのマイルドセブンにも人気が集まった。こうした日本ブームの中心にいるのが、「新世代」とか「Ｘ世代」と言われる若い世代である。

彼らは、学校教育、家庭での会話、さらにはメディアなどを通して、日本の植民地統治に関する知識は持っているし、日本の閣僚による「妄言」が飛び出せば、強く反発する。ただ、日本のものであっても、いいものはいい、とする柔軟性はあり、日本を外国の一つと見る視点も持ち合わせている。

韓国のジャーナリスト・池東旭《チ・ドンウク》は、世代ごとの日本観の違いを、こう論じている。

――韓国における日本語世代はすでに第一線から引退した。その次のハングル世代はまったく日本語を知らず、反日教育を受けて育っただけに日本に偏見だらけだ。

ようやく六五年の国交正常化以後に小学校に入学した新世代は、中立の世代だ。親日でも反日でもない。――『軍服を脱いだ韓国〜気になる隣人』（時事通信社刊）

さて、複雑なのは、日本語世代である。五四年の日韓戦に出場した韓国選手は、皇民化政策の最も激しい時代に育った世代である。それだけに、日本に対する憎悪も強い。

「半世紀がたち、今は日本語をうまく話せませんが、私たちは、日本人から教育を受け、日本語はうまかったです。日本は、韓国の教育を抹殺したのだから、学ばないわけにはいかないでしょう。新世代の人はともかく、私たち既成世代には、消すことのできない記憶です」

と、HBの姜昌基《カン・チャンギ》は、強い口調で語る。ただ、日韓戦のために日本入りした時の、日本の印象については、

「私たちにとって日本は、羨望《せんぼう》の対象でした。当時、私たちは、食べることすら大変でしたから、日本は生活水準など、多くの面で私たちより一段上のところにありました」

と、語っている。

植民地時代は、支配者と被支配者の関係にあった日本と韓国は、解放後は、朝鮮戦争によ

って特需を得た国と、甚大《じんだい》な被害を被った国となり、両国の格差をいっそう大きくした。

選手団が宿泊した福屋旅館の坂柚子も、

「みなさん日本語は、まったく自然に喋《しゃべ》られました」

と、語っているように、この時の韓国選手たちは、誰もが流暢《りゅうちょう》な日本語を操っていた。

そして、この世代は、言葉が分かるだけに、日本に対する関心も高い。

「福屋旅館のすぐ隣に、ティールームがあって、暇な時はよく行きました。そこで、日本人同士が会話しているのを聞いたり、いろいろな生活の場面を見るのは、興味深かったですね」

とは、GKであった洪《ホン》・徳泳《ドギヨン》の回想である。

現在、日本の衛星放送を見ている韓国人の中には、年配の人も多いという。もちろん、韓国の年配の人たちにとっては、日本の植民地統治の時代は屈辱の時代であり、日本に対する感情にも複雑なものがある。しかし、たとえそのような時代ではあっても、自分たちにとっては青春時代であり、年配の人たちが日本の衛星放送を視聴したりするのも、そうした過ぎ去った歳月への郷愁によるものだと言われている。

しかし、五四年という時期は、解放からわずか九年しかたっておらず、郷愁というには、植民地時代の記憶が、あまりに生々しかった。

「何と説明していいのか分かりませんが、不思議な気がしました」

日本に行った時の感想を求めると、FBの李《イ》・鍾甲《ジョンガプ》は、戸惑いながら、こう答えた。さら

に続けて、

「私たちは、解放前は日本の属国であったわけでしょう。それが、解放になって、我々は思いのまま自由に行動ができているわけです。そうした自由な気持ちは、束縛感のあった昔とは、あまりにも違うではないですか」

と語る。李鍾甲は植民地時代、海軍の軍属として日本にいたことがあった。

この当時、姜昌基が二七歳、洪徳泳が二八歳、李鍾甲が三〇歳であった。この年齢から九を引くと、解放時の年齢になる。

また、この時、最年少の二三歳で出場した崔光石《チエ・グアンソク》も、

「日本は隣の家といった感じで、外国という気はしませんでした」

と語っている。言い方を換えれば、それだけ、日本統治時代の同化政策が徹底していたわけだ。

サッカーの試合が、ホーム・アンド・アウェーの方式で行なわれる場合が多いのは、一般的にホームのほうが有利であるからだが、この時の韓国選手団は、李承晩《イ・スンマン》大統領の反日感情によって、二試合ともアウェーで戦わなければならず、条件的には、かなり不利なはずであった。しかし、在日韓国人の支援にも熱が入っている上に、彼ら自身、日本の言葉も習慣もよく知っているだけに、異国という感じはなかった。しかも、当時は、ホーム・アンド・アウェーの方式自体、まだよく知られていなかったため、そのことで不満を抱《いだ》いたり、負担に感じたりすることはなかったという。

さらに、これは今日においても同様であるが、日本と韓国の間に時差がないということも、外国に来たという感覚を抱かせない要因となっている。ただ、厳密に言えば、韓国は、この年の三月二一日に標準時子午線を変更し、日本と韓国の間には三〇分の時差が生じた。韓国選手団が帰国したのは、三月二二日であるから、その時点では、わずかながら時差があったわけだ。そして、現在のように再び時差がなくなったのは、朴正熙《パク・チョンヒ》政権下の六一年八月一〇日のことである。

韓国の選手たちは、来日した翌日から練習を始めた。練習場所は、東大付属のグラウンドだった。

「グラウンドの手配なんかは、当時、東大サッカー部のマネージャーだった岡野俊一郎さんが全部やってくれました。日本協会は、私たちに本当に協力的でした」

と、在日本後援会の事務局次長であった金世基《キム・セギ》は語る。

当時、日本蹴球協会の理事長であった野津謙《ゆずる》や日本代表チームの監督であった竹腰重丸は、李裕瀅《イ・ユーヒョン》、裵宗鎬《ペ・ジョンホ》といった韓国チームの幹部とは、昔から気心の知れた間柄であるし、常務理事の小野卓爾は中大の監督であり、在日体育会の幹部の多くは彼の教え子であった。

日本と韓国の試合は、これが初めてであり、しかも、この対決が実現するまでには、かなりの紆《う》余曲折《よきょくせつ》があったわけだが、こうした人的交流は、試合を円滑に進めていく上で大きな力となった。そして、来日した韓国選手団に対しては、日本人の間でも歓迎ムードが強かったようだ。

――GK洪徳永《ママ》選手を練習の合間に捉《とら》えると、いきなり「韓国チームの身体《からだ》は日本選手に劣っていませんか、どうですか」ときかれた。「戦争のなかから、よくやってきてくれた、本当に有難う」と心のなかで叫びたくなった。――『日刊スポーツ』（五四年三月四日付）

とにかく、政治的にも経済的にも厳しい状況の中で、韓国選手団が来日し、サッカーの試合ができる。それ自体に大きな意味があったのだった。

ただ、韓国チームにとっての不安材料は、

――「京城《ママ》での合宿練習は雨つづきのうえに零下十二度の寒さでトレーニング程度だ。すべてはあと五日間の総仕上げにかけている。だから対戦メンバーも作戦もいまは白紙で判《わか》らない。大体はスピードを重点にした攻撃のチームといっておく。……（中略）……我々が最も心配しているのは日本チームに練習負けしないかということだ」――『毎日新聞』（五四年三月三日付）

と、コーチの裵宗鎬が語っているように、練習不足であった。試合前、日本での下馬評も、韓国の練習不足と日本の地の利から、日本有利という評判であった。

――彼らの練習からうけた第一印象では、第一戦は七分三分で日本の勝利とみた、まず、彼らの練習不足が目についた、……（中略）……一方の日本軍の京都合宿はかつてない激しいものだといわれている、二宮、川本、加納のベテラン組は学生時代にもまさる猛練習だったと述懐している、この練習量の差がそのまゝ勝敗に現れるとみて、日本七分の利という予想

を下した。――『日刊スポーツ』（五四年三月六日付）

――日本にとっての有利さは韓国は十一月から二月一ぱいは雪や氷に閉ざされて練習が出来ないことで、今回のチームもろくに練習してないと思われる。結局日本に来てからの練習が頼りということになれば第一戦は地の利を得た日本が有利なのは当然。――『読売新聞』（五四年三月二日付）

しかし、『朝日新聞』は、決して楽観を許さないという見方だった。

――日本には地元の利があるといわれるが団長の鄭氏は陸上出身の体協理事長であることが示しているように韓国は体協全体をあげて韓国の国技のサッカーには必ず勝ちたいという意欲にもえている。また在日韓国人の後援も熱狂的である。また南方各地の未知のグラウンドに遠征した草試合の経験は日本のように欧州の一流チームのみを対象としているチームより勝負強い。従って地元の利などは大して計算にはいらないだろう。――（五四年三月六日付）

草試合というのは、やや失礼な感じもするが、いずれにしても、韓国の勝負強さや執念は要注意としている。

さらに、『毎日新聞』となると、かなり厳しい展開を予想している。

――プレーは六分の優勢で韓国が威圧的な力を縦横に示しグングン押しそうだ。この勢いを日本チームが冷静に受けてどう球を回してゆくか。鋭いダッシュをくり返してくる韓国との間に激しいせり合いがかなりエキサイトして続くが、おそらく五分と五分におとずれる得点機にいずれがゴール前で花を咲かせるか。その程度の力と技の差しかないようだ。――（五

四年三月五日付）

この記事の文末には、イニシャルの（Ｉ）が記されており、おそらく、日本代表選手でもある岩谷俊夫自らが書いたものであろう。

練習不足が最大の懸念材料であった韓国チームは、来日後の練習で、それを補うつもりでいたが、あいにく四日の夜には首都圏各地に大雪が降り、その予定は崩れてしまう。

――モモの節句がすんだというのに四日は昼すぎから小雨がしょぼついていたと思ったら、夜には本降りの大雪となり、中央気象台では午後十時風雪特報を発した。このため各地で事故が続出、タクシーの値段は三倍にはねあがり旅館の奪い合いが演じられた。この時ならぬ春の雪は気象台の話によると日本海方面から南下の寒冷前線がつれてきた寒気と本州南端四国沖に発達した低気圧とが正面衝突したためで、五日朝までには十糎《センチ》積ろうとのこと。――『毎日新聞』（五四年三月五日付）

五日と六日もぐずついた天候が続き、韓国チームは、体育館での練習を余儀なくされた。韓国チームにとっては、まさに恨みの雪といったところだが、勝負事では、「塞翁《さいおう》が馬」という言葉もあるように、災難と思っていたことが、思わぬ幸運につながることも、得てしてあるものだ。実際、この雪の影響をもろに受けたのは、練習不足が懸念された韓国チームではなく、日本チームのほうだった。

凍てつくグラウンドでの試合決行

三月七日、日曜日。午前六時の東京地方の気温は〇・九度。小雪の舞うなか、日韓初対決の朝を迎えた。

午前中、韓国選手団の宿泊所である福屋旅館では、塩をまいて選手たちを送りだした。そのころ試合会場の明治神宮競技場では、フィールドに積もった雪を外に除《ど》けるとともに、ガソリンをまいて雪を溶かすなどして、試合を行なうための懸命の努力が続けられていた。

この当時の明治神宮競技場は、芝生があるといっても、根の部分が辛うじて残っている程度だった。したがって、除雪作業によって、何とか雪を除けることはできたが、フィールドは泥田のようにぐしゃぐしゃの状態で、ところによっては、雪解けの水が凍って、氷が薄く張っていた。

試合に先立って、韓国チーム監督の李裕瀅は、日本チーム監督の竹腰重丸に、

「こんな状態では、お互いに実力を出した、いい試合はできない。延期しましょう」

と試合延期を提議した。これに対する、竹腰の返答は、

「私もそう思うが、決まった日程なので、やるしかない」

というものだった。こうして、日韓宿命の対決第一戦は、最悪のグラウンド状態のもとで

行なわれることになった。

韓国の戦法は、「キック・アンド・ラッシュ」。すなわち、相手の手薄なところに長いボールを蹴《け》り込んで、FW全員がこれを追って走る、速攻を基本としていた。一方、日本の戦法は、いわゆる遅攻。すなわち、「ショート・パス」をつないでいく戦法であった。

ボールのコントロールもままならないグラウンド状態のもとでは、韓国側の戦法が有利であることは、素人目にも明らかである。こうした中で、韓国のほうから試合の延期を申し込んできたということは、日本にとっては「渡りに舟」であったはずだ。

韓国では当時、雨天の場合は通常、試合を行なわないことになっており、李裕瀅が延期を申し込んだのも、そのためだったが、竹腰は、なぜそれを拒否したのか。当人が、すでに亡くなっているため、真相は分からないが、当時の日本代表選手からは、さまざまな答えが返ってきた。

一つは、竹腰自身が言っているように、純粋に日程の都合だという見方である。

「よく分かりませんけど、一週間延ばすと、費用がものすごくかかるんですわ。日本協会はお金がなかったですからな」

と、鴇田正憲は語る。また、木村現の見方も、

「すでに切符を売っているからね。その人たちに申し訳ないという気持ちがあったんですかね」

というものだった。

この時、竹腰は代表チームの監督であると同時に、日本協会の常務理事でもあった。つまり、チームのことと、日本協会の運営の両方を考えなければならない立場にあったわけだ。

また、もう一つ有力な見方として伝わっている話がある。宮田孝治はこう語る。

「グラウンドを見て、韓国が試合を延ばそうというのを聞いて、『これは幸いだ、韓国が怯《ひる》んでいるからやろう』という、一種の助平根性があったということは、後で聞いたんだけどね」

これについて、山路修は、こう補足する。

「竹腰さんは、明治生まれで、サムライの末裔《まつえい》という感じの人でした。大和《やまと》魂《だましい》というか、『逃げた奴《やつ》は勇気がない』という気風はありました。韓国側が延期を申し込んできた時、『叩《たた》くのは今がチャンスや』と言ったそうです」

もちろん、すべては伝聞の域を出ない。ただ、悪コンディションのもとで試合をすることについては、ベテラン選手であった加納孝は、こう語る。

「日本人は、かえって泥濘《でいねい》戦が慣れていて得意だと、思っていたんだな。当時、日本のグラウンドは土だったし、サッカーは雨が降ってもやってましたからね」

もっとも、これは当時の日本チームの多数意見ではない。加納は、府立八中（現、東京都立小山台高校）、早稲田大学の出身で、生粋の東京人である。これに対して、日本チームの多くは関西の出身者であった。

「加納さんは、雨の日が得意だったけど……」

関西の出身者からは、そんな答えが返ってくる。

自ら、「やんちゃだったからね」と笑う木村は、竹腰に、

「関東の選手は泥んこが好きだから、関東の選手を使ってください」

と言ったところ、

「馬鹿言うな。お前は、走ればいいんだ」

と、一喝されたという。

当時、日本のグラウンドで多少なりとも芝生があったのは、明治神宮競技場と西宮球技場くらいであった。そうした日本を代表するグラウンドにしても、前年に来日したユールゴルデン団長のウォルフ・リーベルグに、

――日本にはよいサッカー・グラウンドがないことは残念だ。こんど各地で試合したようなグラウンドでは、サッカーの高いレベルに到達するのは困難である。各グラウンドは小さ過ぎ、また非常に低級でありスウェーデンではあのようなグラウンドでは選手権試合は決して許可されない。――『アサヒスポーツ』（五三年一二月五日付）

と、酷評されているほどであった。ましてや、当時はほとんどが土のグラウンドであった。

東京の土は、関東ローム層の火山灰土であり、粒が細かく、雨が降ると粘土状になる。一方、関西は砂地で粒が粗く、水分も、そのまま吸い取る性質がある。こうした土質の違いは、そのまま関東と関西のプレースタイルの違いにも表われていた。平木隆三は、こう解説する。

「東西対抗などでは、関東の深いタックルによくやられました。関西は砂地ですから、そう

したタックルをやると、いっぺんに擦りむけますよ。関東の懐深くくるタックルを、関西はパスではずしていく、立ち技なんです」

もちろん、出身は関西でも、大学は関東という人も多いので、決めつけることはできないが、一般に関西の選手は、関東のグラウンドは苦手であった。ましてや、日韓の最初の対決を迎えた、この時のグラウンド状態は最悪であった。そして、関東独特の土質が、この試合の勝敗にも少なからぬ影響を及ぼすことになる。

さて、第一戦の出場選手であるが、日本は、GK・村岡博人、RB・山路修、LB・岡田吉夫、RH・宮田孝治、CH・杉本茂雄、LH・井上健、RI・賀川太郎、LI・長沼健、RW・木村現、CF・二宮洋一、LW・加納孝、という顔触れである。

このうち、関東出身者は村岡と加納だけ。残り九人は、山路、岡田、宮田、長沼、二宮といった選手が東京の大学を卒業または在学中であったものの、全員、関西以西の出身であった。この日のメンバーは、岩谷俊夫が腰部脱臼《だっきゅう》のため出場を見合わせ、グラウンド状態を考えて、最年長の川本泰三を温存して、走力のある若手の長沼、木村を起用した布陣になっている。

一方の韓国は、GK・洪徳泳、RB・朴奎禎《パク・キュウジョン》、LB・李鍾甲、RH・李祥誼《イ・サンイ》、CH・閔丙大《ミン・ビョンデ》、LH・姜昌基、RI・成樂雲《ソン・ナグン》、LI・鄭南湜《チョン・ナムシク》、RW・崔光石、CF・崔貞敏《チェ・ジョンミン》、LW・朴日甲《パク・イルガプ》、という布陣である。

バックス陣には、ベテランを配する一方で、ＦＷには、成樂雲、崔光石、崔貞敏といった若手を起用した。そして、ベテランの鄭南湜は、今でいうゲームメーカーに相当する役割を果たしており、彼を攻撃の起点とするキック・アンド・ラッシュを狙《ねら》ったメンバー構成であった。

午後一時五〇分、警視庁音楽隊の先導で、赤いシャツに紺のパンツの韓国チームと、ライトブルーのユニホームの日本チームが、明治神宮競技場に入場してきた。

この日の観衆は約八千。横須賀港《よこすかこう》に入港したばかりの韓国海軍の軍人約二百人が午前一時半に一番乗りしてきたのをはじめとして、大阪から特別仕立ての列車に乗って競技場に詰めかけた在日韓国人など、韓国側の応援が半分以上を占めていた。今でいう、総連系の人たちも、同じ民族ということで、この時ばかりは政治的な立場を超えて多数応援に来ていたという。

この当時は、マン・ツー・マンのディフェンスを基本としていたが、この試合では、ＬＷの加納をマークする選手はＲＢの朴奎禎であり、ＣＦの二宮をマークするのはＣＨの関内大であり、ともに戦前から活躍していた選手で、それぞれ手の内を知り尽くした仲だった。久久にかつてのチームメートを見た加納は、

「彼らも、かなり年をとったな、という感じがしました」

と、往時を振り返る。しかし、これはお互いさまであり、韓国チーム監督の李裕瀅も、同

様のことを話していた。戦争によって、双方の交流が途絶えてから、すでに十年以上の歳月が流れていたのだった。

韓国チームの三人のFBのうち、ただ一人、日本統治時代の競技経験のない李鍾甲は、監督やコーチから試合前、自分がマークしなければならない木村について、

「RWは、日本で一番速くて、うまい。それに体格もいいから、しっかり守れ」

と言われ、

「どうやって防いだらいいか」

と、悩んでいたが、競技場で実際に木村を見て、

「思ったより小さい。これなら心配ない」

と、自信を持ったという。

木村は、百メートルを一一秒フラットで走るという、快速FWであったが、身長は一六三センチしかなく、前年にヨーロッパ遠征した時は、当時の新聞に、「日出《い》ずる国から来た、ポケットサイズのCF」と、書かれていたくらいであった。その意味では、韓国側が収集した情報にも、間違いがあったわけだが、それが逆に李鍾甲の自信につながることになった。もっとも、この話を木村にすると、「ボクは負けとらんですよ」と、その言葉を強く否定した。

試合に先立って両国国歌が演奏され、国旗が掲揚された。これだけの人たちが詰めかけた

公式の場で、日章旗と太極旗が並んで掲揚されるのは、解放後、初めてのことだった。この光景を見つめる韓国チーム監督の李裕瀅は、感慨無量であった。

「我が国も、ついに独立したんだ」

日本統治時代、京城蹴球団や咸興蹴球団の選手として活躍し、日本代表選手でもあった李裕瀅にとって、明治神宮競技場は、自分の庭のように、やり慣れたグラウンドであった。しかし、その時代、競技場に掲げられていた国旗は、もちろん日章旗だけであった。

日本統治下において日章旗は、侵略の象徴であったのに対して、太極旗は、民族の独立の意志の象徴であり、日本の当局者は、朝鮮人がそれを所有することも禁じていた。したがって、日本統治時代では、この二つの旗が並び立つことなど、考えられないことだった。

選手の一人である姜昌基も、

「日章旗とともに、太極旗が揚がった時は、感激しました。その時、心に浮かんだことは、言葉に表わすことはできません。涙が出るほどでした。単に愛国心というよりも、民族としての自負心を感じました」

と、振り返る。選手だけでなく、観衆の半分以上を占めていた、韓国チームの応援に詰めかけた人たちにとっても、それぞれ特別な思いが去来したに違いない。

しかし、こうした感慨に浸っている間もなく、大会委員長で日本蹴球協会理事長の野津謙、駐日代表部公使の金溶植《キム・ヨンシク》のあいさつに続き、竹腰監督、鄭商熙《チョン・サンヒ》団長への花束贈呈、両チームのペナント交換と、試合前のセレモニーは瞬く間に終わった。

試合が始まるころには、雪も止《や》み、曇り空の東京地方の気温は五・三度。フィールドの外にかき出された雪が積み上げられていた明治神宮競技場の気温は、おそらく、もっと低かったと思われる。

そして、午後二時。雪解け水によってグラウンドが黒く光るなか、以後、幾多の名勝負を繰り広げることになる日韓戦の、最初のキックオフの笛が、イギリス軍准尉で国際審判でもあったハランによって鳴らされた。

凍死状態に陥った日本イレブン

試合に先立って韓国チーム監督の李裕瀅は、

「我々は、精神的に負けてはならない。練習どおりにやれ。それ以上のことをしようと思うな。うまくやろうとすれば、失敗する。実力を出せば必ず勝てる」

と言って、選手を送りだした。しかし、勝たなければならないというプレッシャーのためか、試合開始当初、韓国の動きは硬かった。何度かチャンスを作りながら、決め手を欠いたまま、一五分が過ぎた。

膠着《こうちゃく》状態を打ち破り、先制のゴールを挙げたのは、のちの日本サッカー協会会長である長沼健であった。

中央での競り合いでボールを奪った日本は、RI・賀川太郎の縦パスを長沼が受け、左からボールを持ち込んでいった。そして、韓国の両FBのタックルが伸びきった時だった。相手ゴールから約三十メートル離れた地点から、トーキックで蹴り出したボールはGK・洪徳泳の頭の上を越え、そのままゴールネットに突き刺さった。これが、日韓戦の記念すべき最初の得点となった。

「泥水の中に止まったボールを思い切りシューズの先で蹴ったもので、目茶蹴りに近いものだったと思います。あの日のコンディションでは、ともかく相手のゴール近くにボールを入れて突っ込むというのが、最良の策でした。ゴールが決まった時は、信じられないというのが、正直な気持ちでした」

と、長沼は当時を振り返る。

この得点は、自分たちが勝つものだと思って試合を見ていた韓国側の関係者を慌てさせた。李承晩が、日本との試合を許可するに当たって、「もし負けたら、玄界灘にそのまま身を投げろ」と発言していたことを知っている駐日代表部公使の金溶植は、ベンチに駆け寄って、

「一体どうしたんだ」

と、心配そうに声をかけた。これに対してベンチからは、

「まだ、始まったばかりだから、心配しないでください」

という声が返ってきたのを確認して、金溶植は、また元の場所に戻った。

その言葉どおり、それ以後は韓国の独壇場になった。

韓国は前半二二分、ＬＷ・朴日甲がゴール前に攻め込み、韓国選手が放ったシュートをＧＫ・村岡博人がはじくと、そのボールはゴール前にピタリと止まった。その時、ＬＩ・鄭南湜が滑り込んで、押し込むようにしてボールを蹴り、これが韓国の同点ゴールとなった。

「私はインナーの位置にいたのに、ゴールライン付近に止まったボールを、どうして入れることができたのでしょうか。それだけ、私が走ったということでしょうが……」

インナーの本来の役割は、ＣＦなど攻撃の最前線に有効なパスを送ることにある。したがって、ここで鄭南湜が言いたかったことは、ゴールより、やや離れた位置に下がっていた自分が、ゴール前に止まっているボールを蹴ってゴールを決めたということは、それだけほかの選手、とりわけ日本のバックス陣の動きが悪かった、ということである。

たしかに、このころから、日本のバックス陣の動きは、明らかにおかしくなっていた。さらに前半三四分、ＬＩ・鄭南湜がＲＢ・山路修とぶつかったこぼれ球を、ＲＷ・崔光石が決めて、ゲームを引っ繰り返した。

逆転シュートを決めた崔光石は、前の晩ほとんど寝つけないほど緊張していた。

韓国の出場メンバーは、試合当日の朝、発表される。しかし、前の日の練習で、コーチの裵宗鎬は、崔光石に、

「コンディションはどうか。心の準備はできているか」

と話しかけてきた。

「代表メンバーに選ばれただけでも光栄なのに、試合に出られるとは、思ってもいませんでした。それが、裵宗鎬氏からそんなことを言われたものだから、明日の試合はどうすればいいのか、いろんなことを思い描いて、よく眠れませんでした。夜、寝たかと思ったら、トイレに行ったりしてね。そわそわして、どうしようもなかったです」

今は笑いながら、こう話す崔光石であるが、このような緊張の中で決まった、この逆転シュートは、崔光石にとって、「一生忘れることのできない思い出です」と言うほど嬉《うれ》しいものであり、実際、そう語る崔光石の表情も、昨日のことを話すかのように、実に生き生きとしていた。

一方の日本であるが、LW・加納孝が相手のディフェンスをかわして攻め上がるものの、CF・二宮洋一は旧友であるCH・閔丙大に、ことごとく止められて、得点の糸口がつかめなかった。こうして、前半が終わったが、後半になると、試合はさらに韓国の一方的なものになった。

泥まみれのグラウンドで、両チーム入り乱れての攻防が続くなか、韓国は、両インナーがCF・崔貞敏に効果的なパスを送って得点機を作り、後半一五分には、右コーナーキックを崔貞敏がヘディングで決めて三対一とした。

さらに、後半三二分には、RW・崔光石が、三五分にはLI・鄭南湜がシュートを決めて、五対一で韓国が第一戦を勝利で飾った。

　正直なところ、後半の得点経過に関しては、定かでない部分もある。この当時の新聞を八紙見比べてみたが、記述に多少の食い違いがあり、当事者の証言にもあやふやな部分がある。さらに、日本サッカー協会に問い合わせたところ、この試合の公式記録は残っていないという。したがって、ここで紹介した得点経過は、各紙の記事と、証言の最大公約数から判断したものであるが、実際のところ、後半に誰が得点を入れたかということは、この試合の流れにおいては大した問題ではなかった。問題は、得点を挙げたほうではなく、それを許したほうだった。

――それにしても日本バックスの拙戦振りは論外であった。第一に全然マークすべきところをマークしていない。ひどいときにはマークすべきところを放棄してまで後退するという消極的といえば消極的、自信がないといえば自信のない不可解なことをくりかえしていた。……（中略）……特に後半など、どこにどうして過したのか、本人もわからないのではないかと思うほど虚脱していた。フィードや、フォローアップなど思いのほかである。あえて山路ばかりではない。バックス同罪である。――『アサヒスポーツ』（五四年三月一三日付）

　と書かれているほどであり、監督の竹腰も、

――敗因は体力的に劣っていたことと全然パスが通らなかったことだ。ただ山路が予想外の不出来だったことも違算だった。韓国の攻撃力は非常に強いし、レベルも戦前以上にあると思う。崔貞敏、朴日甲選手の走力とキック力は目立っていた。――『神戸新聞』（五四年三月八日付）

と、語っている。

「本当にいやな記憶ですよ。僕が一番思い出したくない試合です」

この試合において、戦犯扱いされている山路は、当時をこう振り返った。

「試合中、眠たくなったよ。凍死する時、眠くなると言うでしょう。あれと同じで、思考力もなくなってくるし。だから、相手を止めるどころの話ではないですわ。体も全然動かんし」

山路は、試合開始早々、相手の攻撃を食い止めるため、猛然とスライディング・タックルをして、雪解け水がたまった氷のような水を、体全体に浴びてしまった。このため山路は、冷え切った自分の体を思うように動かすことができなくなっていたのであった。

もちろん山路も、この日の気象条件やグラウンド状態はわかっていたし、試合前、コーチの川本泰三から、

「今日は寒いから滑ったらあかんで」

と言われていた。しかし、試合が始まれば、そうも言ってはおられない。山路は証言を続ける。

「僕はサイドタックルが好きやったんですよ。それで、第一戦に誰を出すか、という時に、『山路はゴール前でも、体張って止めまっせ』と誰かが言ったそうなんです。それが頭にあって……。僕は、タックルでバックスやっとったほうやからね」

タックルを得意とする山路には、このグラウンド状態は、かなり酷であり、試合後、一週間は、風呂に入っても手先が痺《しび》れて感覚がなかったという。

「あの時は、寒さの分からん人たちが、好き勝手なことを言ってましたけど、『一回やってみい』と、言いたいですよ。たしかに、こてんぱんにやられたけれど、あの寒さは、やってみな分からん」

試合の内容については、ほとんど覚えていないという山路であるが、動きの自由を奪ったあの寒さだけは、辛《つら》い思い出として、今でも体に染みついているようであった。

しかも、悲惨な状況にあったのは、山路だけではなかった。体を張って相手を止めなければならないバックス陣は、程度の差こそあれ、半ば凍死状態に陥っていた。

「とにかく、八甲田山死の行軍の感じやね。相手のFWに目茶苦茶抜かれました。追おうとしても、体が動かない。ああいう試合は本当に情けない」

と、LBの岡田吉夫が語れば、RHの宮田孝治も、

「膝《ひざ》から下の感覚は、全然なくなりました。どこでぶっかったんか知らんのやけれど、肋骨《ろっこつ》にひびが入ってましてね、試合が終わって、しばらくして、息したら痛いんや。本当だったら、ぶっかった時に、引っ繰り返って唸《うな》っているんでしょうが、試合中はどこでぶっかったかも、分からんくらいやからね」

と語っているのを見ても、当時の惨憺《さんたん》たる状況が目に浮かんでくる。

この試合は出番がなく、毎日新聞の記者として戦評を書いた岩谷俊夫に、

——FWは加納、バックは崔を最後まで老巧のポジション・プレーで防ぎぬいたCH杉本の好防が目立ったが——『毎日新聞』(五四年三月八日付)

と、評価されていた杉本茂雄にしても、

「走っとったって、歯の根が合わないんですよ。それが全日本か、言われたら、えらい申し訳ないんですけど、はよう試合が済まな死んでまう思いました。今だから言えますけど、負けてもええわ、思ってましたからな。あの試合は不愉快な試合だったです」

といった状態だった。LHの井上健を含めて、この試合に出場した日本チームの五人のバックス陣は、全員が神戸一中の出身であった。雪が降ることのあまりない神戸の出身者には、この時の寒さは想像以上にこたえたようだ。今であれば、選手を途中交代して形勢の挽回を図るところであるが、当時のルールでは、それは許されず、たとえ負傷によって試合続行が不可能になった場合であっても、負傷退場者の分だけ欠員となった。

さらに、終始ゴール前に立っていなければならないGKの村岡博人も、ボールをつかむことすらできず、両腕で挟むような状態だった。

「あのころは、片手でボールを持てるくらいの握力はあったんですが、それが効かないんです。僕の記憶は、冷たさと、足を取られてしまう悪コンディションと戦った、という印象だけでした」

村岡は、手元が滑らないように、替えのものも含めて軍手を用意していたが、すぐに濡《ぬ》れてしまって用をなさなくなっていた。しかも、身長が一六七センチほどしかなかったため、積極的に前に出て、角度を狭めて相手のシュートを防ぐというタイプのGKだった。それだけに、足元が悪く、思ったように動けないこの時の試合は、もどかしい思いばかりが残った。

「いつものようにできなくて、とにかく残念だったよ。次の試合の渡部さんの時にはグラウンド状態がよくてね。ああ、僕はこっちの試合に出たかった、と思ったもんですよ」

と村岡は、しみじみと当時を振り返った。

であるならば、前年に行なわれたユールゴルデンとの試合において、日本代表のGKとして活躍し、第二戦にも出場した渡部英麿を、第一戦に起用するという手もあったはずだが、渡部は眼鏡《めがね》をかけていることがネックになった。

「第一戦の前に、川本さんから『眼鏡に泥が付いたらどうするんだ』と言われたので、『広島じゃ、水で洗って、パッとやります』言うたら、『東京の土質は、そうはいかない』と言われました」

という渡部の話にもあるように、やはり、東京の土質を考えての村岡の起用であった。

この時、試合に出場していなかった平木隆三は、ゴールポストの後ろに立って、村岡の顔に付いた泥を取る係だった。その時の状況を平木は、こう語る。

「相手が蹴ったら、泥がピューンと飛んできて、その後にボールが来るわけですよ」

村岡の顔に付いた泥は、タオルで拭《ふ》くだけでは取ることができず、水をかけて取るような状態だったという。

一方、韓国の選手はどうだったのか。

「寒くても、試合をしていれば、ほぐれてくるではないですか」

と、LHの姜昌基が言えば、

「韓国は寒いですから、あの程度なら春ですよ。暖かいではないですか」

と、LBの李鍾甲も言う。

零下一〇度以下の厳しい寒さの中で練習してきた韓国選手にとっては、零度以上の気温であれば、日本選手を苦しめたあの寒さにしても、暖かくすら感じることもあったかもしれない。実際、日本選手が寒さで縮み上がっているのに対して、韓国選手は汗を流し、その体からは湯気が出ていた。それだけ、体から熱を発散させていたわけだ。

ただ、この違いは、寒さに対する慣れだけの問題ではない。

当時の日本選手の何人かからは、韓国チームはハーフタイムの時、ユニホームを着替えていたとか、それなりの寒さ対策をとっていたという話を聞いた。しかし、韓国側に確認したところ、とくにそうした対策はとっていなかったようだ。

とは言え、当時の写真を見ると、両者のユニホームには、明らかな違いがある。それは、ふだんから寒い中で試合をしている韓国は、長袖《ながそで》のユニホームを着ていたのに対して、冬は寒いとは言っても韓国ほどではない日本のユニホームは、半袖であったということだ。こうした服装の違いは、あの寒さの中では、決して無視できないものがある。今では信じられないことだが、当時の日本代表チームには、ユニホームは半袖のものが一着あるだけだった。

つまり、真冬でも、夏の格好で試合をしなければならなかったのである。ましてや、ハーフタイムの時に、ユニホームを着替えるなどの配慮は一切なかった。選手のコンディション管理に科学のメスが入ったのは、最近の話である。

したがって、ハーフタイムの時、ある選手がたまらず、お湯を要求し、マネージャーがバケツにお湯を入れてくると、待ちきれなかった選手たちは、靴を履いたまま、そのバケツに足を突っ込んだ。これでは、一時的に寒さをしのげても、すぐに冷えて、やがて逆効果となり、後半の動きをいっそう悪くする要因となってしまった。

それに加えて、スポーツ栄養学という考え方もなかった時代である。となれば、過酷な条件の中で試合をするにあたっては、福屋旅館の坂柚子が実感したように、ふだんから栄養価の高いキムチなど、医食同源の食生活をしている韓国に有利ということになる。

さらに、試合の翌日の『毎日新聞』も、「悪条件にものいった体力」という見出しを掲げているが、この見出しにもあるように、体力においては、日本と韓国では歴然とした差があった。日本を圧倒した韓国チームの強靭《きようじん》な体力について、姜昌基は、こう説明する。

「(朝鮮)戦争の時は、大邱・釜山間などの長い距離を歩いて避難したもんです。したがって、私たちの体力は、練習を通してつけた体力ではなく、戦争のために苦労が続く日常の中でついたもので、いわば〝生活体力〟なんです」

戦争は決してあってはならないことは言うまでもないし、朝鮮戦争によって、スポーツ界においても、人的にも技術の発展の上でも、多大な損害を被ったことは間違いない。ただ、そうした厳しい環境のもとで生きていく中で、一人ひとりが鍛えられていったことも、また一面の事実であろう。

いずれにしても、第一戦は、五対一という思わぬ大差がついた。今日に至るまでの日韓戦で、どちらかが五点以上挙げたのは、この試合だけであり、四点差以上の試合も、七八年七月一九日のムルデカ杯で、韓国が四対〇で勝った時を含めて二回しかない。韓国チームの監督の李裕瀅も、

――幸運だったと思う。グラウンドが悪く体力戦となったために日本チームの優れた業《わざ》が生きなかった。これに対して韓国は体力で押し切れた。試合前は三点を目標にしたが五点は予想外だ。――『毎日新聞』（五四年三月八日付）

と語っている。

李裕瀅が三点勝負と見ていたのは確かであり、また五対一という得点が、当時の日本と韓国のレベルの差をそのまま表わしているわけではない。しかし、この四点差が意味するところは大きい。

この試合、朝日新聞の記者として戦評を執筆し、今日でもスポーツ評論家として活躍している中条一雄は、こう語る。

「韓国人とは、根本的なスタミナが違ってました。こういうグラウンド状態では、精神的なものが物を言います。倒れても、先に起き上がる意欲とか、すべてが違ってました。体力だ

けではありません」

また、神戸一中の選手として活躍し、その後はサンケイスポーツの常務など歴任し、中条と同じくスポーツ評論家として活躍している賀川浩も、こう指摘する。

「五対一という大敗は、当時の日本のサッカー界そのものを示している。これまで、寒い時期の試合経験はなかった。それが三月の異常気象で、今までのマニュアルにない状態でやらなければならなかった。だから、すべてが日本式の考えなんですよ。また、そうした状況にテキパキと対応する態勢もお金もなかったしね」

たしかに、しっかりとしたマニュアルを作って、それを実行する力には日本人は長《た》けている。その一方で、その場その場の対応においては融通が利かない面もある。これに対して、韓国人のほうは、融通が利く半面、「適当主義をなくせ」というキャンペーンもあるほど、緻密《ちみつ》さに欠ける部分はある。こうした違いは、国民性のほかに、組織に対する両国の考え方の差異を反映しているように思える。

この章の冒頭でも紹介した、九五年の夏に朝日新聞と東亜日報が共同で行なった世論調査の中には、日本人には韓国人の、韓国人には日本人の、それぞれのイメージを問うた質問がある。その結果、韓国人から見た日本人の印象として、一番回答が多かったのが、「団結力がある」という答えで二六％にものぼる。一方、日本人から見た韓国人の印象においても、同じく「団結力がある」という答えが、三六％を占めている。

実際、激しい反日デモや、二〇〇二年のワールドカップ開催をめぐる、あの熱狂的な招致活動などから、日本人に、韓国人の団結力が強く印象づけられているのは確かであろう。しかし、一口に「団結力」といっても、日本と韓国では、ややニュアンスが異なる。

日本語の「力を合わせる」に相当する韓国語は、「ヒムル・モウダ」であるが、この言葉は、直訳すると「力を集める」という意味になる。つまり、韓国においては、組織としての統一性にはやや欠けるものの、それぞれの個の力を集め、それを土台とした団結であるのに対して、日本の場合は、個の力を他に合わせることによる、組織としての統一性を重視した団結であると思う。

顔の見えない、日本人の組織力は不気味であるという韓国人が多い一面で、韓国人のパワフルな集団行動に、驚異を感じる日本人も少なからずいる。実際のところ、どちらの考え方がいいとか悪いとかいう問題ではない。それぞれに一長一短があり、ケース・バイ・ケースである。

しかし、ある想定を超えた現実に直面した時には、やはり個の力が物を言う。日韓サッカーの記念すべき第一戦は、まさにその典型であろう。つまり、この五対一という思わぬ得点差は、その時の状況に、韓国人の特徴がうまく作用した結果といえる。

当時の日本選手は、

「雨水ならば大丈夫だったが、あれは氷水だし、経験がないから」

と言って悔しがった。

大勝による緩み

韓国の先勝を受けての第二戦は、次の日曜日である三月一四日に行なわれることになっていた。しかし、第一戦を予想外の大差で勝ったことは、韓国がそれまで持ち続けていた緊張感に、若干の緩みを生じさせた。李裕瀅は、こう証言する。

「第一戦が終わって、周囲では、日本は大した相手ではない、という雰囲気になったのです。それで、在日体育会の鄭建永《チョン・ゴンヨン》氏が、我々を毎晩もてなしてくれました。銀座のあちらこちらの店に連れて行ってくれて、行かないところがないくらいでした。ちょっと、食べすぎ、飲みすぎましたね」

李裕瀅、裵宗鎬という、監督・コーチの間では、

「こんなことで、いいのか」

「鄭建永氏がもてなしてくれるのに、我々が受けないわけには、いかないだろう」

といった会話が交されたという。

三月一日に来日した韓国選手団は、その翌日に、李裕瀅の実弟である李裕哲《イ・ユーチョル》の紹介で、鄭建永に会っている。その席で鄭建永は、

「お金については、こうして寄付するものだから、あれこれ考える必要はないが、とにかく

勝ってくれ」

と言って、当時のお金で五〇万円を選手団に渡している。

「これで選手たちは勇気を得たのです。とにかく、勝とうという……」

と、李裕澄は語る。

第二戦までの間の飲み食いに関しては、当時のほかの選手や関係者の話を総合すると、李裕澄の証言には、やや誇張があるようにも思える。ただ、今回取材した当時の韓国選手に、体が冷え切って思うように動けなかった第一戦における日本選手の状態を説明すると、

「四十年後にして初めて聞いた」

と言うくらいであるから、

「日本、恐るるに足らず」

と思ったのも、無理からぬところであった。

「もう次は問題ないという、油断はあったと思います。緊張していないと、うまくいくわけがありません」

と、ＬＢの李鍾甲は振り返る。

また寒さによる影響は、韓国チームの場合は、ほとんどなかったものの、ＦＷのリーダー格であった鄭南湜だけは、第一戦終了後、濡れたユニホームを着たままでインタビュー取材を受けたため、胃痙攣《いけいれん》を起こし、それ以後、寝込んでしまった。

一勝一敗なら得失点差で勝敗が決まるという、今日の方式であれば、第一戦で四点差がつ

いた段階で、勝負は決まったも同然であった。しかしこの時は、一勝一敗の場合、第三戦が行なわれることになっており、日本にも挽回のチャンスは十分にあった。とは言え、韓国は勝てばもちろんのこと、引き分けでもよい立場にあり、絶対勝たなければならない日本が、追い込まれていることには変わりはなかった。

第一戦の後遺症をもろに受けて、日本のベテラン選手は、すぐに練習を再開することはできなかった。それでも若手は、第一戦の翌日から個人的に練習を始め、水曜日くらいから全員が揃《そろ》っての練習となった。そして一週間は、あっと言う間に過ぎ、第二戦の日を迎えた。

第二戦にあたって、日本は大幅にメンバーを変更してきた。

GK・渡部英麿、RB・平木隆三、LB・岡田吉夫、RH・高林隆、CH・松永信夫、LH・大埜正雄、RW・鴇田正憲、RI・賀川太郎、CF・川本泰三、LI・岩谷俊夫、LW・加納孝

第一戦から続いて出場している選手は、岡田、賀川、加納の三人だけで、第一戦はグラウンド状態を考えて温存した川本、松永といったベテランや、負傷から復帰した岩谷など、新しい顔触れに代わった。

このメンバー構成には、いくつかの意図が窺《うかが》える。まず、第一戦においては、バックス陣が韓国のFWに走り負けたということから、平木、高林という、スタミナのある若手を起用していることだ。

また、CF、インナーという、攻撃の中心ラインには、いわゆる遅攻を得意とする賀川、川本、岩谷といった大阪クラブの選手たちを並べ、その両ウイングには、鴇田、加納という突破力のある選手を配しており、遅攻、速攻の両方ができるメンバー構成になっている。

さらにもう一つの特徴は、バックス陣のうち、岡田、高林、大埜は、いずれもFWでプレーした経験があるということだ。岡田は早大時代、LWの経験があり、大埜は五一年の代表合宿で、FWからHBにポジション・チェンジをするように、竹腰から指示されている。また、高林に至っては、当時はFWの経験しかなく、

「何でHBに僕がね、という感じでした。年齢的に見て、運動量で負けないのは誰かということで選ばれたとした考えられません」

という状況だった。

再三記しているように、この当時、サッカーのフォーメーションは、FW五人、HB・FB五人で、マン・ツー・マンのディフェンスを基本としたWMフォーメーションが主流であったが、こうしたフォーメーションにも、少しずつ変化の兆しが見えていた。

この大会前に、京都で行なった強化合宿において、竹腰は、

――HBからの攻撃ということもFWのうしろについて行くという単純なものではなく、しっかりしたものになった。――『毎日新聞』(五四年二月一七日付)

と語っており、FWに左右のHBを含めた七人で攻撃を仕掛けることを、かなり意図的に狙っていた。つまり、今日のような、全員攻撃・全員守備スタイルへの移行期にあったわけ

だ。

いずれにしても、引き分けではワールドカップへの出場権を得られない日本は、チャンスとあらば、バックスからでも攻め上がろうという作戦であった。

一方、韓国のメンバーは、GK・洪徳泳、RB・朴奎禎、LB・李鍾甲、RH・李祥誼、CH・閔丙大、LH・金知星《キム・ジソン》、RW・崔光石、RI・成樂雲、CF・崔貞敏、LI・鄭南湜、LW・朴日甲と、姜昌基に代わって、LHに金知星が入った以外は不動であった。胃痙攣を起こして、寝込んでいた鄭南湜も、本人は出場を迷っていたが、コーチの裵宗鎬に、

「お前が出ないで、どうするか」

と言われて、出場している。

三月一四日。第二戦が行なわれる明治神宮競技場は、第一戦と違い、快晴微風という絶好の天候に恵まれた。

「第二戦の時はね、どうしてこんなによくなったかな、といった感じで、グラウンドは、ふかふかでしたね。若干軟らかくて、いやに疲れたなという感じがしました」

と、高林が語るように、第一戦で荒れたグラウンドは、土を入れて、絶好のコンディションに整えられていた。

李裕瀅は、

「第一戦に勝ったからといって、慢心してはならない。覚悟を新たにしろ」

と言って、選手を送りだした。

好天の日曜日。スタンドは、第一戦の倍近い、約一万三千人の観衆で埋まっていた。果たして、日本の巻き返しはなるか。注目の第二戦は、午後二時に始まった。

道遥かワールドカップ

開始早々、試合の主導権を握ったのは日本だった。

中盤でボールを回し、フリーになったRW・鴇田を走らせてチャンスを作り、前半一三分にはCF・川本がシュート、一四分にはRW・鴇田のセンタリングをLW・加納がヘディング、一五分にもLH・大埜がシュートを放つなど、立て続けに韓国ゴールを脅かしたが、いずれも決まらなかった。

そして一六分、CH・松永から出たパスを展開し、CF・川本がシュートをするかに見せて韓国バックスをおびき出し、CH・関丙大がタックルに来たところをLW・加納にパス、加納が上げたセンタリングに合わせて走り込んできたLI・岩谷が鮮やかにシュートを決めて、第二戦も先取点は日本が挙げた。

しかし二〇分ごろから、韓国は強引な潰《つぶ》しで日本ボールを奪い反撃を開始。二五分には、RH・李祥誼の縦パスをRW・崔光石、RI・成樂雲と回し、CF・崔貞敏がシュートしたが、日本のＧＫ・渡部はそれを前にはじいた。そのボールを今度はＬＩ・鄭南湜が足に引っかけると、それがＧＫ・渡部の頭の上をあざ笑うかのごとく越えていき、同点のゴールとなった。

これ以後、両チームの激しい攻防が展開される。

日本は、ＬＨ・大埜からＬＷ・加納へとボールを回して左からの攻撃で韓国ゴールを襲い、韓国も三一分、三二分とＲＷ・崔光石が連続してシュートを放ったが、ＧＫ・渡部が身を挺《てい》してこれを防いだ。後のない日本としては、最低でも同点で前半を折り返したいところであった。

しかし前半四二分、ＲＷ・崔光石からＲＩ・成樂雲に回ったボールは、ＣＦ・崔貞敏に渡り、崔貞敏が逆転のシュートを決めた。この時、ＣＦ・崔貞敏は、ＬＩ・鄭南湜と巧みなポジション・チェンジをして、ＣＨ・松永のマークをはずしていた。このゴールは、ＧＫ・渡部にとって、悔しい思い出であった。

「崔貞敏は十分にマークしておったんですがのう、やっぱりやられました。松永さんとのコンビに一瞬のためらいがあったんです。そこをシュートされたんですよね。ものすごいシュートではなかったけれど、右上のいいコースに入っておったですね」

第一戦の経験から、日本が最も警戒していた選手が崔貞敏であった。

「韓国にしてみれば、崔貞敏をいかに生かすかでしょうし、日本にしてみれば、それをどう防ぐかということ、つまり、インナーから出るパスを、いかにカットするかに全力を注いでいました」

と、RHとして出場した高林が語るように、崔貞敏をフリーにさせないということが、日本のディフェンスにおける力点でもあった。

しかし崔貞敏の実力は、それを上回っていた。朝鮮戦争の混乱の中で韓国人となった崔貞敏は、その後、「アジア・ナンバーワンのストライカー」と言われるまでの選手となった。そして、六一年まで韓国代表選手として活躍し、日本にとっては、脅威の存在であり続けたのだった。

この試合に日本代表として初出場し、東京オリンピックまで代表として活躍したRBの平木は、韓国のFW・崔貞敏とはライバル関係にあった。

「崔貞敏は、重心が低くて、切れがいいし、何か一人、大人がおるなという感じでした」

平木に限らず、当時の日本選手に、最も印象に残った韓国選手を尋ねると、誰もが「崔貞敏」の名を挙げた。同じFWとして木村は、崔貞敏をこう評価する。

「パワーがありましたし、プレーがしつこいですよ。今の日本の選手には、そういう面が足りない。絶対諦《あきら》めませんからね。今の選手が見れば、いい手本になるような選手でした」

強烈な印象を残したのは、日本選手に対してばかりでない。顔だちの整った崔貞敏は、福屋旅館の女性従業員にも絶大な人気があったという。

さて、一点のリードを許した日本は、前半終了直前にもLI・岩谷、RW・鴇田、LH・

大埜とボールを回し、再びRW・鵜田に返して、そこからシュートを放ったが、これはゴールポストに当たり、惜しくも得点を逃した。

後半になると、日本の攻撃はますます激しくなった。LI・岩谷、LW・加納と、左サイドから攻め上がりシュートを放ったが、ゴールはならなかった。

そして後半一五分、自陣でボールを奪ったLB・岡田は、RH・李祥誼、RB・朴奎禎といった韓国バックス陣を次々と抜いていき、韓国のゴールラインのところまで、一人でドリブルで持っていった。韓国のGK・洪徳泳から五メートルも離れていない地点に到達していた岡田は、そこから切り返しのセンタリングを上げ、それをLI・岩谷がトラッピングすると、素早くシュートをして、これが同点ゴールとなった。

ゴールのお膳《ぜん》立《だ》てをした岡田は、当時を振り返ってこう語る。

「学生の時、ウイングをやったことが生きました。韓国のバックスも強かったですよ。こちょこちょと抜いていたのでは、みんな潰されます。僕の抜き方は大きいからね。向こうも面食らったでしょう」

何としても逆転して第三戦に持ち込みたい日本は、そこから、さらに猛攻を加える。後半三〇分には、RI・賀川、LW・加納と渡ったボールは、CF・川本にパスされ、川本はフリーとなったが、GK・洪徳泳に阻まれ、得点はならなかった。しかし、韓国側は、完全に押されっぱなしの状態になっていた。

GKの洪徳泳は、当時を振り返って、こう語る。

「第二戦の時は、何が何だか分からなかった。本当に不安でね。日本の加納さんや鴇田さんといったFW二人がボールを持つと、必ずシュートしてくるんだから。こちらのディフェンスは筒抜けだった。あれは、負け試合です」

また、LBとして出場した李鍾甲も、

「早く終わらないかな、という感じでした。それくらい日本の攻撃は激しかったです」

と語っている。

韓国にすれば止まっているように見える時計も、日本にとっては無情に時を刻んでいった。

そして後半四〇分、CF・川本の放ったシュートは、GK・洪徳泳の横をすり抜け、一瞬、逆転のゴールが決まったかに思えた。と、その時、カバーに入ったLB・李鍾甲は、思い切ってゴールに突っ込んでいき、ボールを外に蹴り出した。

当時の韓国選手は、今日、ほとんどがソウルに暮らしているが、李鍾甲は、ソウルからセマウル号という特急列車に乗って一時間半ほど行ったところにある江原道原州《ウオンジュ》に住んでいる。

原州駅前の喫茶店で取材に応じてくれた李鍾甲は、その時の話になると、急に笑みを浮かべて、こう語った。

「川本選手がシュートしたんですが、バウンドしているうちに、勢いが弱まったので、蹴り出したのです。あれが入っていたら負けてました。日本選手にすれば、あの野郎といったところでしょうね」

三四年の極東大会で日本代表入りした川本泰三は、以後、三六年の「ベルリンの奇跡」に貢献するなど、日本代表のCFの地位を二十年間守り続けてきた選手であった。昔を知る韓国のサッカー関係者も、

「川本さんは、うまかった」

と高く評価する人が多い。ヘディングを好まず、ほとんどしなかったが、それを割り引いても余りあるテクニックを持っていたという。そして、そのテクニックは、次代のスーパースター・釜本邦茂にも影響を与えている。

しかし、この時はすでに四〇歳であり、体力の衰えは隠しきれなかった。『アサヒスポーツ』にも、

――ベテラン川本も、老巧に物言わせ、よくチャンスとなるとボールを回してリードしていたが、遅攻にはともかく速攻に転換となると追いつけず、起用の表裏痛しカユしは年齢の限界か、横ばいはしても往年のようにタテに振り切れないのもそれであろう。――（五四年三月二〇日付）

と書かれている。

こうして、あと一歩のところで得点を挙げることができないまま、試合終了の笛が鳴った。結局、第二戦は、二対二の引き分けに終わった。この瞬間、ワールドカップの出場権は、一勝一引き分けの韓国が獲得した。

その夜、韓国選手団は、在日韓国人とともに、新宿において盛大な祝勝会を行なった。この勝利は、選手はもちろん、この大会を開催するために、さまざまな準備をしてきた在日韓国人にも、この上ない喜びであった。三月一六日付の『東亜日報』は、「解放後初めての歓喜　韓日サッカー快勝に涙の在日同胞」という見出しで、その興奮を伝えている。

選手であった李鍾甲も当時を、

「その日の夜は、歌って踊って、本当に楽しく遊びました。解放後、初めてのことなので、在日同胞も、大変よくしてくれました。また、宿舎の福屋旅館でも、とても親切にしてくれて、そのことは今でも忘れられません」

と振り返る。

日本に勝ってワールドカップに出場する。その感激に選手も、在日韓国人も酔いに酔った。

一方、日本選手にとっては、悔いの残る引き分けであった。試合の翌日の『日刊スポーツ』は、日本選手たちの無念の様子をこう記している。

――全く諦めきれないうちに、日本は世界大会出場権を失った、試合が終って最後にグラウンドに引きあげてきた加納選手は「どうしてもあと一点入れたかった」と語る、その汗にぬれた顔には「無念」を物語る涙が光っていた、たしかに日本勝利へあと一歩という数々の場面が印象にのこっているだけに、控室で全選手が涙を流した気持はよくわかる。――

韓国に勝ちさえすれば、ワールドカップに出場できるという、この時の予選は、日本が経験した予選の中でも、本選までの距離が最も短い大会であった。しかし、そのチャンスを生かしてワールドカップに出場することは、惜しくも実現しなかった。その悔しさは、選手たちが一番感じていることではあるが、以後、九八年のワールドカップ・フランス大会まで、本選出場を果たすことが、日本サッカー界最大の悲願として、これほどまでに重く肩にのしかかるとは、当時は予想だにしないことであった。

いずれにしても、一九五四年の、この時の予選が、日本がワールドカップに出場するための、長く険しい挑戦の出発点であった。

宿敵同士の「情」

第二戦が終わった後、韓国チームのコーチ・裵宗鎬は、次のような談話を残している。

――三点を目標としていたが、病人が出たりしたためチームのコンディションが悪く引き分けにおわった。韓国チームではCFの崔貞敏と両ウィングがマークをはずしてよく動いたが、日本チームではCFの川本とLWの加納が目立っていた。――『読売新聞』(五四年三月一五日付)

同じ紙面において、日本チーム監督の竹腰重丸は、

――別に特別な作戦も立てなかったが、日本チームは持味を生かしてよく戦った。欲をいえ

ばバックスの動きがやゝ鈍かったように思う。総体的にもう一段の動きのつよさがなかったためやらなくてもいゝボールをとられていた。——

と語っている。

日本にとっては、惜しい試合であったことは間違いない。韓国チームの監督であった李裕瀅は、今でも、

「第二戦は、負け試合でした」

と語っている。当時の日本選手が、

「あれは勝てる試合だった」

と思うのも、当然のことであった。しかし、結果は冷酷である。日本チームの一員であった岩谷俊夫は、試合の後、こう記している。

——日本選手はこの試合のために、かつてない激しい練習と精進の日を送った。それだけに二回戦日本のペースでヒタヒタと押し寄せ、対等以上に渡り合った試合を引分けたときにはだれもが「なぜもう一点がとれなかったのだろうか」と口惜《くや》しがった。しかしすべてはあとの祭りだ。その一点を両国とも同じようにせり合ったのであり、微妙な紙一重の急所をどちらがうまくつかむかということで、ギリギリで争われる国際試合の勝敗がきまるのである。一回戦のように天候に幸いされなかった不利もいなめないがやはり韓国の方に勝つ要素が多かったのだとしかいえない。——『毎日新聞』(五四年三月一六日付)

日本と韓国の実力の差が、どうしようもないほどあったわけではない。韓国FWの中心選

手であった鄭南湜も、

「プレーの正確さでは日本が優れており、力では韓国が勝ってました」

と語っているように、それぞれの特色に違いはあっても、実力は、一歩もしくは、ほんの半歩程度の差でしかなかったようだ。しかし、そのわずかな差を、なかなか越えることができず、それがやがて「韓国の壁」となって、日本の前に立ちふさがり続けることになる。

さて、この時来日した韓国チームを、日本のサッカー関係者は、どのように見ていたのであろうか。五四年三月二〇日付の『アサヒスポーツ』には、早大監督の工藤孝一ら、東大、早大のサッカー部OBたち四人による座談会が掲載されている（紙面において発言者は匿名）。

——本紙　戦前に比べて韓国チームのよくなった点は……

（A）　FWがスピーディになったことだ。ロンドン・オリンピック大会でスウェーデンに12—0で敗れてからというものは、その敗因といわれるトラッピングに時間がかかるので、FW全体のスピードを止めてしまうという点に気づいて、全選手がスピード一点ばりで行くという方向に極端に変えたらしい。だから、多少あわてふためいた攻撃ぶりを見せることもあるが、スピードの点ではすごい。……（中略）……

本紙　韓国でうまいと思われた選手は……

（B）　CF崔、LI鄭は傑出していました。それにGK洪もうまかった。バックスでは……

（C）戦前と大して変らない。一番変わったのはFWだった。——

終戦から九年近くたっていながら、サッカーにおいて日本と韓国は、その間、何ら交流がなく、関係者の頭の中には、相手チームの戦前のイメージしかなかった。そして、ワールドカップ予選として行なわれた、この日韓戦において、韓国のスピードと力強さに、日本のサッカー関係者は度肝を抜かれた。それはすなわち、日本のサッカー、とりわけFWの変革を促すものとなった。右の座談会では、次のようなやり取りもある。

——（B）……（中略）……二宮、川本は実にうまい、十年に一ぺん出るか、二十年に一ぺん出るかわからない巧い選手だということはたしかだが、監督は頭をこの際切替えて不満足なタイプでもいいから、彼らのようなCFを養成して、それを軸として新チームを編成するようにして行かないと、これからはダメだと思う。……（中略）……ということは若手がまだ伸びていない、その点苦しい時期だともいえますね。しかし韓国チームも決して若くないから、日本と条件は同じです。

（C）だからはっきりいえば今の選手は全部やめてしまえだ。第一ドイツ、スウェーデンを呼んだときに、敗れてもいいから若い人を出してやらせればよかった。今度の選手は、もうあれ以上早く走れっこない。

（Ｂ）監督に助平根性があるんじゃないか。
（Ａ）今負けても先に行って勝つという計画性が少しもみられない。結論的にいって、体力でも技術でも韓国に勝てないのだから、やっぱり三、四年先の計画をたてて指導すべきではないのでしょうか。——

　戦争によるブランクのため、選手の世代交代は大幅に遅れていた。ただ、長年活躍したベテラン選手も、この当時になると、もはや限界に達していた。

　第二戦で、日本に大きなダメージを与えることになった韓国の二点目を挙げたのは、若手の崔貞敏であったのに対して、試合終了直前、大ベテランの川本泰三は、決定的な得点チャンスをつかみながら生かせなかった。しかも、川本のシュートを止めたのは、韓国の３ＦＢの中で、ただ一人、日本統治時代の競技経験がない李鍾甲であった。まさに、ベテランと若手の運動量の差が勝負の明暗を分けたということであり、この時の日韓戦を象徴しているようにも思える。

　また、先にふれた座談会では、二宮や川本を「十年に一ぺん出るか、二十年に一ぺん出るかわからない巧い選手」と評価しているが、実際、この二人を凌《しの》ぐＣＦの出現は、釜本邦茂の登場を待たなければならない。メキシコオリンピックの銅メダルは、この時の日韓戦から十四年後のことである。

　しかし、韓国にしても、この時の日韓戦では若手の活躍も目立ったとはいえ、ベテランへの依存度がまだまだ高いという点では、日本と事情は同じであった。

日本にとっては敗戦、韓国にとっては解放から約九年。その間、歴史の大きなうねりの中で、両国ともに、あまりにも大きく変わった。そうした中で、なかなか変わることができなかったサッカーにも、確実に変化の波が押し寄せていた。

それを、韓国サッカーにとっての対日本という枠組みで見れば、植民地という暗い時代に、朝鮮代表として「日本一」を賭《か》けた戦いから、アジア代表の座を目指し、国と国との「自尊心」をかけた、宿命の戦いへの変化であった。

こうして、日韓のサッカーは、新しい時代を迎えようとしていた。しかし、すべてが変わろうとしてゆく中でも、サッカーを通して築いてきた人間関係は変わることがなかった。

二試合にわたる熱戦が終わった後、日韓両国選手の懇親会が催された。その時、挨拶《あいさつ》に立った韓国チームのコーチ裵宗鎬は、そのスピーチをこう切りだした。

「私が、何よりも嬉しかったのは……」

参席者の多くは、勝利の喜びを語るものだと思っていたが、裵宗鎬の口から出てきた言葉は、そうではなかった。

「何よりも嬉しかったのは、後輩の加納君が見事に上達したことです」

この時の日韓対決で加納孝は、独特のテクニックでしばしば韓国ゴールを襲い、その動きは、韓国サイドの肝胆を寒からしめた。しかし、早大の主将であった裵宗鎬にすれば、加納は、かつて同じ釜《かま》の飯を食べた仲間だったのだ。

また、日本チーム監督の竹腰重丸は、

「これからは、日本だ、韓国だということを強調するのではなく、協力し合ってやっていこう。東洋は我々が引っ張っていかなければならない」

ということを力説したという。

日本チームの監督であった竹腰と、韓国チームの監督であった李裕瀅は、その後も連絡をとり合っていた。そして、七〇年代の初め、竹腰は夫人を伴ってソウルを訪れたことがあった。その時、李裕瀅、褒宗鎬、閔丙大、金容植《キム・ヨンシク》など、かつて日本代表選手として活躍した人たちが集まって、竹腰に対して感謝の気持ちを表わすために指輪を贈った。

突然のプレゼントに驚きながら、

「日本でも、こんなことをしてもらったことはない。ありがとう」

と、感謝の気持ちを伝える、かつての闘将の目からは涙がこぼれていたという。

英雄たちの凱旋

日韓初対決の模様は、ラジオを通して韓国にも中継放送されていた。スイスでの本選には出場したものの、日本との試合の時は体調を壊して参加できなかった朴在昇《パク・チェスン》は、日韓戦に熱中する韓国の様子をこう語る。

「あの時は、ラジオの中継を聞かない人はいなかったでしょう。ラジオのない人は、ある人の家に集まったりしてましたから。日本に勝った時は、非常に盛り上がりました。中心街では夜通し酒を飲んだりしてね、大変だったですよ」

五四年の日韓戦に、どれだけの人がラジオに耳を傾けたのか、正確な数字を知る術《すべ》はない。いずれにしても、こうした注目の一戦だけに、日本に勝ったことに対する韓国人の喜びは、一方ならぬものがあった。

――今回、サッカー選手団が収めた成果は、単なるスポーツの中での勝利にとどまらず、全民族的一大快挙と言うほかない。――『東亜日報』(五四年三月二三日付)

選手たちは、すでに国民的英雄になっていた。三月二二日の正午、選手団を乗せた飛行機は、出発の時と同じ釜山の水営飛行場に到着した。空港には慶尚南道知事の李相龍《イ・サンニョン》など、地元の有力者が多数顔を揃えて出迎えた。

釜山でも盛大な祝勝会が催された後、一行は夜八時半発の汽車に乗り、ソウルへと向かった。夜行列車であるにもかかわらず、汽車が、大邱、大田など、大きな駅に到着するたびにホームでは即席の祝勝会が開かれ、汽車はその都度、長時間停車した。そうした歓迎は、ソウル駅で頂点に達した。

二三日の朝八時四五分、汽車がソウル駅のホームに着くと、到着を待ち焦がれていた群衆が、下車する選手たちに向けて五色のテープを投げ、選手たちの首には、二重、三重の花輪がかけられた。ソウル駅には、大韓体育会会長の李起鵬《イ・ギブン》らも選手たちを出迎えに来ていた。ソウル駅は、ホームの中も、駅前広場も、日本を破っての勝利を喜ぶ市民であふれ返っていた。

選手たちはその後、ソウル駅の構内にある食堂で朝食を済ませ、九台のジープに分乗して、当時の大統領府であった景武台までパレードした。パレードは、南大門などソウルの中心街を通ったが、幾重にもなった人垣からは、一斉に「万歳《マンセー》」の叫び声と嵐《あらし》のような拍手が送られた。そうした人垣の中には、年配の人の姿も目立ったという。日本に国権を奪われ、植民地となった時代を、生きてきた人たちである。

ワールドカップ予選での勝利は、独立国となった韓国が、かつて植民地支配を受けていた日本を破ったという意味において、韓国の国民に与えた影響は、きわめて大きかった。

日本で、あるスポーツの勝利が、国民の精神にも大きな影響を与えた例としては、四九年の全米水上選手権に特別参加した古橋広之進や橋爪四郎らが、世界新記録を次々と打ち立て、アメリカの選手を立て続けに破ったことが挙げられる。「フジヤマのトビウオ」と呼ばれた古橋らの勝利が、敗戦の傷が癒《い》えない当時の日本国民に与えたものは、「自信」とか「希望」といったものであったと言われる。日韓戦の勝利について、当時の韓国選手に、同じ趣旨で質問をすると、異口同音に返ってきた答えは、

「日本に勝ったということは、自信というより、誇りですね」

というものだった。

韓国人のプライドの高さは、よく知られていることである。実際、韓国人の会話や、新聞の記事などには、「自尊心」「自負心」「体面」といった、プライドに関する言葉がしばしば登場する。それだけ、誇りにこだわる民族であると言えるだろう。

三十六年にも及ぶ日本の植民地統治は、朝鮮から多くのものを奪っていった。その最たるものが、誇りではなかったのか。その誇りとは、民族として、国として、一族として、ひとりの人間としてなど、さまざまな意味においてのものである。

「自信」と「誇り」。そこに、敗戦国と戦勝国の関係であった日米と、植民地の支配者と被支配者の関係であった日韓の違いがあるのではないか。

誇りを奪われた日本の植民地時代。そんな中でも、サッカーにおいては、日本を倒し続けてきた。そして、皇民化政策が強力に推し進められていく中で、人それぞれに感じ方は異なっても、「誇り」や「優越感」を感じさせてくれるのがサッカーだった。

歳月は流れて、国が独立し、植民地統治によって奪われた「民族の誇り」を取り戻そうとしているこの時代に、初めて実現した日本との試合で、韓国は勝った。それは、サッカーが、解放後も「民族の誇り」であることを再確認させた出来事であった。

このようにして韓国のサッカーは、単なる人気スポーツであることにとどまらず、過去も、そして現在も、「恥辱の歴史」を味わわされた日本に対して、優越性を持ったスポーツとして存在し、そこに「国技」としてのサッカーのポジションがある。

凱旋《がいせん》する選手たちを迎えた李承晩大統領は上機嫌であった。

「よくやった」

と、その勝利を称《たた》え、選手一人ひとりと握手を交わした。最年少で参加した崔光石は、その時の感激を、

「世の中が、全部自分のものであるかのような感じがした」

という言葉で、率直に表現した。

一方、李承晩から、

「もし負けたら、玄界灘に身を投げろ」

と言われて韓国を発った時の心境を、監督であった李裕瀅は、

「負けるということは考えませんでした」

と語っていたが、帰国後、晴れて李承晩と対面した時の気持ちを改めて尋ねると、

「あー、生きて帰れた、と思いました」

という、安堵《あんど》の気持ちを吐露したのだった。

緊張の試合を勝ち抜いた、韓国チームの指揮官の偽らざる心境であろう。

終章 ❖ その後の日韓戦

アジアの頂点に立った韓国サッカー

日本を破り、一九五四年六月一六日からスイスで開催されたワールドカップの本選に出場した韓国は、第一戦はハンガリーに〇対九、第二戦はトルコに〇対七という、記録的な大敗を喫した。この大敗の原因は、実力の差が大きかったということはもちろんであるが、ほかの要素もあった。

韓国選手団がソウルを出発したのは六月一一日であった。大会の開会式は一六日、試合は一七日に行なわれることになっていた。現地での調整を考えると、それだけでも、すでにぎりぎりのスケジュールだった。しかし当時はまだ、朝鮮戦争後の混乱状態が続いており、経済事情も非常に厳しかったため、こうしたことも、やむを得ない状況にあった。

さらに今日とは違い、ヨーロッパに渡航することなど滅多にない時代の話である。したがって、海外遠征のためのシステムなども整備されていなかった。そのため選手団は、戦う前に、大きな壁にぶつかることになる。

まず、スイスに向かうにあたっては、予選の時と同様に、ソウルの飛行場は使用できなかったため、釜山の水営飛行場から東京に飛び立った。しかし選手団は、東京からスイスに行く飛行機の予約をしていなかった。

「汽車に乗るくらいの感じでいたんですが、日本に着いたら、そうではないことに気づいたんです」

とは、代表選手であった洪徳泳《ホン・ドギョン》の回想である。

この時、選手団二二人を一度に乗せるだけの座席が空いている飛行機はなかったのである。そこで急遽《きゅうきょ》、選手団を二班に分けることにした。そして、一一人分の座席が取れた便に、リザーブの選手を中心とした先発隊を搭乗させた。しかし、その飛行機は、東南アジアなどを経由してスイスに向かうもので、到着後、果たして試合に間に合うかどうか微妙な便だった。しかも、残りの選手たちは、搭乗の見通しも立たないまま、数日間、東京での滞在を余儀なくされた。

「その間、明治大学のグラウンドで一回練習しましたが、もうスイスには行けないんじゃないかという、諦《あきら》めの気持ちにもなりました」

と、代表選手であった朴在昇《パク・チェスン》は振り返る。

選手たちの間にも絶望感が漂うなか、なんとか乗れそうな便が見つかったが、押さえることができた座席は一〇人分のみ。あと一人は、取り残されるところだった。ところが、その時、たまたま新婚旅行で日本に来ていたイギリス人夫妻が、事情を知って席を譲ってくれたため、日本での滞在を余儀なくされていた残りの選手たちも、全員スイスに行くことができたのだった。

イギリス人夫妻の好意によって、飛行機に搭乗することはできたものの、選手団が到着した時には、すでに開会式は終わり、試合は翌日に迫っていた。

六四時間、プロペラの飛行機に乗っていた選手たちは、時差に慣れるどころではなかった。飛行機のプロペラの音が耳に残って頭がガンガンと鳴っている上に、飛行機に酔って食事もろくにできない選手もいるような状態で、試合に臨まなければならなかった。

しかも、相手はハンガリー。当時、ハンガリーは、五二年のヘルシンキオリンピックで優勝したほか、五三年には、スコットランドなどイギリス四協会以外の相手には地元では敗れたことのなかったイングランドを、ロンドン郊外のウェンブレースタジアムでの試合で六対三で破るなど、「マジック・マジャール」と呼ばれて無敵の強さを誇っていた。もちろん、この大会でも優勝候補の筆頭だった。韓国チームも、「戦場から来た選手団」ということで注目されていたが、相手がいきなり強豪のハンガリーであることに、同情の声も寄せられていたほどだった。

試合が始まって二〇分くらいまでは、韓国もなんとか持ちこたえたが、ハンガリーが一点を入れると、後は一方的になった。しかも韓国選手は、足に痙攣《けいれん》を起こすなどして一人、二人と退場していった。当時のルールでは、選手の交代はできなかったため、試合が終わるころには、七人で戦わなければならないような状態だった。

結局、九点差の大敗。この点差は、ワールドカップにおける最多得点差として、今日でも残されている不名誉な記録である。

続く第二戦が始まる時には、第一戦で負傷した選手を含めて、コンディションはほぼ回復していたが、韓国チームはメンバーの大半を入れ替え、主戦級の選手はほとんど出場させないで試合に臨み、トルコに〇対七で敗れている。

このように、結果は散々であったが、ヨーロッパの一流チームと試合をしたことには、やはり大きな意義があった。朴在昇は、当時を振り返ってこう語る。

「ハンガリーは、4―2―4のシステムに近かったですね。CFがずっと下がっていた上に、選手のポジションチェンジが著しかった。私たちは、フォーメーションの面でも遅れていました。あの時のワールドカップは、心の整理がつかないうちに終わってしまいましたが、国際試合では、経験が一番重要です」

4―2―4システムは、ブラジルが五八年のワールドカップで、このシステムを用いて優勝したため、世界の主流になり、これが今日のサッカーのさまざまなシステムの原形となっている。また、このシステムの特徴は、WMフォーメーションのように、マン・ツー・マンによって「人」を守るのではなく、「地域」、すなわちゾーン・ディフェンスを基本としているところにあり、サッカーの流れも大きく変わろうとしていた。

なお、このスイス大会でハンガリーは、決勝戦で西ドイツに二対三で敗れ、準優勝に終わっている。

トップレベルの試合においては、コンディションをいかにベストに持っていくかということとも実力のうちである。この時の韓国チームには、気の毒な部分もあるが、情報不足、経験不足といったことは致し方ない現実であり、二試合のトータルで〇対一六というのは、世界と韓国の、というよりは、世界とアジアとの実力の差であった。

さて、日本と韓国が次に対戦したのは、それから二年後に行なわれたメルボルンオリンピックの予選においてであった。この予選もやはり、李承晩《イ・スンマン》大統領が日本選手団の入国を拒否したため、二試合とも日本で行なわれ、後楽園競輪場が試合会場となった。

この時、日本代表二三人のうち、五四年から引き続き代表になっているのは八人で、メンバーの三分の二近くが入れ替わっている。ベテランの川本泰三、二宮洋一、加納孝らは第一線から退き、代わりに、日本代表の中心選手としてメキシコオリンピックまで活躍することになる八重樫茂生などが選ばれている。さらに、第一戦の出場メンバーに限って言うと、前回の対戦を経験しているのは、平木隆三と鴇田正憲の二人だけであった。

一方の韓国も、一九人の代表のうち、前回から出場しているのは、咸興哲《ハム・フンチョル》、李鍾甲《イ・ジョンガプ》、金知星《キム・ジソン》、崔光石《チェ・グアンソク》、崔貞敏《チェ・ジョンミン》、朴日甲《パク・イルガプ》、成樂雲《ソン・ナグン》、李錫儀《イ・ソギ》の八人となっており、やはり閔丙《ミン・ビヨン》大《デ》、朴奎禎《パク・キユウジヨン》、鄭南湜《チヨン・ナムシク》などのベテランは、後進に道を譲って退いている。その結果、FWには大きな変化はないものの、バックス陣はかなり入れ替わった。

その第一戦は、六月三日、雨が降ったり止《や》んだりのぐずついた空模様の中で行なわれた。この試合で日本は、軟弱なグラウンド状態を考慮して、ベテランの岩谷俊夫らを温存。内野正雄、岩淵《いわぶち》功といった若手を起用したが、その用兵が的中し、後半九分には内野のヘディングが、後半三三分には岩淵のシュートがそれぞれ決まり、二対〇のスコアで韓国を破った。
――悲観的だった日本の会心の勝ちっぷりに竹腰監督はスッカリ涙ぐみ「よくやったという以外は……」とうれしさをグッと胸中に押えていた――『毎日新聞』(五六年六月四日付)
――組織力の勝利、そして全員が一丸になって頑張ったファイトの勝といえよう、勝利の瞬間、選手達は涙を浮べて喜び合った――『日刊スポーツ』(五六年六月四日付)
といったように、それは韓国戦における、感激の初勝利であった。
この時の予選の方式は、五四年の時とは異なり、一勝一敗の場合は得失点差で代表を決めることになっていた。したがって、二点差で勝った日本は、非常に有利な立場に立っていたわけだ。
しかし、六月一〇日に絶好のコンディションの中で行なわれた第二戦では、韓国が勝利へのすさまじい執念を見せ、後半一三分、成楽雲のシュートで一点を先取すると、後半二〇分には今回もやはり崔貞敏が二点目を挙げ、韓国が二対〇で勝っている。
この結果、同じ得点で日韓が勝敗を分け合ったため、そのまま一五分ハーフ、三〇分の延長戦を行なった。両チーム疲労の見える中で戦った延長戦は、終了直前、八重樫のシュートが決まったかに見えた。しかし、線審がオフサイドの判定を下しノーゴールとなり、結局、両チーム無得点で延長戦は終わった。その結果、グラウンドの中央で抽選が行なわれることになった。スタンドの観衆も固唾《かたず》を呑《の》んで成り行きを見守るなか、トスに勝った韓国の主将・金鎮雨《キム・ジヌ》が先にクジを引いたところ、それは「負けクジ」であった。

こうして日本は、幸運にも恵まれてメルボルンオリンピックへの出場権を獲得したのだった。日本サッカーのオリンピック出場は、三六年のベルリン以来、二十年ぶりのことであった。

メルボルンオリンピックのサッカー競技は、一一ヵ国が参加して行なわれたが、日本は一一月二七日に行なわれた初戦で地元のオーストラリアと対戦した。オーストラリアも、そう実力のあるチームではなかったが、前半二九分、平木隆三の腕にボールが当たる不運のハンドの反則でPKを決められ、後半一六分にも一点追加されて、二対〇で敗れている。日本にとっては、世界との距離がまだ遠いことを実感させられた一戦であった。

一方、オリンピックへの出場を逃した韓国ではあるが、そのころ、アジアの王者としての地位を固めようとしていた。

メルボルンオリンピックと同じ年の五六年の九月六日から、香港で第一回のアジアカップ選手権が開催された。この大会は、アジアを東部、西部、中部の三地域に分けて予選を行ない、韓国は東部地区の予選で台湾、フィリピンを破って本選に出場した（日本は東部地区に属していたが棄権）。そして本選でも、地元の香港、西部地区のイスラエル、中部地区の南ベトナムとの間で行なわれたリーグ戦において、二勝一引き分けの成績を収め、韓国が初代のアジアチャンピオンとなった。

さらに、五八年五月に東京で開催された第三回アジア大会において、日本はフィリピン、香港に連敗して予選落ちしたのに対して、韓国は決勝戦で台湾に敗れたものの二位となっている。また五九年四月には、マレーシアのクアラルンプールで開催された第一回アジアユース選手権でも韓国は優勝している。

第一回のアジアカップ選手権に優勝したことによって、韓国は第二回大会を開催することになった。韓国サッカー界としては、初めて国際大会を開催することになったわけだが、当時の韓国には天然芝を有したサッカー場はなかった。そこで、大韓体育会長の李起鵬《イ・ギブン》を委員長として、国際蹴球競技場建設準備小委員会を結成して準備作業に取りかかり、国有地である孝昌《ヒョチャン》公園の一部に、サッカー場を作ることになった。孝昌公園とは、ソウル駅から南西に約二〇分ほど歩いた小高い丘の上にあり、韓国の英雄である金九《キム・ク》をはじめとする独立運動家の墓地のあるところである。

そして、六〇年一〇月、孝昌運動場が完成した。孝昌運動場は、フィールドの周りに陸上競技用のトラックはあるものの、建設に至る経緯から見ても、完成後の使われ方から見ても、実質的には韓国で最初のサッカー専用グラウンドである。

今日、孝昌運動場は高校、大学、実業団など、主としてアマチュアサッカーのメッカとして使われている。ただ、過密スケジュールのため、芝生の傷みが激しく、八三年から人工芝に張り替えられている。人工芝の競技場は、当時としては画期的なものであったが、負傷者が多く出る上に、国際試合は通常、天然芝で行なわれるため、最近では、人工芝であることに対して批判も多い。

いずれにしても、六〇年一〇月一四日、完成間もない孝昌運動場で、第二回アジアカップ選手権は開幕した。この半年前には、四・一九学生革命によって李承晩政権が崩壊しており、韓国内の政情は不安定であったが、そうしたことには関わりなく、サッカーに対する熱気は相当なものであった。

開幕の日には、二万人収容の競技場に対して、十万人の人波が押し寄せたため、陸上トラックの中までぎっしりと埋まり、競技場横の丘の上にも黒山の人だかりができていた。とくに、優勝候補の筆頭に挙げられていたイスラエルとの試合の時は、入場券を買ったにもかかわらず場内に入ることのできない人たちが入口に殺到して、二十人余りの重軽傷者を出すという事故まで起きている。

大会のほうは韓国が、三戦全勝で二連覇を達成した。

韓国は、この年の四月に行なわれたアジアユース選手権でも優勝して、連覇を果たしており、「アジアサッカーの盟主」としての地位を不動のものとした。このころの韓国サッカーは、人気の面でも実力の面でも、一つの絶頂期にあった。

メキシコ銅メダルの偉業

日本と韓国は、ローマオリンピックの予選でも対戦している。この時もやはり、二試合とも日本で行なわれたが、日本は五九年一二月一三日の第一戦は〇対二で敗れ、二〇日の第二戦では一対〇で勝ったものの、得失点差で上回った韓国が勝ち上がり、次は台湾と対戦することになった。

韓国と台湾の試合は、当初、ホーム・アンド・アウェー方式で行なわれる予定になっており、第一戦は六〇年四月二五日に台北で、第二戦は四月三〇日にソウルで開催されることが決まっていた。しかし、四・一九学生革命のためソウルでの試合は中止となり、韓国は台湾との試合においても、二試合ともアウェーで戦わなければならなかった。その第一戦で韓国は二対一で勝利を収めたものの、第二戦では判定をめぐりトラブルが生じ、韓国は失格となって、オリンピックの出場権を得ることはできなかった。

戦後、日本が韓国で初めて試合を行なったのは、六〇年一一月六日、チリで行なわれるワールドカップの予選で対決した時だった。この当時、在日朝鮮人の北朝鮮への帰国問題などにより、韓国の世論が硬化して、一時は中止の話も取り沙汰《ざた》されたが、無事、孝昌運動場で開催されることになった。

しかし、何と言っても、戦後、日本のスポーツチームが韓国に来るのは初めてのこと。したがって、反日感情によって、不測の事態が起きることが懸念されていたこともあって、競技場内外では警官がものものしく警戒にあたり、空には、万一の場合、日本選手を救出するために陸軍のヘリコプターも飛んでいたという。そんな雰囲気だけに、日章旗の掲揚や君が代の演奏についてもやめるべきだという意見も出されたが、開会式では予定どおり行なわれ、観衆もその時、全員が整然と起立したという。試合のほうも心配されていたトラブルが生じることもなく無事に終了したが、この試合は二対一で韓国が勝利を収めている。

第二戦は、翌年の六月に、五八年のアジア大会のために全面改装され、明治神宮外苑競技場から名を改めた国立霞ヶ丘競技場で行なわれることになっていた。しかし、その直前の五月一六日、朴 正熙《パク・チョンヒ》少将による軍事クーデターが起こり、韓国国内は再び混乱して、すべてのスポーツ活動は停止の状態になった。

なお、この軍事クーデターが起きた時、早大のサッカー部は戦後初の韓国遠征を行なっており、たまたまソウルにいた。第一戦は高麗大学に敗れ、第二戦は延世大学と引き分けた。その翌日に、軍事クーデターが勃発《ぼっぱつ》し、早大サッカー部は以後の予定を打ち切って帰国している。

このような混乱状態に陥っていただけに、韓国チームとしても、六月の日本との試合は、できれば延期したいところであった。しかし、「韓国の国内事情のために、ワールドカップ予選のスケジュールを延期することはできない」というＦＩＦＡの決定により、予定どおり六月一一日に、国立競技場で試合が行なわれた。

韓国としては、練習不足が心配された試合であったが、結果は、その逆であった。

──日本は最低だった。特に攻撃陣にチームとしての動きが欠けていた。この日の調子なら好調時の古河電工、八幡製鉄などの単独チームの方がいいのではなかろうか。──『朝日新聞』(六二年六月一二日付)

と、酷評されているような状態で、二対〇で、またも韓国が圧勝した。

ちなみに、この試合に出場した日本イレブンのうち平木隆三、八重樫茂生など七人までが古河電工の選手であり、このころの古河電工は、六〇年、六一年と天皇杯全日本選手権で二連覇を果たして全盛期にあった。

さて、日本に勝った韓国であるが、ワールドカップの出場を賭《か》けて、次はユーゴスラビアと対戦することになっていた。しかし、一難去ってまた一難と言うべきか、ここでまた新たな問題が生じる。軍事クーデターによって実権を握った朴正熙国家再建最高会議議長は、韓国チームが共産主義国であるユーゴスラビアと試合することを認めないという方針を打ち出したのであった。そこで、当時、大韓蹴球協会会長であった韓国日報社長の張基榮《チャン・ギヨン》は朴正熙に対して、

──「相手国が共産圏に属する国家であり、国内政治情勢が不安定で混乱しているからといって、重要な国際試合に韓国チームを出場させないとすれば、国際的に韓国を孤立させる結果を招くかもしれません」──『韓國蹴球百年史』(前掲書)

と言って説得し、ユーゴスラビア戦実現にこぎ着けた。

結局、一〇月八日にベオグラードで行なわれた第一戦では一対五で敗れ、一一月二六日、厳戒態勢の孝昌運動場で行なわれた第二戦でも一対三で敗れたため、韓国はワールドカップへの出場権を得ることはできなかった。

そして、このころから、韓国サッカーの勢いにも、陰りが見えはじめたのであった。

一方、韓国には押されっぱなしの日本だったが、この当時、次の飛躍のための地固めがなされていた。

六〇年の八月から九月にかけて、日本代表チームは五十日間のヨーロッパ遠征を行ない、さらに西ドイツ協会に依頼して、本格的なコーチを招くことになった。それが、「日本サッカーの恩人」と言われている、デットマール・クラマーである。クラマーは、その年の一〇月から十三ヵ月の間、日本代表チームを指導し、その後も折にふれて来日して、日本サッカーの変革に大きく寄与した。

日本代表チームの監督も、長年務めてきた竹腰重丸に代わり約二年間、高橋英辰が務めた後、長沼健に受け継がれ、コーチには岡野俊一郎が就任するなど、指導者が大幅に若返った。また、六四年一〇月に開催された東京オリンピックでは、釜本邦茂（早大）をはじめとして、横山謙三（立大）、森孝慈（早大）、小城得達《おぎありたつ》（中大）、山口芳忠（中大）、杉山隆一（明大）、といった、当時はまだ学生だったが、やがてメキシコの主役となる選手たちも代表に選ばれている。

東京オリンピックで日本は、一〇月一四日に強豪アルゼンチンと対戦した。一対二とリードを許して迎えた後半二六分、釜本のセンタリングを、今日、Jリーグ・チェアマンを務める川淵《かわぶち》三郎がヘディングで決めて同点に追いつき、三七分には杉山からのパスを小城が決めて勝ち越し、三対二でアルゼンチンを破るという金星を挙げた。第二戦のガーナには二対三で敗れたが、日本は準々決勝に進出し、チェコスロバキアには〇対四で負けたものの、次につながる大きな一歩を記した。

一方の韓国も、崔貞敏が引退するなど、世代交代の時期に差しかかっていたが、このころの成績は芳しくなかった。東京オリンピックには、アジア予選で南ベトナムなどを破って出場したが、チェコスロバキアに一対六、ブラジルには〇対五で敗れ、予選落ちが確定している状態で戦ったアラブ連合（現、エジプト）との試合は〇対一〇という大惨敗を喫した。

さらに、六七年四月には、タイのバンコクで開催されるアジアユース選手権への出場に対して、文教部から待ったがかかった。このところの成績不振と、海外遠征における選手たちの不穏当な行動が、その原因であった。

六六年一二月にバンコクで開催されたアジア大会で韓国は、タイ、ビルマに連敗して予選落ちし、しかも一部選手が選手村を無断で抜け出すという事件も発生した。さらに、ある選手が輸入禁止品目を持ち込み摘発されるという不祥事まで起こった。

アジアユース選手権のほうは、韓国が次期大会の開催国であるという立場もあり、文教部を説得して何とか出場することができた。しかし、このころの韓国サッカー界は、文教部から警告を発せられるほど、たがの緩みも目立っていたのであった。

そのころ日本では、クラマーの提言に基づいて六五年に、東洋工業、八幡製鉄、古河電工、日立、三菱重工、豊田織機、名古屋相銀、ヤンマーの八チームが参加して日本リーグが発足し、新しい時代を迎えていた。

そして、六八年のメキシコオリンピックでは、釜本、杉山らの活躍によってナイジェリアに勝ち、ブラジル、スペインに引き分けて決勝トーナメントに進出。準々決勝でフランスを三対一で破り、準決勝ではハンガリーに敗れたものの、三位決定戦において地元メキシコに二対〇で勝利を収め、よく知られているとおり、銅メダルを獲得した。これは、日本サッカーの歴史に輝く金字塔であり、当時、国際的な評価では、日本は韓国を完全に引き離していた。

この時代、韓国にとっては、もう一つ衝撃的なことが起きた。

六六年のワールドカップ・イングランド大会では、アジア、アフリカ、オセアニアから一つの代表を出すことになっていた。要は、サッカーはヨーロッパと南米だけであって、あとは問題にならないといったわけだが、これに対してアフリカの一五ヵ国は、抗議の意味で参加をボイコットした。日本も、ワールドカップ出場がアマチュア規定に抵触することを恐れて、参加を見合わせていた。

こうした中で北朝鮮が、予選参加を申請した。このため、韓国は苦渋の選択を迫られる。

――ワールドカップに備えて六三年に代表チームを構成した北韓は、ワールドカップ予選に臨む直前まで総三〇回の国際試合を行ない、二九勝一敗という、驚くべき成績を収めている、アジアの新興サッカー強国だった。もし我々が参加を申し込み、北韓に敗北を記録したら……。

もちろん、勝てば、この上ない〝勝利〟であることは明らかだ。国民に自信を与え、政治的にも安定感をもたらす好機。しかし、それは賭けであり、賭けの中でも、大変勝算の低い賭けであることは明らかであった。――『94U・S・Aワールドカップ・ガイドブック』（前掲書）

東京オリンピック以後の沈滞ムードから抜け出せないでいた韓国は、結局参加を断念した。このためFIFAから、五〇〇〇ドルの罰金を課せられることになる。

朝鮮戦争によって、北朝鮮も潰滅的《かいめつてき》な打撃を受けたが、休戦後は社会主義国家の建設運動が急ピッチで進められた。この運動は、一日に千里を走るという朝鮮の伝説の名馬からとって、千里馬運動と呼ばれている。そして、スポーツ界においても、五四年六月に内閣直属の体育指導委員会が組織され、再建に向けて動き出した。

五四年の日韓戦にGKとして出場した村岡博人は、その後、共同通信の記者となり、五九年から六〇年にかけての冬に、朝日、毎日、読売、産経新聞の記者とともに北朝鮮を訪問している。

村岡は、『サッカーマガジン』（ベースボールマガジン社刊）の六六年八月号において、当時の北朝鮮のサッカー熱について、次のように記している。

——競技場も一〇万人を収容する平壌のモランボン競技場をはじめ、三万人以上を収容できるスタンドをもったグラウンドだけで一〇〇をこえ、観客席のないものを加えると正規のサッカー場だけで約三〇〇をかぞえることができる。サッカーのチームは全国で約七〇〇〇、選手は二五万人といわれ、国際試合に出てもはずかしくない一級チームだけでも、「モランボン」「平壌」「労働者」「二・八」「機関車」「月飛山」「鴨緑江」など十二をかぞえることができる。これらのチームはリーグ戦をやっており、平壌の場合はリーグが一部から五部まであり、成績によって入れ替えが行なわれる。——

このような環境で鍛えられた北朝鮮は、予選でオーストラリアを破り、本選に出場した。本選でも、第一戦はソ連に〇対三で敗れ、第二戦はチリに一対一で引き分けたものの、第三戦では、エースストライカー・朴斗翼《パク・トゥイク》のシュートが決まり、一対〇で何とイタリアを破るという、大番狂わせを演じた。これは、アジア勢としては、ワールドカップにおける初勝利であり、アジアのサッカーなどまったく眼中になかった世界のサッカー関係者を驚嘆させた。準々決勝に進出した北朝鮮は、ポルトガル相手に、最初は三対〇でリードしたものの、二本のPKを決められるなどして逆転されたが、その戦いぶりは、世界中のサッカーファンに強烈な印象を残した。

政治的に厳しい対立関係にある韓国としては、北朝鮮のこの活躍に強いショックを受けた。

しかし、サッカー関係者にすれば、同じ民族の快挙だけに、自分たちにもできるのではないかという可能性を示唆するものでもあった。

さらに同じころ、国籍問題のため公式試合には出場できないが、日本のサッカー界において「知られざる強豪」として一目置かれていたチームがあった。在日朝鮮人によって構成された「在日朝鮮蹴球団」がそれである。

六〇年九月、在日朝鮮人の北朝鮮への帰国事業開始一周年を記念する行事として、帰国船が出航する新潟で、在日朝鮮人の東西対抗サッカー競技が行なわれた。その後、オール新潟選抜チームとも試合をして、在日朝鮮人のチームが五対〇で勝利を収めている。

こうしたことから、チーム結成の気運が盛り上がり、六一年八月に誕生したのが、在日朝鮮蹴球団であった。在日朝鮮蹴球団は、六六年には、釜本、森らを擁して天皇杯全日本選手権を制した早大と試合をして二対一で勝つなど、日本の有力チームと対戦しても互角以上の戦績を誇っていた。

――一九八六年に朝鮮蹴球団が七百八十二戦して七百五勝、四十引き分けの成績で結成二十五周年をむかえたとき、日本の各スポーツ紙は「無冠の王者」と、その実力を高く評価した。

――『朝鮮のスポーツ二〇〇〇年〜海を越えて朝日交流』（白宗元著、柘植《つげ》書房刊）

これほどの強豪だけあって、在日朝鮮蹴球団からは多くの名選手を輩出している。なかでも有名なのが、「関学のリー」として知られた李昌碩《リ・チャンソク》である。李昌碩は、五六年の全国高校選手権で芦屋《あしや》高校がベスト8に進出した時の主力選手であり、関学クラブが五八年、五九年と天皇杯連覇を達成した時のCF、主将であった選手である。

『週刊朝日』の九二年一一月六日号には、「Jリーグ人気の陰で甦《よみがえ》る在日朝鮮人サッカー無敵伝説」（文・青柳健）という記事が掲載されているが、その記事の中で、Jリーグ・チェアマンの川淵三郎は、李昌碩をこう評価している。

――「国内選手の中では、だんとつにうまかった。ドリブルでもフェイントでも、今の選手が身につけている技術をすでに持っていました。あのころなら国際レベルでも通用したかもしれない」――

かつて、韓国代表選手として活躍した李錫儀《イ・ソギ》にしてもそうであるが、在日韓国・朝鮮人が、日本サッカーの発展に果してきた役割は大きい。しかし、彼らが活躍できる場は、きわめて限られている。

在日朝鮮蹴球団は、結成当初は、日本の各大学で活躍したプレーヤーが多かったが、次第に朝鮮高級学校や朝鮮大学校の出身者で固められるようになっていった。そうした民族学校の中でも、東京朝鮮高級学校は、隣接する全国屈指の強豪・帝京高校と練習試合を行なっても、ほぼ互角の実力を誇っていた。

しかし、学校教育法第一条に定める学校（一条校）ではない、こうした民族学校は、長い間、日本の全国大会に出場することはできず、「陰の強豪」の地位に甘んじるしかなかった。このような状況にも、最近ようやく、変化の兆しが見えはじめた。

九四年度からは高校総体に、九六年度からは全国高校選手権に朝鮮高級学校も出場できるようになり、九七年度からは朝鮮中級学校の全国中学校体育大会への参加が認められ、スポーツの面でも、在日韓国・朝鮮人に対する門戸開放の動きは進みつつある。

しかし、九三年に開幕したJリーグにおいては、在日韓国・朝鮮人に対して、門戸が完全に開放されているわけではない。

Jリーグ規約の中には「外国籍扱いしない選手」という項目があり、日本で生まれ、一条校を卒業した人であれば、日本国籍を有しない場合でも外国籍扱いしない、ということになっている。しかし、これには「ただし」が付いており、一チームにつき一人に限られている。しかも、一条校を卒業していない者は、この項目に該当せず、最初から南米やヨーロッパの選手と同様に、五人の外国人枠を争わなければならない。

Jリーグの場合、国内のリーグ戦と代表チームの強化が一体のものであることから、そうした規則が存在するのであろう。それも分からないではないが、Jリーグは、本来のポリシーが地域重視であるはずだ。今、在日韓国・朝鮮人の中心は、三世、四世の代に移りつつあり、日本社会の一員として、しっかりと根を下ろしている。こうした人たちが、学生時代は日本人の若者と同じように活動できても、さらに上のレベルを目指す時、国籍のみを理由にして、その活動の場を制限されることに、今日、どれだけの妥当性があるのだろうか。

いずれにしても、一九世紀末から二〇世紀初頭にかけて始まった、朝鮮サッカーの伝統は、歴史的あるいは政治的な事情などによって、活躍する舞台は異なっていても、それぞれの土地に息づいているのである。

アジア盟主の座を賭けた闘い

六〇年代の中盤から後半にかけて、サッカーにおける日本と韓国の力関係は、国際的評価から見れば、東京、メキシコの両オリンピックで活躍した日本が優位であったことは間違いない。しかし、こと日韓二国間の直接対決になると、必ずしもそうではなかった。日本が銅メダルを獲得したメキシコオリンピックにしても、そのアジア予選で、日本は韓国によって、アジア代表の座を危うく失うところであった。

六七年九月二七日から東京で開催されたメキシコオリンピックのアジア予選は、日本、韓国、南ベトナム、レバノン、台湾、フィリピンによって、代表一つの座を賭けて争うことになった。そして、一〇月七日、ともに三戦全勝で迎えた日韓の直接対決は、その後に一試合ずつを残してはいるものの、事実上の代表決定戦であった。

試合前の評判は、圧倒的に日本有利というものだった。日本は、前半で三点差をつけて、後半は、守り重視の布陣を敷く腹づもりで試合に臨んだ。

小雨の降り続く天候にもかかわらず、国立競技場を埋めた超満員の観衆が見回る中で行なわれた試合は、前半一三分に宮本輝紀《てるき》が、三七分には杉山隆一がそれぞれシュートを決め、日本が幸先よく二点をリードした。しかし、セーフティ・リードと思われた三点差をつけることは、なかなかできなかった。

その結果、守りの布陣に切り替える踏ん切りがつかないまま迎えた後半、韓国は猛然と反撃に出た。六分に李會澤《イ・フェテク》のシュートが決まると、二四分にはフリーキックからの攻撃を許允正《ホ・ユンジョン》がヘディングで決め、韓国は、たちまち二対二の同点に追いついた。

日本は逆に、苦しい立場に追い込まれたが、すぐさま釜本邦茂が勝ち越しのシュートを放ち、今度こそ日本が勝利を決めたかに思えた。しかし、そのすぐ直後に、金基福《キム・ギボク》の同点シュートが決まり、再び振り出しに戻った。

こうして、試合は同点のまま終わろうとしていたが、終了直前、三点目のシュートを放った金基福が、今度はゴールから約三十メートル離れたところから強烈なシュートを放ち、ボールはGK・横山謙三の頭の上を越えていった。日本側が、思わず目をつぶった瞬間である。しかし、日本のゴールに突き刺さるかに見えたボールは、クロスバーを強打して、韓国側の得点にはならなかった。

ほどなく試合は終わり、試合は結局、三対三の引き分けに終わった。

最終戦は、日韓ともに勝利で飾り、四勝一引き分けで並んだが、日本は第一戦でフィリピンを一五対〇という大差で破ったことが物を言って、得失点差で韓国を上回り、オリンピックの本選に出場することができた。

日韓の直接対決において、試合終了直前に金基福が放ったシュートが、ほんのわずかでも低かったら、日本の銅メダルという栄光もなかったことになる。まさに、紙一重のところでつかんだアジア代表の座であった。

この時の韓国チームのヘッドコーチは、日本統治下であった四一年の明治神宮国民体育大会で、神戸一中とやはり引き分けとなる大熱戦を繰り広げた朝鮮代表・普成中学の選手として活躍した張慶煥《チャン・ギョンファン》であった。張慶煥は、六七年の日韓戦が終わった後、次のような談話を残している。

――日本役員は4―1で勝つといっていたそうだが、勝負は水モノだし、私はそんな大きなことはいえなかった。だが、勝つつもりでいたし、そのチャンスもあった。前半は球の持ちすぎが失敗、ハーフタイムには球を早く離して走れ、と命じた。選手たちも本当によくやった。日本は大変な強化策をとっているのはうらやましい。この次はきっと勝ってみせます。

――『朝日新聞』(六七年一〇月八日付)

しかしこの当時、韓国も「大変な強化策」をとって、六一年ごろから続いていた低迷から抜け出そうとしていた。

そのきっかけとなったのが、六六年のワールドカップ・イングランド大会における、北朝鮮のベスト8進出であった。北朝鮮の活躍が朴正熙政権に与えた衝撃は、日本人の想像を超えるほど大きなものがあった。サッカーの復興は国家的次元での課題となり、その命を受けたのがなんと、韓国中央情報部、すなわちKCIAの部長であった金炯旭《キム・ヒョンウク》である。

――六〇年代後半、金炯旭KCIA部長の力は、政治の舞台でまさに向かうところ敵なしだった。

「金炯旭部長は、朴正煕大統領のためとあれば、手段、方法を問わなかった」

金在淳《キム・ジェスン》議員（当時、共和党のスポークスマン）は、こう回顧している。

「金炯旭KCIA部長の絶対的なパワーは、言うまでもなく朴正煕大統領により保障されたものだった。朴大統領は、金部長のあだ名「南山の猪《いのしし》」「豚カツ」にふさわしい〝猪突猛進《ちょとつもうしん》的《てき》な力〟を、政権防御の武器として十分に活用した。――『実録KCIA〜南山と呼ばれた男たち』（金忠植著、鶴眞輔訳、講談社刊）

このように金炯旭は、朴正煕政権下の恐怖政治の演出者と言われた人物であるが、六九年一〇月に政治問題の絡みで解任されると、七三年にはアメリカに亡命。今度はアメリカの議会で、朴正煕政権の不正腐敗を暴露する証言をするとともに、回顧録を著したが、七九年にパリで失踪《しっそう》して以後、一切の消息を絶っている。

いずれにしても、サッカー復興のために、この金炯旭が中心となって六七年の一月に結成したのが、中央情報部所属の陽地《ヤンジ》というチームであった。陽地には、GKの李世淵《イ・セヨン》をはじめとして、金正男《キム・ジョンナム》、丁炳卓《チョン・ビョンタク》、李會澤、許允正、金基福など、当時は日本でも名前が知られていたスター選手が入団しており、韓国代表チームのメンバーの大半を占めていた。陽地の選手は、全員合宿生活をし、厳密なカロリー計算をした食事をするなど、徹底した健康管理のもと、中央情報部の敷地内にあるグラウンドで練習していた。当時、日本人記者が、何度か練習の取材を申し込んだが、場所が場所だけに許可されなかったという。

　メキシコオリンピック予選の時も、韓国チームは、この陽地を中心に編成されていたが、最大の目標はやはり、七〇年にメキシコで開催されるワールドカップだった。その予選（第一五群・A組）は、日本、韓国、オーストラリアが参加して、六九年一〇月にソウルで行なわれることになっていた。そして陽地も、ベルリンオリンピックに出場した金容植《キム・ヨンシク》を六七年の秋から監督に迎え、万全の体制を整えていた。

　こうした韓国側の動向について、日本の『サッカーマガジン』六九年六月号は、「無気味な韓国サッカーの動き」という特集記事を組んでいる。

――〝十月決戦〟をめざす韓国は四月十二、十三日、代表選抜試合を行ない、十七日から合宿に入った。六月には欧州遠征も計画されている。その上「合宿が今からでは遅すぎる」という非難の声すらあがっている。その言葉からも、十月決戦にかける韓国の民族の血のたかまりが感じられ、無気味である。――

　また、韓国のサッカー関係者の声として、次のような言葉が紹介されている。

――「私たちは財政的にも日本と違い、欧州の洗練されたチームプレーや作戦を覚える機会が乏しく、その点では日本に一歩譲っているけれど、日本の優秀チームたる高校、大学、実業団とて、韓国では全面的に勝ち星が少ないではありませんか。

底辺は日本よりはるかに広く深く、また個人個人の実力は、日本より上回って、体力とファイトでは決して日本チームにひけはとらない。来たるべき十月の試合をみていてください」――

こうしたことからも分かるように、韓国の意気込みは半端ではなかった。そして、代表選手の大半が所属する陽地は、六月にギリシアのアテネで開催された国際軍人サッカー選手権を中心として百五日間に及ぶヨーロッパ遠征を行なって本番に備えた。

一方、日本では、メキシコオリンピックでの快挙によって爆発的なサッカーブームが起きており、その勢いを駆ってワールドカップへの出場を何としても実現したいところであった。しかし、予選の直前になって、頼みとするエースの釜本が肝炎で入院し、試合に出られないというアクシデントに見舞われた。

このような状況のもと、一〇月一〇日から、予選がソウル運動場で始まり、まず第一戦で日本はオーストラリアに一対三で敗れた。そして、一〇月一二日。いよいよ日韓の直接対決を迎えた。

前半は韓国のペースで進み、八分には金基福のシュートで先制。日本も、三三分に杉山のロングシュートで同点に追いついたものの、三八分には、朴秀一《パク・スイル》が逆転のシュートを決めて、再び韓国がリードを奪った。

しかし、後半になると日本が攻勢に転じ、七分には桑原楽之《やすゆき》が同点のシュートを決め、引き続き日本が押し気味に試合を進めた。決定的なチャンスも何度かあったが、あと一歩のところで得点を挙げられず、この試合は二対二の引き分けに終わった。

この試合に関して、『韓國蹴球百年史』（前掲書）には、次のような逸話が掲載されている。

――この日、ソウル運動場には、朴正熙大統領も来て韓日のサッカー対決を観戦していたが、韓国選手たちが、後半戦で、あまりにも元気がないので、横に座っていた金炯旭中央情報部部長に、「我が選手たちは、ろくに食べていないようだな」と言ったという。

当時、国家代表サッカーチームは大部分、陽地所属の選手たちであり、陽地チームはまさに中央情報部に所属していたチームなので、金炯旭部長に尋ねたのであった。この言葉を聞いた金部長は、その日の晩、選手宿舎に駆けつけ、選手たちの給食を任されている管理人を呼びつけて、「一日三食、欠かすことなく、カルビだけ食べさせるようにしろ」という、特別指示を下したという後日談が残されている。――

しかし、その二日後、カルビを食べて臨んだオーストラリア戦で、韓国は一対二で敗れたため、韓国の諺《ことわざ》で「肉も食べたことのある人がよけいに食べる」（何事もいつもしている人がよくできる、という意味）という言葉が流行《はや》ったという。

この時の予選は、二回総当たりで行なわれたが、日本は一八日に行なわれた試合でも韓国に〇対二で敗れ、韓国もオーストラリアに一敗一引き分けであったため、ともにワールドカップ出場の夢は絶たれた。

メキシコオリンピックでは銅メダルを獲得した日本であったが、その後の成績は芳しくなかった。七〇年一二月に、タイのバンコクで開催されたアジア大会においても、準決勝で韓国に一対二で敗れ、三位決定戦でもインドに〇対一で苦汁をなめた。日本に勝った韓国は、決勝戦でビルマに〇対〇で引き分け、ビルマと並んで優勝している。

日本にすればメキシコの栄光を次につなげるためにも、ミュンヘンオリンピックに出場することは、大きな意味を持っていた。そのアジア予選は、七一年九月二三日からソウルで、日本と韓国のほかに、マレーシア、フィリピン、台湾が参加して、一つの代表の座を賭けて争われることになっていたが、焦点は何と言っても日韓戦であった。

『サッカーマガジン』七一年五月号に掲載された、この予選に向けての座談会のタイトルは、まさに「韓国に勝てるチームを作ろう！」というものだった。この座談会で、代表チーム監督であった岡野俊一郎は、次のように語っている。

――とにかく大きな意味で日本サッカーを発展させるということ。それには、いろいろなやり方があると思いますが、なんとしてでも、予選に勝ってミュンヘンにいかなければならない。従ってあらゆる対策が、ミュンヘンをどう戦うかということに集中されているわけです。一口に〝じゃあいけるのか〟といわれたら、やってみなければわからないわけなんですが、是が非でもいくんだということ。それにはまず韓国に勝てるチームを作ることが、われわれのいちばん大きな目標です。――

さらに岡野は、

――アジア大会でやった反省として、まず韓国に負けちゃいかん、これが第一じゃないか、日常生活の中で、一人一人の選手の努力が、予選に結びついてくるんだという執念、激しい気迫を持てば、それは実際にプレーの上に出てくると思う。——

と、語っていることを見ても分かるように、韓国に勝つということは、日本サッカー発展のためには不可欠の課題であり、それだけに韓国戦に対する並々ならぬ覚悟が窺《うかが》える。

一方、六〇年代末から七〇年代にかけての韓国サッカー界は、大きな変化の中にあった。

金炯旭が、六九年一〇月に中央情報部部長の職を解任されると、それまで韓国サッカーの中心であった陽地チームも七〇年三月に解体した。そして、それ以後の軸は、金融機関のサッカーチームに移っていった。

このころ、大韓蹴球協会の実権を握っていたのは、六九年二月に理事、七二年一月に会長に就任した張 徳鎮《チャン・ドクチン》であった。張徳鎮は、六九年当時、財務部財政次官補兼大統領外資管理首席秘書官を務めていた人物である。こうした立場にある張徳鎮の要請により、六九年には、銀行など金融機関のサッカーチームが続々と誕生し、この年の五月には、信託銀行、産業銀行、住宅銀行、朝興《チョフン》銀行、商業銀行、外換銀行、第一銀行という七つの銀行によって、金融機関チームのリーグ戦として、金融団蹴球大会が始まった。そして七〇年一二月に開催されたアジア大会においては、代表選手二〇人のうち、金融機関のチームに所属する選手が一一人を占めていた。

七〇年には、それまで国際試合があるたびに代表チームを編成していた従来の方針を転換し、ミュンヘンオリンピックに備えて、代表チームの常備軍を設けることになり、A代表に相当するチームは青龍《チョンニョン》、B代表に相当するチームは白虎《ペッコ》と名づけられた。そして、七一年一月一三日から二月二一日まで青龍チームの南米遠征が行なわれたのをはじめとして、イギリスからコーチを招いたり、外国チームとの親善試合をこなすなどして、オリンピックの予選で日本を倒すことに全力を傾けていた。

『サッカーマガジン』七一年一〇月号では、韓国・京郷《キヨンヒャン》新聞の申徳相《シン・ドクサン》が、予選を控えた韓国側の空気を、次のように伝えている。

——韓国サッカー界は、今度の大会の勝敗が、約四、五年の差をつけるものとみている。勝てばそのムードをもって四、五年分たちまち前進するけれども、負けた場合は、ムードを盛り返すために、四、五年はかかるとの見方なのである。——

この見方は、その後の展開を考えれば、かなり的を射ており、日韓二国の枠の中だけで見れば、その影響はもっと大きかった。さらに、この時の日韓戦の見通しについて、申徳相はこう記している。

——先輩選手やサッカー界の指導者連中は、韓国サッカーの伝統をけがさない勝利を求めており、余裕ある勝利でなければだめだと、力づいている。日本の岡野俊一郎監督の手の内は、韓洪基《ハン・ホンギ》コーチがよく知っているように、岡野監督も韓コーチの駒組《こまぐみ》はわかっているため、韓日戦の判断はむずかしいと、慎重論をいう人もいる。——

韓国としては、国の誇りにかけても、日本には勝たなければならない。それは、いつの時代でも同じである。しかし、日本にとっても、韓国との試合には、特別な思い入れがある。

代表チームのコーチであった八重樫茂生は、『サッカーマガジン』同年八月号において、こう語っている。

――絶対に勝ちます。いや意地でも負けられません。不思議なもので、日韓戦となると伝統的にわれわれはもちろん選手まで異常なほどファイトがかき立てられるんです。長い間の隣国のライバルということもありますが、ちょうど学生野球の〝早慶戦〟といったムードがピッタリです。だから、どうしても負けられないのです。――

ミュンヘンオリンピックの予選として行なわれた注目の日韓戦は、一〇月二日、ソウル運動場で、その日の第二試合として行なわれた。

韓国は、金正男、金浩《キム・ホ》のダブルストッパーで釜本の動きを封じるなか、緊迫の試合が続き、前半は両チームとも得点を挙げることはできなかった。そして、後半三分、朴洙徳《パク・スドク》が先制ゴールを決め、韓国が一点先取したが、日本もすぐさま杉山のセンタリングを永井良和が持ち込んで、同点に追いついた。しかし、日本は次第に疲れが見えはじめ、三八分には、朴利《パク・イ》天《チョン》のロングシュートをGK・横山謙三がはじいたところを丁圭豊《チョン・ギュプン》に決められ、韓国が二対一で日本を破った。

しかし、この時の日韓戦は、当初期待されていた意味をなしていなかった。この予選では、伏兵と目されていたマレーシアが、韓国を一対〇、日本を三対〇と、それぞれ連破し、日韓戦が行なわれた一〇月二日の第一試合においても、フィリピンを五対〇で破って、すでにオリンピック初出場を決めていたのであった。したがって、宿命の対決も、

──第二試合の日韓戦は、宿命のライバルということもあって、観衆は大いにわいたものの、優勝が決ったのちの早慶戦そっくり。──『朝日新聞』(七一年一〇月三日付)

と、揶揄《やゆ》されていたほどだった。

日本代表チームは、東京オリンピックを契機に大幅な若返りを図ったが、ミュンヘンオリンピックの予選においても、代表選手の顔触れはあまり変わっておらず、「東京オリンピックの遺産に甘えている」、という批判もなされていた。メキシコオリンピックで銅メダルを獲得した日本は、その四年後には、アジアですら勝てなくなっていたのだった。

もっとも、韓国にしても、この予選脱落は衝撃的であり、張徳鎭をはじめとする大韓蹴球協会の幹部は、韓国中から沸き起こる強い批判の矢面に立たされていた。

いずれにしても、オリンピックのアジア予選に関しては、日本と韓国のうちで勝ったほうが代表になると思われていただけに、アジアにおける新しい勢力の伸張は、日韓双方にとって大きな衝撃であった。

日韓定期戦

日本と韓国は、外交的には、六五年六月二二日に調印された日韓基本条約により国交が正常化されたが、これに対して韓国内では激しい反対運動が展開された。反対のデモは、交渉の妥結が近づいた六四年の三月から次第に全国に拡散していき、六月三日にはソウルで、二万人のデモ隊と警察が衝突し、一日で二百人余りの負傷者が出たほか、千二百人余りの人が逮捕・拘束され、ソウル一帯には非常戒厳令が布告された。このように、日本と韓国の国交は、韓国内の激しい反対世論を押し切って結ばれたものだった。

サッカーにおいても日本と韓国は、ぎくしゃくとした関係にあった。五四年に行なわれた初の日韓対決以来、定期戦を行なってお互いに切磋琢磨《せっさたくま》していこうという話は、両国のサッカー関係者の間でしばしば出ていたが、その都度消えていた。

しかし、日韓の国交が正常化されてからは雰囲気も変わりはじめ、ミュンヘンオリンピックの予選でともに敗北したことをきっかけに、両国のサッカーが交流していくことの必要性が、より強く叫ばれるようになった。その結果、七二年からフル代表の対戦に学生代表の試合も加えた、日韓の定期戦が開催されることになった。

その具体的な経緯について、『サッカーマガジン』七二年九月号では、次のように記している。

――定期戦の話が具体的に進められだしたのは、昨年秋のミュンヘン予選ごろから。当時、韓国の首都ソウルで、岡野俊一郎監督（当時）が大韓蹴球協会副会長の李時東《イ・シドン》氏と日程などの話し合いをして話を煮つめ、その後、李時東氏が来日して日本側と折衝、構想をかためていった。

日本蹴球協会ではこの話しあいをもとに、ことし二月十八日の定例理事会で、ことしは日本でやりその後隔年交代して開催する旨などを承認。三月九日には正式文書で日本側から提案の形で大韓蹴球協会に申し入れ、五月二十六日にも具体的な条件を示した文書を送り、六月十三日付けで、韓国からこの案に完全に賛成である旨の返事があって、定期戦は確実なものとなった。——

日韓定期戦を実現するために、精力的に活動した大韓蹴球協会副会長の李時東は、実は、四〇年秋の明治神宮国民体育大会で日本の各チーム相手に五試合で三七点を奪うという圧倒的な強さで優勝した、朝鮮代表・中東中学の選手だった。さらに、早大にも留学経験があり、解放後も日本と韓国のサッカー交流に尽くした人物である。ここでも、昔からの人脈が生きたわけである。

しかも、日韓定期戦は、主審を第三国から招いた代表チーム同士の対抗戦という意味で、日本のサッカー界にとっても画期的な試合であった。

その記念すべき第一戦は、九月一四日、東京の国立競技場で行なわれた。日本と韓国の試合は、五四年に初めて対決した時も、六七年のメキシコオリンピックの予選の時もそうであったが、なぜか天候には恵まれない。この日も、雨が断続的に降り続き、時折、強く降るという悪天候の中で行なわれ、そのため客足も伸びず、観衆は一万五千人であった。

しかし、代表チーム同士の試合は、悪コンディションにもかかわらず、熱戦が展開された。

そして試合は、二対一で韓国がリードしていたが、終了直前に釜本が同点のシュートを決め、ぎりぎりのところで日本は引き分けに持ち込んでいる。

また、この試合に出場した韓国選手の中には、当時一九歳で高麗大学の学生であった、車範根《チャ・ボングン》の名前もある。車範根は、七〇年代の韓国における最高のプレーヤーであり、七九年からは西ドイツのブンデスリーガで活躍し、現役を退いた今もなお、サッカーにあまり関心のない人の間でも、その名が知られているスーパー・スターである。日韓を代表する新旧の両ストライカーの対決は、この試合においては、ベテランの釜本に軍配が上がった。

この日韓定期戦は、韓国でも多くの人が、関心を持って見つめていた。

――韓国国営テレビも、ミュンヘン五輪から帰国途中のスタッフを動員してソウルへ宇宙中継。民間放送も二社がラジオ中継した。

「韓国はサッカーが国技、視聴率は一〇〇％近いでしょう。ソウルに来ている北の人たちにも、日本と韓国が仲良く試合をしているところを見てもらいたいですね」とテレビ・スタッフのひとり。――『朝日新聞』（七二年九月一五日付）

この年の七月四日、歴史的な南北共同宣言が、ソウルと平壌で同時に発表された。その内容は、①統一は、外部勢力に依存したり、外部勢力の干渉を受けることなく、自主的になし遂げられなければならない、②統一は、武力行使によらずに平和的な方法でなされねばならない、③思想や理念、制度の違いを超えて、一つの民族として民族的な大団結を図らなければならない、という大原則の上に立って、お互いに相手を中傷したり、誹謗《ひぼう》したりしないこと、多面的な交流を行なうこと、赤十字会談の成功のために協力すること、常設直通電話を架設して軍事事故を防止し、南北間に提起された問題に迅速に対応すること、合意事項を推進させるために南北調節委員会を設置することに合意したものであった。

南と北に別れた離散家族の問題を解決するための、南北赤十字の予備会談は、七一年九月に板門店で始まっていたが、七二年八月三〇日には平壌で本会談が開幕し、九月一三日からはソウルで行なわれていた。日韓定期戦が行なわれている時も、韓国の国民は熱い眼差しで、この会談の成り行きを見守っていたのである。しかし、会談も回を重ねるにつれ、成果が期待できない状況が明らかになっていった。

日韓定期戦のほうは、翌年の六月二三日にソウルで第二回目が行なわれ、この時は二対〇で韓国が勝っている。

そして、七四年九月二八日、東京・国立競技場で行なわれた第三回の定期戦において日本は、釜本らの活躍により、四対一という大差で、ついに韓国を破った。この勝利は、五九年のローマオリンピックの予選で勝って以来、十五年ぶりの勝利であった。

――韓国を相手に勝つことを忘れてしまったような日本がとうとう勝った。なんと十五年ぶり。メキシコ五輪で銅メダルをとった時でさえ、アジア予選では韓国に引き分け得失点差で代表になったものだ。十五年ぶりを協会関係者はだれも覚えていなかった。――『朝日新聞』（七四年九月二九日付）

こうした記事にも表われているように、これはきわめて貴重な一勝だった。しかし、この勝利が、それまで韓国にはやられ放しであった日韓の力関係までも変えるものではなかった。右の記事は、さらに、こう続けている。

――だが、この勝利で韓国との差がなくなったわけではない。この日は韓国のできが悪すぎたし、日本は最近にないまとまりの良さ。日本がソウルで対戦した場合には勝てないかも知れない。――

この記事が予想したように、韓国の壁は、その後も世界の舞台での活躍を夢見る日本サッカー界の前に、厚く立ちふさがり続けた。

韓国プロリーグの誕生

七四年に西ドイツで開催されたワールドカップの予選では、日本は一次予選の準決勝でイスラエルに敗れたため、日韓の直接対決はなかった。

この当時の韓国は、車範根に加えて、一九〇センチという長身FWの金在漢《キム・ジェハン》などを擁し、きわめて評価の高いチームであった。そして、この時の予選では順調に勝ち上がり、オーストラリアに勝てば本選出場というところまで行ったが、ホーム・アンド・アウェーの試合は二試合とも引き分けに終わり、第三地域である香港で行なわれた第三戦に敗れたため、韓国のワールドカップ出場は実現しなかった。

ミュンヘンオリンピックの予選以後、日本と韓国が世界の舞台への進出を賭けて対決したのは、七六年の三月から四月にかけて行なわれたモントリオールオリンピックのアジア予選であった。日本は一次予選でフィリピンを連破し、韓国も台湾に連勝したため、日本、韓国、イスラエルの三国が、ホーム・アンド・アウェー方式による決勝リーグで代表の座を争うこととなった。

三月二一日、東京の国立競技場で行なわれた日本と韓国の試合は、韓国が二対〇で圧勝した。翌日の『朝日新聞』は、次のような論評を掲載している。

——韓国も決して驚くほど強い相手ではなかった。冷静にみた場合、戦術的には日本と互角だ。だが、チェックの鋭さ、きびきびした回転能力、走り込む時のスピードといった個人的な身体能力の調整は、はるかに日本を上回っていた。このあたり、十一カ月間に、三つの国際タイトルをとり、三十五戦して二十七勝四敗四分けという鍛えられ方と、試合に対する心構えの差だろう。時たま欧州の強豪の胸を借り、のんびりムードで接触プレーをきらう、きれいごとのサッカーをやっている日本と、大いに違うところだ。——

三つの国際大会とは、前年の五月に行なわれた韓国の朴大統領杯、七月に行なわれたマレーシアのムルデカ杯、一二月に行なわれたタイのキングスカップのことである。韓国は、主としてアジアの国々が集まって開催されるこうした国際大会に、選手団を積極的に派遣しており、これらの大会の試合結果に、韓国のサッカーファンは一喜一憂しながら熱い視線を注いでいた。

一方、日本は、七五年に、皇帝と呼ばれたベッケンバウアーのいる西ドイツのバイエルン・ミュンヘンが来日するなど、メキシコオリンピック以降、外国の強豪チームとの試合が相次いで行なわれていたが、その実態は、

——海外遠征、外国チームの招待は年中行事となったが、結果的に成果は見られず、外国チームの招待は、代表強化というよりも、興行化されていった。——『激動の昭和スポーツ史⑨サッカー』(編集・発行、ベースボールマガジン社)

といったものであった。日本もムルデカ杯などには随時出場していたし、韓国も外国のチームとの招待試合や遠征をしばしば行なっていたが、重点の置き方は、両国の間に、はっきりとした違いがあった。

なお、モントリオールオリンピックの予選で日本と韓国は、七六年三月二七日に、今度はソウル運動場で対決した。この時は、一対一の同点で迎えた後半三二分に車範根のシュートで韓国がリードすると、その数分後には釜本が同点のシュートを決めるという、日韓両エースの活躍により二対二の引き分けとなって、日本にもオリンピック出場の可能性がわずかに残った。

このアジア予選は、もともと日本が誘致に成功しており、全試合が日本で開催される予定であったが、中国との関係で台湾選手団の扱いが問題となり、赤軍派などのテロに対する警

備の関係からイスラエル選手団の入国問題が生じて、結局、開催権を返上していた。しかし、イスラエルが決勝リーグに進出したため、対イスラエル戦における日本のホームゲームは、ソウルで行なわれることになった。

三月三一日にソウル運動場で行なわれた試合は、平日にもかかわらず二万人の観衆が詰めかけ、韓国のサッカーファンは、「釜本、釜本」の大合唱で日本チームを応援したという。韓国とイスラエルは首位争いを演じており、もし日本が勝てば、韓国にとって有利になるという事情があったからだが、韓国で行なわれるサッカーの試合で、日本に大声援が送られるということは、きわめて珍しいことであった。しかし、こうした声援もむなしく、日本は〇対三と大敗している。韓国もイスラエルに一敗一引き分けに終わり、ともにオリンピック出場はならなかった。

その後、七八年にアルゼンチンで開催されたワールドカップの予選においても、日本、韓国、イスラエルは、アジア地区予選第二組で対戦している。七七年三月、二戦ともテルアビブで行なわれた試合でイスラエルに連敗した日本は、三月二六日、東京の国立競技場に韓国を迎えたが、この試合は双方とも決め手を欠いて、〇対〇で引き分けた。

そして、四月三日に、ソウル運動場で行なわれた同カードでは、後半三九分に車範根がPKを決めて一対〇で韓国が勝ち、韓国は二次予選に進出した。最終の二次予選で韓国は三勝一敗四引き分けの成績であったが、イランには及ばず、やはり代表の座を逃している。

代表チームを中心として展開してきた韓国のサッカーであるが、国内チーム同士の試合の観客動員は伸び悩んでいた上に、代表チームへの選手派遣をめぐっては、国内大会での勝利を目指す所属チームとの間で軋轢《あつれき》が生じることもあった。

このような韓国サッカー界も、七九年二月に崔淳永《チエ・スニヨン》が大韓蹴球協会の会長に就任すると、大きな転機を迎えた。

大韓生命などを傘下に持つ、新東亜グループの総帥であった崔淳永は、会長に就任するにあたって、公約の一つに、「プロサッカー創設」を掲げた。そして八〇年一二月一〇日、韓国基督教宣教院長でもあった崔淳永が、自らオーナーとなって、韓国最初のプロチーム・ハレルヤを創設し、初代の監督には金容植が就任した。

このころの韓国は、またしても激しい変革の中にあり、国中が大きく揺れていた。七九年一〇月一六日、民主化を求める釜山大生のデモは、たちまち膨れ上がり、警察と激しく衝突するなか、一般市民も加わったデモ隊の一部は、一七日には派出所などを破壊し、釜山地域には非常戒厳令が布かれた。さらに、デモは近くの馬山にも飛び火して、「釜馬事態」と呼ばれる騒乱に発展した。

そして、一〇月二六日の夜、流行歌手などを招いての酒宴の最中、朴正熙は中央情報部部長・金載圭《キム・ジエギュ》によって射殺された。

朴正熙が暗殺されると、済州島を除く韓国全土に非常戒厳令が発令された。そして、一二月一二日には、当時保安司令官であった全斗煥《チヨン・ドウフアン》は、朴正熙が暗殺された時、現場の同じ建物の中にいた戒厳軍司令官の鄭《チヨン・》昇和《スンファ》を事件に関与した疑いで、大統領から事前の許可を得ることなく連行したが、その過程で、銃撃戦も繰り広げられた。韓国では「一二・一二事態」と呼ばれている、この粛軍クーデターを境に、全斗煥は権力を拡大していくことになる。八〇年の韓国は、「ソウルの春」と呼ばれ、長期独裁政権が終わって、人々は今度こそ真の民主政治が定着することを期待していた。しかし、春は長くは続かなかった。

五月一七日には、非常戒厳令が韓国全土に拡大され、同時に金大中《キム・デジュン》らが、「社会不安醸成および学生・労働運動など騒擾《そうじよう》の背後操縦」の容疑で逮捕された。そして翌一八日から約十日の間、デモの鎮圧のために空挺《くうてい》部隊まで動員し、大勢の市民が虐殺された、いわゆる光州事件が起きた。

八〇年代の韓国は、このように重苦しい空気が漂っていたが、八一年九月三〇日、西ドイツのバーデンバーデンからビッグニュースが飛び込んできた。

当時、八八年のオリンピック開催地をめぐって、ソウルと名古屋が誘致合戦を繰り広げていた。と言うよりも、日本側からすれば、名古屋開催はほぼ確定視されており、決定の瞬間を待つのみであった。しかし、蓋《ふた》を開けてみれば、ＩＯＣ委員の投票結果はソウル五二票に対して、名古屋はわずか二七票であった。

こうして、ソウルオリンピックの開催が決まったわけだが、これを契機として、韓国ではスポーツ熱が高まり、「体育立国」は全斗煥政権のスローガンとなっていった。政府は八二年三月に体育部（韓国の「部」は日本の「省」に相当）を創設したが、初代長官に後の大統領・盧泰愚《ノ・テウ》が就任していることを見ても、全斗煥政権のスポーツに対する力の入れ方が推測できる。

ソウル近郊・泰陵《テヌン》に造られた、最新の設備を備えたトレーニングセンターで練習を重ねるとともに、メダリストに対しては褒賞金などを支給するといった徹底した強化策は、日本でも話題になった。

モントリオールオリンピックで、レスリングの梁正模《ヤン・ジョンモ》が解放後初の金メダルを獲得した韓国は、ボイコットしたモスクワを挟んで、ロサンゼルスで六、地元ソウルで一二、バルセロナでも一二の金メダルを獲得している。

自国の選手がメダルを獲得することに対する期待の大きさは、日本も韓国も、それほど違うわけではない。しかし、期待の仕方には明らかな違いがある。日本では誰が、そして何個メダルを取るかに期待が集まっているのに対し、韓国では、そうしたこともさることながら、メダルの獲得順位に重きを置いている。すなわち、スポーツを通して韓国の威信を高め、韓国の世界的地位を向上させることへの期待が高いわけだ。ちなみに、モントリオールオリンピックの時の韓国の順位は一九位、ロサンゼルスの時は一〇位、ソウルの時は四位、バルセロナの時は七位となっている。

それはともかく、八〇年代はまた、韓国におけるプロスポーツ時代が幕開けした時期でもあった。サッカーより一年早い八二年、まずプロ野球が、ＭＢＣ（現、ＬＧ）、三美《サムミ》（現、現代《ヒョンデ》）、OB（現、斗山《トゥサン》）、ヘテ（現、起亜《キア》）、三星《サムスン》、ロッテの六チームによって始まった。三月二七日、ソウル運動場（現、東大門野球場）で、全斗煥大統領の始球式の後に行なわれたMBC対三星の試合が、その開幕カードであった。

一方サッカーのほうも、八二年一二月に油公《ユゴン》（現、SK）がハレルヤに次ぐ二番目のプロチームとして誕生し、翌八三年から、プロ二チームにアマチュアの大宇《デウ》、浦項《ポハン》製鉄、国民銀行の三チームを加えた、「スーパーリーグ」が始まった。開幕戦は、雨のため一日延びた五月八日、満員に膨れ上がったソウル運動場で行なわれたハレルヤ対油公の試合であった。そしてリーグ元年の優勝も、プロ第一号であるハレルヤが飾ったが、トータル四〇試合に約四十二万人の観衆を集め、スタンドは熱気に包まれていた。

この年の一二月には、大宇（現、釜山アイコンズ）、現代、ラッキー金星《クムソン》（社名変更により現、LG）という三つのプロチームが誕生し、翌年二月には浦項製鉄もプロ化して、プロチームは六つになった。

このころ、サッカーファンのみならず、韓国全体を熱狂させた出来事があった。八三年六月にメキシコで開催された世界ユース選手権に出場した韓国は、予選リーグを二勝一敗で通過し、準々決勝でも南米の強豪・ウルグアイを二対一で破り、ベスト4に進出するという快挙をなし遂げた。

準決勝ではブラジルに、三・四位決定戦ではポーランドにそれぞれ敗れたものの、朴鍾《パク・ジョン》煥《ファン》監督以下選手たちは、たちまち国民的英雄となった。そして、ともにソウルで開催される八六年のアジア大会と八八年のオリンピックには、この選手たちを主軸として出場させるという意味から、ベスト4に進出したユースのメンバーは、「88オリンピックチーム」と呼ばれるようになった。

この時代、韓国サッカー界全体としては盛り上がっていたが、その一方で、代表チームのほうは、大きく揺れ動いていた。とりわけ、このころはまだ、オリンピックもオープン化への過渡期であったため、代表チームからプロ選手は除外されていた。

そして、プロリーグ結成への動きが加速していた八二年一一月にニューデリーで開催されたアジア大会において、韓国は日本に二対一で敗れている。アジア大会での日韓戦は、この時が四回目であったが、過去三回は、いずれも日本が負けており、日本にとっては四回目にして挙げた初勝利であった。

『韓國蹴球百年史』(前掲書)は、この時の日韓戦での敗因について、次のように記している。

——対日戦での敗北は、技術的な問題よりも、精神的な面に問題があった。ニューデリーに向かう前から代表チーム内部には、いくつかのヒビが入っていた。

プロチーム結成を急いでいる大宇と油公による本格的なスカウト活動合戦によって、大部分の代表選手たちがお互いに相反する利害関係を持つ、微妙な立場に置かれたのだ。

プロチームの胎動による代表選手たちの心理的混乱が、ニューデリーのアジア大会惨敗の最も大きな原因として指摘されている。――

韓国代表チームにとって衝撃的な出来事は、まだ続いた。アジアから三チーム出場できるロサンゼルスオリンピックの予選で、韓国は八四年四月二九日に行なわれた三・四位決定戦でイラクに敗れて代表の座を逃したが、八月から九月にかけて行なわれたムルデカ杯では優勝している。しかし九月三〇日、ソウルの蚕室《チャムシル》に新設されたオリンピックスタジアムで行なわれた第一二回日韓定期戦で、日本は木村和司、水沼貴史がそれぞれ一点ずつを挙げ、加藤久を中心としたディフェンス陣が韓国の得点を一点に抑えて勝利を収めた。

韓国は平均年齢二一歳という若手のチームではあったが、ホームのソウルで日本に負けたのは初めてのことであった。これには、多くの韓国人から、嘆きの声が上がった。

――〝サッカーは、我々の国技だ。シルムは民俗競技であり国技ではない。八・一五以前、日本を懲らしめてくれたのは、いつもサッカーであり、その後も日本よりいつも強く、サッカーが日本を退けてくれるたびに、我々は快哉《かいさい》を叫んだじゃないか。我が民族の対日優越性をそれだけでも証明してくれるのがサッカーだった。だからサッカーは、民族に誇りを植えつけてくれるスポーツだった。〟

そうした意味から、ほかの競技で負けた時よりも、サッカーで負ければ悔しさが増すと、その声は興奮しており、こうした国民感情を蹴球協会の役員たちは知っているのかと、声を高くした。〝スーパーリーグが何なんだ、やせ細るではないか。地方巡回試合でサッカーを久しぶりに見る人たちが押し寄せたからと言って、それがブームなのか。それなのに日本に負けたら何になる。それも国内に呼び入れての事だ。国家代表が強くなきゃ！　国家代表が弱いサッカーならば、国内サッカーでいくら観衆が集まったからと言っても、熱もすぐに冷めてしまうだろう。〟――『喊聲を後にして～體育記者30年』（趙東彪著、韓国・一潮閣刊）

これは、右記の本に掲載されている、八四年一二月当時に書かれたコラムの一節であるが、韓国サッカーにおける、国内試合と国際試合の関係を端的に表わしている。実際、韓国のプロサッカーは、二年目以降、観客数は激減する。しかし、プロ化によって韓国の壁がいっそう厚くなったことを、日本サッカーは後日実感することになる。

韓国コンプレックス

そのころ日本のサッカー界は、長年代表チームを支えてきた釜本が七七年に代表を引退する一方で、日本リーグのほうは、メキシコオリンピックの快挙のあった六八年には一試合平均、約七千五百人集まっていた観衆が、八一年には約千八百人にまで落ち込んでおり、東京、メキシコの遺産を使い果たした格好になっていた。八四年には、「格闘技宣言」のスローガンを掲げ、釜本の全裸写真のポスターを張り出すなど、あの手この手の策を繰り出し、人気復活の道を探っていた。

このころ、日本リーグの勢力図も、大きく変わろうとしていた。六九年に結成された読売クラブは、七八年に一部リーグに昇格し、八三年にリーグ優勝を果たして、翌年には、リーグ・天皇杯ともに優勝して二冠を制した。そして、八三年の天皇杯で初優勝を果たしたのが日産自動車であった。のちにJリーグ元年の開幕カードを飾り、Jリーグ初期の看板チームとなるヴェルディ川崎（読売クラブ）と横浜マリノス（日産自動車）の時代が始まった。

日本代表も、この両チームから数多く選ばれるようになり、八〇年代の前半には、松木安太郎、加藤久、都並敏史《つなみさとし》（以上、読売クラブ）、金田喜稔《のぶとし》、木村和司、柱谷幸一、水沼貴史（以上、日産自動車）といった人たちが活躍していた。今日でも、解説者などでマスコミに登場する機会も多く、お馴染《なじ》みの人たちであるが、このころから、高度のテクニックを持った選手たちが日本代表に集まるようになっていた。韓国に続けて勝ったのも、そうしたことの表われであるが、選手の技術が向上した背景には、メキシコオリンピックで銅メダルを獲得したことによって起きたサッカーブームの影響があり、ブームの中で育った少年たちが、八〇年代の日本サッカーを支えるようになっていた。

ようやく光が見えはじめた日本サッカーであったが、韓国を本当に超えたと言い切るには、やはり、ワールドカップの予選などの大試合で勝たなければならなかった。

八六年にメキシコで開催されたワールドカップでは、アジアを東西二つに分け、それぞれの地区から一チームずつ出場できるようになっていた。日本と韓国は東地区に属しており、当時オイルマネーの威力で力をつけていた中東産油国と別のブロックになったことは、日韓ともに好都合であった。

八一年三月に代表チームの監督に就任したメキシコ銅メダルメンバーの一人、森孝慈《たかじ》の指揮のもと、日本は一次予選でシンガポールと北朝鮮を、二次予選で香港を下して、順調に最終予選に進んだ。

一方、韓国は、八四年の夏に、プロ選手のみによるワールドカップ代表チームを結成し、監督には、プロサッカー・現代の監督であった文正植《ムン・ジョンシク》が就任した。

しかし、プロ選手で構成されたワールドカップ代表チームの出足は、散々であった。八四年一二月にシンガポールで開催されたアジアカップ選手権で、韓国は決勝トーナメント進出を逃し、八五年の正月に釜山で行なわれた、アマチュア選手によって構成されたオリンピック代表チームとのテスト・マッチにも一対二で敗れたため、メンバーの一部を組み替えてワールドカップの予選に臨んだ。

この予選でも、三月二日のネパール戦には二対〇で勝ったものの、三月一〇日のマレーシア戦は〇対一で敗れてしまい、韓国内では、監督をメキシコの世界ユース選手権でチームをベスト4に導いた朴鍾煥に交代しろ、という声も高まっていた。そして、三月一八日に開かれた大韓蹴球協会の理事会で、監督の文正植を解任して、コーチの金正男を監督に昇格させる決定がなされた。金正男は、六七年に行なわれたメキシコオリンピックのアジア予選で、日本と死闘を演じた時のメンバーの一人である。

監督交代後の韓国は、四連勝を飾り、最終予選に勝ち上がった。

こうして日本と韓国との間で、勝ったほうがワールドカップに出場できるという、直接対決が実現した。これは、日韓が初めて戦った、五四年のスイス大会の予選以来のことである。五四年に対決した時の日韓の指揮官は、韓国チーム監督の李裕瀅《イ・ユーヒョン》が日本統治時代に日本代表選手だったこともあり、お互いによく知り合っていたが、この八五年の対決の時は、日本チーム監督の森孝慈と韓国チーム監督の金正男は、メキシコオリンピックの予選で選手として対戦したライバル同士であった。しかし、森は早大の出身、金正男は高麗大学の出身で、この両校は定期戦を行なっており、この時の両監督も実は旧知の仲だった。

いずれにしても、日本が勝てば、ワールドカップ待望の初出場、韓国が勝てば、五四年に出て以来、三十二年ぶりの出場となる対戦であった。

この時の韓国チームは、その後のメンバー変更によって、後にドイツのブンデスリーガで活躍する金鑄城《キム・ジュソン》ら、学生選手も一部入っていたが、大半はプロの選手で構成されていた。

ホーム・アンド・アウェー方式で行なわれる最終予選の第一戦の会場は、東京の国立競技場。一〇月二六日、土曜日にもかかわらず、ソウルの街は、試合が始まる午後三時ごろには人通りは激減し、駅や高速バスターミナルなど、テレビが置いてあるところには、黒山の人だかりができていた。

八五年の秋といえば、日本は阪神タイガースによる二十一年ぶりのセリーグ制覇に沸き返っていた。そして一〇月二六日は、所沢の西武球場で、西武・阪神の日本シリーズ第一戦が行なわれており、一般の関心は、むしろそちらのほうに集まっていた。しかし国立競技場には、早くから熱心なファンが詰めかけ、試合が始まるころには六万二千人の観衆で膨れ上がって、三万本もの日の丸の小旗が打ち振られていた。

試合開始当初は、日本がやや押し気味で進んでいったが、前半三〇分、韓国のエース・崔淳鎬《チェ・スノ》が持ち込んだボールを、日本のディフェンス陣が蹴《け》り出したものの大きくクリアすることができず、走り込んできた鄭龍煥《チョン・ヨンファン》が強烈なシュートを放ち、韓国が一点を先取した。

さらに四一分には、日本ディフェンス陣の隙《すき》を突いて、李泰昊《イ・テホ》が二点目のシュートを決めた。日本も四三分に、韓国ゴール前、約二十三メートルの地点から木村和司が芸術的ともいえるＦＫをダイレクトに決め、一点差に追い上げて後半を迎えた。

後半一〇分には、木村が蹴ったＣＫを加藤久が頭で合わせたが、ボールは無情にもクロスバーに当たり、跳ね返された。その後も日本は波状攻撃を仕掛けたが、韓国のゴールを破ることはできず、日本は第一戦を一対二で落として厳しい立場に立たされた。

逆転を期した日本がソウルに乗り込んでの第二戦は、一一月三日、八万人の大観衆で埋まったオリンピックスタジアムで行なわれた。〇対〇のまま迎えた後半一五分、韓国は崔淳鎬のシュートがゴールポストに当たって跳ね返ったところを、オランダのクラブチームでも活躍したベテランの許丁茂《ホ・ジョンム》が決めた。この一点を守った韓国は、日本との試合に連勝し、三十二年ぶりのワールドカップ本選進出を果たした。

この敗戦が日本サッカーに与えた衝撃は、非常に大きなものがあった。日本のサッカー関係者は、韓国との差として、「ボールに対する執着心」「精神的なタフさ」などの違いを指摘した。これは、それまでの対日感情からくるものだけでなく、サッカーを職業とするプロの韓国と、アマチュアの日本との違いでもあり、「アマチュアの日本がプロの韓国に勝てるのか」という問題提起がなされるようになった。

元日本代表チーム監督の加茂周は、自著『モダンサッカーへの挑戦』(講談社刊)の中で、当時の日本サッカーの状況について、こう記している。

——メキシコ・オリンピックの後、日本のサッカーは二十年間同じやり方でやってきた。少しずつの手直しはあったし、日本代表の監督も何人か替わりながらやってきた。しかし基本的にはいつも同じやり方で、同じ結果しか出せない状態だった。結果を変えるには、流れを変えるしかない。それには、縦から考えても、横から考えても、プロ化しかないじゃないか。それが私たちの結論だった。……(中略)……韓国はすでにいち早くプロ化に踏み切った。それまでは肝心なところで勝負弱いといわれていた韓国が、ここ数年は、ここというところで勝って世界に出ていっている。その韓国に勝つには、あらゆる意味でそれを上回るプロの組織をつくらなければならない。——

Jリーグはまだ、影も形もない時代である。しかし、翌八六年には西ドイツのブンデスリーガで活躍していた奥寺康彦が帰国。木村和司が国産プロ一号として登録されるなど、プロ化へのうねりは、日本にも確実に押し寄せていた。

三十二年ぶりにワールドカップの本選に出場した韓国は、マラドーナのいるアルゼンチンに一対三で敗れ、ブルガリアとは一対一で引き分けた。次のイタリア戦にも善戦したものの二対三で敗れたため、結局、勝利を挙げることはできなかった。

しかし、九〇年のワールドカップ・イタリア大会のアジア最終予選でも、カタールとUAE（アラブ首長国連邦）には引き分けたが、北朝鮮、中国、サウジアラビアを下して、韓国はワールドカップの本選に連続出場を果たしている。

八五年秋に行なわれたワールドカップの予選で韓国に連敗した日本は、その後も苦汁をなめることになる。八八年一〇月二六日に国立競技場で行なわれた日韓定期戦で〇対一、同年一二月六日、カタールでのアジアカップ選手権では〇対二、八九年五月五日、ソウルでの日韓定期戦では〇対一、九〇年七月二七日に北京で開催された第一回ダイナスティカップでは〇対二、九一年七月二七日、長崎での日韓定期戦では〇対一と、韓国に負け続けた。

その時代によってレベルの違いはあっても、遠からず破れそうで、なかなか破ることのできない韓国の厚い壁。こうした日本サッカーの状況はいつしか、「韓国コンプレックス」とか「韓国恐怖症」といった言葉で表現されるようになった。

九一年七月の日韓定期戦で韓国に敗れた後、ラモス瑠偉《るい》はこう言った。

――「なぜ韓国が相手だと、みんな怖がるのか。いつもと同じように、楽しんでやればいいのに。自分のチームなら負けても笑ってられる。でも、代表はそうはいかない」――『朝日新聞』（九一年七月二八日付）

また、『週刊サッカーマガジン』（ベースボールマガジン社刊）九三年一一月一七日号のコラムには、次のように書いてある。

――横浜マリノスの前身、日産自動車で選手、監督を務めたかつてのブラジル代表選手、オスカーが日本にいた頃「日本は韓国と対戦するとき、試合前から2―0で負けている」と言ったことがある。これは、戦う前から気持ちで負けているということで、これまでの日韓戦での日本の戦いぶりをよく表していた。これがいわゆる「韓国コンプレックス」だ。――

これに対して韓国のほうは、日本と戦う時の周囲の期待を、負担に感じることがあったとしても、

「我々は、精神的にも体力的にも、日本よりは優れており、日本には負けてはならないし、負けるはずがない」

といった覚悟と自信を、時代が変わっても、根強く持ち続けていた。

スポーツにおける勝敗の要因を、精神論で片づけるのは、短絡的かもしれない。しかし、実力にどうしようもないほど差があったわけではない韓国に、これほどまでに負け続けてきた要因として、気持ちの持ち方が大きく作用していたことは否定できない。

Jリーグ効果

九三年は、日韓双方にとって大変革の年であった。

二月二五日、金泳三《キム・ヨンサム》が第一四代の韓国大統領に就任した。長らく続いた軍人による政権が終わりを告げ、三十二年ぶりに誕生した文民政権であった。金泳三は、「清潔な政治」「聖域なき改革」をスローガンとして掲げ、政治家や公務員などの不正腐敗の一掃や、日本では「韓国版グリーンカード」と呼ばれている金融実名制を実施するなどして、改革路線を推し進めていった。泳三《ヨンサム》のイニシャルをとって「YS革命」とも言われるこうした改革は、国民の熱烈な支持を受け、金泳三政権に対する支持率が八〇%を超えたこともあった。韓国の国民の間に、軍事政権下での腐敗に対する怒りが、それだけたまっていたわけである。

政治腐敗という点では、日本も同様の問題を抱えており、そうした不満が頂点に達した時に行なわれた七月一八日の総選挙で、自民党は過半数を割り込み、三十八年間続いた単独政権時代に幕を閉じた。こうした日本の変化に対しては韓国での関心も大きく、新聞は連日特集記事を組んで日本の政局の動きを報道し、「大国日本」がどこに行くのか、注意深く見守っていた。

もっともこれは、一般紙のことであって、スポーツ紙の日本に対する関心は、別のところにあった。

この年の五月一五日に開幕したJリーグに対して韓国では、「どこの国のサッカーか？」「傭兵（外国人選手のこと）たちの大祭典」「傭兵依存は自国選手の不足を立証」など、外国のスタープレーヤーを多量に引き入れての出発に対し、冷やかな目で見る向きも多かったが、その一方で、異常とも思える日本のサッカーブームには驚嘆の声を上げた。

「野球好きの民族であるはずの日本人が、なぜサッカーを……」

韓国ではまず、それが驚きだった。なかには、次のような分析をする記事まであった。

――このように爆発的な人気を収めたプロサッカー出帆の背景には、日本人特有の緻密《ちみつ》な政治経済的な布石が下敷きになっている。すなわち、アメリカにこれ以上しがみつく必要のない日本としては、今やアメリカを捨て、ヨーロッパを新しいパートナーに選ぶという〝脱アメリカ、向ヨーロッパ〟観を奥底に秘めているという解釈だ。

これにより、スポーツでもアメリカの野球を捨てて、ヨーロッパで盛んなサッカーを主力種目として育成するという、政治的配慮と各マスコミの広報戦略があるのは、当然のことである。――『スポーツソウル』（九三年一〇月二七日付）

いろいろな見方があるものだが、韓国でJリーグの隆盛を無視できない背景には、日本よりも十年早くスタートした韓国のプロリーグの厳しい現実があった。

韓国のプロサッカーは、九二年に観客動員数の最多記録を樹立したものの、全体としては沈滞傾向にあった。九三年当時は、ソウルを本拠地とするLG、一和《イルファ》、油公と、釜山の大宇、慶尚北道浦項《ポハン》の浦項製鉄、慶尚南道蔚山《ウルサン》の現代といったように、本拠地が極端に偏在していた。

こうしたプロチームのうち、浦項製鉄は九〇年に、孝昌運動場のような陸上競技用のトラックもなく、スタンドには屋根もついている本当の意味での韓国最初のサッカー専用競技場を完成させ、またチームには、後に日本でプレーする洪明甫《ホン・ミヨンボ》、黄善洪《ファン・ソンソ》といったスタープレーヤーを擁して、韓国のプロリーグでは随一の人気を誇っている。

さらに、現代グループの創始者・鄭周永《チヨン・ジユヨン》の六男で、国会議員でもある大韓蹴球協会会長・鄭夢準《チヨン・モンジユン》は、九六年四月一一日に行なわれた国会議員の総選挙では、選挙区の蔚山東で全得票数の七〇％以上を占める圧倒的な強さで当選しているが、その現代グループのお膝元《ひざもと》である蔚山でのサッカー人気も高い。

しかし、問題はソウルである。ソウルでの試合は、一般に観客が五千人程度で、時には三《み》桁《けた》という試合もあった。九〇年代半ばにかけてのプロ野球では、ソウルの蚕室野球場が、週末ともなると三万人収容のスタンドが満員となり、札止めになる試合が多かったのとは対照的であった。

韓国の人口の四分の一はソウルに集まっており、一極集中度は東京よりもはるかに高い。スポーツニュースを含めて、テレビに映し出される回数もソウルの試合が圧倒的に多く、ソウルでのサッカー人気の落ち込みは、凋落《ちようらく》状態を実態以上に感じさせることになる。

ある時、夜の報道番組で、空席ばかりが目につく韓国サッカーのメッカ・ソウルの東大門運動場からリポートをしていたテレビ局の記者が、「このような状況を見ていると、日本のJリーグの人気がうらやましく感じられます」といった意味の発言をしていた。

「国技」とまで言われるサッカーの人気が、これほどまで落ち込んだ原因はどこにあるのか。韓国の『日刊スポーツ』は、九四年一月一日付の紙面で、韓国のプロサッカーとJリーグを比較し、その理由として大きく三つの問題を挙げている。

まず第一に、出発時の問題である。

——八三年に出帆した韓国プロサッカー（当時スーパーリーグ）は、〝体育立国〟を打ち立てた軍事政権の主導のもと、他意によって始まった。

政府からプロサッカーチーム設立の指示を受けた各企業は、威圧的な五共政権（全斗煥政権）の顔色を窺って、泣く泣くサッカーに手をつけた。

こうして始まったプロサッカーは、親会社が相応の損害を被ったことにより、出帆初年に、しばらく観衆を集めただけで、日一日と、厄介者へと転落していった。——

また、二番目に挙げたのは、チームの意思の問題である。

——韓国は、ファンに訴えかける面白い試合の代わりに、ただ、負けないためのゲームをするだけだ。優勝チームの勝率が、六割前後を行き来するのも、このためだ。——

さらに、最後に挙げたのが、専用競技場やフランチャイズ制など、制度的な問題である。

——日本が各地域にまたがって、等しく根を下ろしている反面、国内プロサッカーは、ソウルに三チーム、嶺南《ヨンナム》（慶尚道地方のこと）に三チームという、奇形的な構図で十年を過ごしてきた。——

これはもちろん、九三年当時の話である。韓国のプロサッカー・Kリーグは、ソウルの三チームのフランチャイズを、他の地域に移転させ、九七年には「サッカー不毛の地」と呼ばれていた大田《テジョン》にも、市民チームが誕生するなどチーム数も一〇チームに増え、かつてのような地域偏重は、解消されつつある。また、韓国ではここ数年、スポーツを取り巻く環境も変わりつつある。

九七年一月には、バスケットボールのプロリーグも開幕した韓国では、企業側もスポーツを経営戦略の一つとして位置づけるようになってきた。九六年のシーズンからは、三星が新しくプロサッカーのチームを結成する一方で、現代はプロ野球チームの太平洋を買収して、プロ野球に参入した。これにより、九〇年にMBCを買収してプロ野球に参入したLGに続いて、韓国を代表する三大財閥がともに、野球、サッカーという人気プロスポーツの両方に加わったことになる。

プロリーグの人気のほうは今一つだが、もともと韓国では、早朝野球ならぬ早朝サッカーが盛んで、日曜日ともなれば、漢江の河川敷などで市民がサッカーを楽しんでいる光景もよく見かける。このように、サッカーの愛好者は多いものの、代表チーム中心のエリート主義をとっているため、高校のチーム数は百程度しかない。したがって、プロチームにおける選手層の薄さは否めない。

これまで、代表チームを中心として育まれてきた歴史は、ファンの意識にも影響し、代表チームの試合であれば観衆が集まるが、国内のチーム同士の試合には、なかなか足を運ばないというのが、これまでの現状だった。

逆に言えば、代表チームの勝敗に対する韓国人のこだわりは、それだけすさまじいものがある。

Jリーグ元年の九三年一〇月に、カタールの首都ドーハで開催されたワールドカップ・アジア最終予選は、韓国でも大変な関心を呼んでいた。

前年の八月に、北京で開催されたダイナスティカップの決勝戦で、日本はPK戦の末とはいえ、韓国を破り優勝している。それだけでも、韓国にとっては屈辱的なことだった。その後も日本は、一一月に広島で開催されたアジアカップ選手権で初優勝を飾り、九三年に入ってからも、UAEなどを抑えてアジア最終予選に進むといった状況を目の当たりにして、韓国でも「今度の日本は手ごわいぞ」という意識はかなりあった。しかし、「負けはしないだろう」というのが、大方の見方であった。

実際、ドーハに来てから韓国は、イランに三対〇で勝ち、イラクに二対二、サウジアラビアにも一対一で引き分け、日韓戦以前の戦績は一勝二引き分けであった。これに対して日本は、サウジアラビアに〇対〇で引き分けたが、イランには一対二で痛い星を落とし、北朝鮮には三対〇で勝って望みをつないだものの、一勝一敗一引き分けであった。

私はそのころ、韓国に留学しており、一〇月二五日の夜も、ソウルの下宿で、注目の一戦をテレビ観戦していた。映像がドーハに切り替わる前に、ソウルのスタジオでは、アナウンサーと解説者が自信に満ちた声で、

「日本を破って、ワールドカップ本選進出が確実なものになることを期待します」

といった意味の話をしていた。

しかし、結果は一対〇で日本が勝った。再び映像がソウルに切り替わった時、スタジオの中には気まずい空気が流れ、出演者が、

「まだ、望みがなくなったわけではありません」

と言うのがやっとだった。

しかし、一縷《いちる》の望みがかなって、ワールドカップに出場したのは韓国であり、茫然自失《ぼうぜんじしつ》の結果となったのが日本であったのは、運命の悪戯《いたずら》と言うべきだろうか。思えば、メキシコオリンピックの予選において、韓国の金基福が終了直前に放ったシュートがクロスバーを強打して、わずかのところで得点がならず、日本がオリンピックに出場して銅メダルを獲得したように、一寸先の、ほんの紙一重のところで明暗を分けてしまうのも、サッカーというスポーツの持つ面白さであり、怖さなのだろう。

ただ、ドーハでの日韓戦における韓国の敗北が、韓国に与えた衝撃はことのほか大きかった。その敗北が、審判の不可解な判定によるものでもなく、勝負につきものの運不運といったものでもなくて、一対〇という点差以上の完敗であったからだ。

――韓日戦での衝撃的な敗北には、茫然とし、恥ずかしいだけだ。とうてい韓国サッカーとは信じられない〝完敗〟だったからだ。

なぜ、負けたのか。

何よりも、精神力で甚だしく後れをとっていた。決して恐ろしくない相手に対して、あまりにも怖《お》じ気づいていた。組織力や個人技で劣勢であったとしても、韓国は精神力だけはいつも優勢だった。しかし、相手の気力を圧倒し、自信を持ってボールを追う、韓国型〝魂のサッカー〟が失踪した。――『韓国・日刊スポーツ』（九三年一〇月二六日付）

――精神力と組織力で負けた。身を投げ出す韓国サッカー特有の闘魂は、どこへ行ったのか。韓国サッカーは、試合の戦績でも負け、試合内容でも完敗だった。ボールが自分の前に来るまで待ち、いい加減なパスをし、体の接触を避け……。一方日本は、最後まで激しいプレーをし、身を投げ出し、闘志を惜しみなく発揮した。結果は当然だった。――『東亜日報』（九三年一〇月二六日付）

韓国にとっては、勝って当然の相手だったはずの日本。しかし、気がつけば、日本のサッカーも大きく様変わりしていた。

さらに、U―20（二〇歳以下）、U―17（一七歳以下）の世界選手権にも、日本は韓国を破ってアジア代表として出場している。U―20の予選で日本に敗れた後、韓国の『日刊スポーツ』は、こう論じている。

――昨年もアメリカ・ワールドカップのアジア地域最終予選で負けるなど、最近二～三年間、日本の勢いにアジア最強の地位を脅かされている韓国サッカーの自尊心を回復するという覚悟を、胸のなかに誓ってきた。しかしながら、日本に再び一撃を食らったのだ。コーチング・スタッフの能力を問題にすることもできず、選手たちの器量のせいにすることもできない。〝日本サッカーが違ってきた〟と、警戒の視線を送ったのは、昨日今日の話ではないからだ。言ってみれば、予想された敗北でもあった。――（九四年九月二二日付）

「Jリーグ効果」という言葉もあるほど、日本のサッカーを取り巻く環境も大きく変化していく中で、韓国人が長年持ち続けてきた対日サッカー観も、完全に変わってきた。

また、さらに追い打ちをかけるように、九五年九月二日に行なわれたユニバーシアード福岡大会のサッカー決勝戦において日本と韓国は対戦したが、この時も日本が韓国を圧倒して二対〇で勝ち、日本サッカーは世界的規模の大会で初めて優勝を飾った。

日本が長年苦しんできた「韓国コンプレックス」とか「韓国恐怖症」といった意識は、今の日本選手からはほとんど感じられない。しかし、だからと言って、日本が韓国を完全に追い越したというわけではない。

ドーハ以後、日韓の代表チームが対戦したのは、九四年一〇月一一日、広島で開催されたアジア大会においてであるが、この時は、同点で迎えた試合終了間際に、黄善洪がＰＫを決めて韓国が勝っている。

また、九五年二月に香港で開催されたダイナスティカップにおける日韓の対決は、まず予選リーグで〇対〇の引き分け、決勝戦では二対二のまま延長でも決着がつかず、ＰＫ戦の末、日本が勝っている。ただ、この時の韓国チームは、アトランタオリンピックを意識した若手中心のメンバーであった。

このように、今までと違ってきているのは、意識の上での問題であって、韓国は日本にとって強敵であることには変わりはない。と言うよりも、意識の問題を克服したこれからが、本当の意味での実力が試される時だとも言える。

近年、韓国にとって日本は、「勝って当然の相手」ではなくなったが、「勝たなければならない相手」であることには変わりはない。そのことが、如実に表われたのが、アトランタオリンピックのアジア最終予選の決勝戦であった。

九六年三月二七日に行なわれたこの試合では、後半三四分、韓国の李相憲《イ・サンホン》がヘディングで一点を取ると、その直後に城彰二のオーバーヘッドキックが決まり、日本が同点に追いついたが、さらに、そのすぐ後に、崔龍洙《チエ・ヨンス》がPKのチャンスをものにして、韓国が二対一で勝っている。

この試合の勝敗を分けた最大の要因は、モチベーションの違いであろう。準決勝のサウジアラビア戦に勝って、二十八年ぶりのオリンピック出場を決めた日本にとっては、韓国戦は大きな峠を越えた後の試合であった。

一方、ソウル、バルセロナとオリンピックに連続出場しており、アトランタでの目標を銅メダル獲得に置いていた韓国にすれば、オリンピック出場は最低条件であり、もし決勝戦の日本戦に負けるようなことがあれば、オリンピック出場の価値も大幅に色褪《いろあ》せることになる。しかも、このところ日本に負けることの多かった韓国としては、何とか流れを変えたい一戦でもあった。当時、日増しに熱を帯びていたワールドカップの招致合戦は、そうした対抗意識をさらに煽るものとなったが、仮に招致合戦がなかったとしても、この決勝戦が、韓国において、かなりの関心を集めたことは間違いない。

日本に勝った翌日の『ソウル新聞』は、次のように記している。

――韓国サッカーが自尊心を守った。

一一名の戦士たちは疲れを知らない体力と、炎のような闘魂でグラウンドを駆けずり回った末、感激で胸一杯の勝利をなし遂げた。

勝利の主役は李相憲と崔龍洙。

夜寝るのも惜しんだ国民を喜ばせた「三・二七快挙」は、韓国がアジアサッカーの盟主であることを再確認させ、最近、日本の勢いに押され気味だった韓国サッカーの威信を、一気に元の位置に戻すものだった。――

試合に対する意気込みがこうも違えば、日本が負けたのもやむを得なかったかもしれない。ただ、日本と韓国がともにオリンピックに出場するのは、日本が予選なしで出場できた東京オリンピックを除けば初めてのことであり、そのこと自体は評価できることであろう。

アトランタオリンピックでは、日本は初戦でブラジルを一対〇で破り、世界を驚かせる大番狂わせを演じた。続く二戦目は、ナイジェリアに〇対二で敗れたものの、三戦目はハンガリー相手に、終了直前に連続して二ゴールを決め、三対二で逆転勝ちした。結局、決勝トーナメント進出はならなかったが、強豪相手に二勝一敗の成績は、大善戦であった。

一方、韓国は、アフリカの強豪ガーナに一対〇で勝ち、初戦を飾った。この勝利は、ロンドンオリンピックでメキシコに五対三で勝って以来、オリンピックにおける四十八年ぶりの勝利であった。しかし、続くメキシコ戦では〇対〇の引き分けに終わり、三戦目のイタリア戦は、引き分けでも決勝トーナメントに進出できる状況にあったが、終了八分前に決勝ゴールを決められ一対二で敗れている。ロシアから監督を招聘《しょうへい》するなど、この大会に向けて過去最高と言われるほどの選手強化を図ってきた韓国としては、痛恨の一敗であった。

さらに、この大会では、ナイジェリアがブラジル、アルゼンチンというサッカー王国を相次いで下して優勝し、アフリカ勢としては初めてオリンピックのサッカーで金メダルを獲得して、世界のサッカーの勢力地図が大きく変わろうとしていることを印象づけた。

二〇〇二年からのスタート

九六年五月三一日、二〇〇二年のワールドカップは日本と韓国の共同開催に決まった。それ以後、両国の関係は、急速に改善されていった。九八年秋には、長年輸入が禁止されていた、映画や音楽などの日本の大衆文化も、段階的ながら開放されるようになった。半世紀以上に渡り堅く閉ざされていた扉が開いた背景として、ともに国際的なイベントを開催するパートナーだけ排除するのは良くないという世論があったことは無視できない。韓国を訪れた日本人の数も、九九年に初めて二〇〇万人を突破し、二〇〇〇年には二四七万人に達している。もともと日本語を学ぶ韓国人は多かったが、最近は、韓国語を学ぶ日本人も増えてきた。かつての決まり文句であった「近くて遠い国」という言葉は、もはや当てはまらなくなっている。

とはいえ、共同開催に決まった当初、両国の感情は複雑であった。とくに、韓国よりも早く招致活動を始めていた日本としては、共催は負けに等しい引き分けであった。韓国でも、単独開催を望む声は強かったが、日本よりかなり遅れて招致活動を始めながらの共催は、勝ちに等しい引き分けであった。それだけに、両国の間には当初ぎこちないものがあった。しかしその一方で、この機会に、両国の関係を根本的に改善していこうという雰囲気が、次第に盛り上がるようになってきた。そして、多くの人が日韓共催を前向きに考えるようになったのは、九七年秋に行われたワールドカップ・フランス大会のアジア最終予選からだ。

ともに予選B組に属していた日本と韓国は、九月二八日、東京の国立競技場で激突した。この試合は、日韓戦の伝統的なパターンが出た試合でもあった。崔英一《チェ・ヨンイル》が三浦知良を厳しくマークしたのをはじめ、韓国の選手はマン・ツー・マンで激しく当たりに行き、日本選手のスタミナを奪っていった。後半二二分、山口素弘《もとひろ》のループシュートで日本が先制したものの、韓国は、最後に伝統の底力を見せ、三九分に徐正源《ソ・ジョンウオン》が頭で決め、四二分には日本側の守備の乱れをついて、DFの李敏成《イ・ミンソン》が逆転の中距離シュートを決めて、二対一で勝った。体力、精神力に物を言わせての終盤での追い上げは、日本統治時代から続く、韓国サッカーの伝統であった。

敵地での鮮やかな逆転勝ちに韓国中が沸きかえった。とりわけ逆転ゴールの李敏成と、冷静な采配で韓国の勝利を導いた車範根監督は、国民的英雄となった。韓国はこの勝利で勢いに乗り、早々に本大会への出場を決めた。

一方日本は、この敗戦が尾を引き、次のカザフスタン戦で引き分けるや、加茂周監督が解任されるという危機的状況を迎えていた。そうした中、韓国では、ワールドカップの共催国である日本も、韓国と一緒に出て欲しいという意見が出るようになってきた。一一月一日には、今度はソウル・蚕室《チャムシル》のオリンピックスタジアムで、韓国にとってホームの韓日戦が開かれることになっていたが、この試合は、韓国が負けてあげるべきではないかという意見まで登場した。

もちろん、韓国のワールドカップ出場が決まっている状況とはいえ、「ホームで日本に負けるなど、とんでもない」という意見が大勢を占めており、日韓のサポーターの衝突を危惧する人もいたほどだった。実際、日本のサポーターが泊まっているホテルには、警察が配備されていた。

一一月一日、抜けるような青空の下で試合は行なわれた。そして、名波浩と呂比須《ろぺす》ワグナーのゴールなどにより、二対〇でアウエーの日本が圧勝した。しかし、スタジアムの大半を占めた韓国の人たちは、勝った日本に激励の拍手を送った。いかに韓国の方に余裕があったと言え、日本チームに対する、これほど暖かい拍手は、以前なら想像もできないことであった。そして、韓国のサポーター席には、“Let's go to France Together”の横断幕が掲げられていた。ワールドカップの共催が、日本と韓国の関係を変えようとしている、象徴的な「事件」であった。

五四年の試合では、日韓戦の記念すべき初ゴールを決め、九六年五月三一日のFIFA理事会では日韓共催という「苦渋の選択」を迫られた当時の日本サッカー協会長・長沼健は、この光景を見て感動し、「これで共同開催は、成功する」という確信を持ったという。

日本と韓国がともに出場したワールドカップ・フランス大会本番では、在日韓国人が中心となって、日本人と韓国人がお互いに応援し合う、共同応援が実現した。代表チームから、小学生に至るまで、相互訪問による交流試合も盛んになってきており、共催がもたらす友好の輪は確実に広がっている。

共同開催自体は、FIFAの政治的関係によるもので、日本や韓国が望んで実現したものでは決してない。しかし、たとえそうであっても、国際的なイベントを共同で開催することは、とかく対立してきた両国がしっかりと向き合い、理解していく、絶好の機会である。しかもサッカーにおいては、韓国抜きには日本のサッカー史は語ることができないし、逆に日本抜きには韓国のサッカー史は語ることができないほど、お互いの存在は大きい。日韓それぞれ、お互いに意識し合えるライバルがいたからこそ、今日の発展があると言って過言ではない。植民地支配の不幸な時代、日本にとって朝鮮のチームは大きな壁であった。そして、朝鮮の力強いサッカーに対抗するため、ショートパスを磨いていった。八五年のワールドカップ・メキシコ大会の予選では、先にプロ化した韓国との力の差を実感したことから、今日のJリーグ誕生に向けての動きが始まった。逆に、九九年の世界ユース選手権（U―20）で、日本が準優勝すると、韓国のKリーグ関係者は、日本のユース育成のシステムを視察し、ジュニア、ユース世代の強化に力を入れるようになってきた。両国は、互いに意識しながらあるべき道を模索してきたわけだ。

日本も韓国も、学校と企業がスポーツを支えてきたという点はよく似ている。しかし、学校スポーツは、両国ともに少子化が進み、六・三・三・四の学制の中で、長期的な視野で選手の育成ができないという問題点を抱えている。企業スポーツも、長引く不況の中で、運動部の休部、廃部が相次いでいる。日韓ともに、スポーツのあり方が曲がり角に差し掛かっているわけだ。Jリーグをはじめとする地域のクラブチームの結成は、新しい道への試みである。韓国も、その風土に合ったクラブチームのあり方など、その模索が続いていくだろう。試行錯誤を繰り返しながら、ともに刺激し合っていく所に、発展への道が開いていくのではないだろうか。

そしてその刺激は、低い所に留まるのではなく、アジアをリードし、世界に向かうものでなければならない。なぜならば、今回のワールドカップは、アジアを代表して、日本と韓国で開催するものであるからだ。

日本統治時代は延禧《ヨニ》専門の選手として活躍し、五四年の日韓戦においても国際審判として来日している金徳俊《キム・トッチュン》が、メキシコオリンピックでの日本の銅メダルを受けて、六九年に日本の『サッカーマガジン』六月号に寄せている一文は、現在にも通じる示唆に富んでいる。

——アジア蹴球の質的向上のため、筆者は真底から日本蹴球の飛躍を大歓迎するものである。そうすることによって、アジア蹴球が刺激され、従って、韓国の蹴球もたゆまず前進をつづけるようになるからである。

目標のないところに発展は望み得ない。そういう意味で、韓国と日本の蹴球界は、共同の課題と使命をになっていると考える。

少なくとも現在著者が考えているように、両国の蹴球が伯仲の勢をなして、対峙《たいじ》しているときこそ、前進が期待できるのであり、その前進の継続こそ、世界頂上への挑戦を可能ならしめるとみるのである。

結果的にみて、狭い意味での勝負ではなく、より高い次元における日韓両国蹴球の発展は、アジア蹴球全体の活力素となるだろうし、ブームを形成するのに役立つからである。——

日本と韓国の共同開催による、二〇〇二年のワールドカップが、両国のサッカーおよび、アジアのサッカーの発展につなげるには、ワールドカップ共催がもたらした、人的交流の積み重ねと、スタジアムなどハードの充実をいかに活かせるかが重要になってくる。

近年、日本、韓国に、中国を加えた東アジアのプロサッカーの交流が活発になってきた。

将来、東アジアのインターリーグを含めた、交流のあり方が検討されている。さらに選手の移動は、一昔前まで考えられなかったほど活発になっている。九三年にJリーグがスタートした時は、盧廷潤《ノ・ジョンユン》ただ一人であった韓国人選手は、二〇〇一年のシーズン開幕時には、J1だけで七人もいる。ジェフ市原の崔龍洙のように、チームそのものを生まれ変わらせた選手もいる。

また反対に、二〇〇〇年には京都パープルサンガでプレーしていた在日韓国人の朴康造《パク・カンジョ》が、Jリーガーとしては初めてKリーグ入りし、二〇〇一年には、元ガンバ大阪の海本幸治郎が日本人としては初めて、Kリーグに入った。今後さらに、互いの壁は低くなっていくだろうし、そうしていかなければならない。

ワールドカップで使用するスタジアムの方は、一時、韓国側の遅れが懸念された時期もあったが、二〇〇一年一二月に、仁川《インチョン》と西帰浦《ソギポ》のスタジアムが完成し、日韓合わせて二〇の試合会場がすべて出そろった。とくに韓国は、一〇のスタジアムのうち、サッカー専用が七つもある（日本は一〇のスタジアムのうち、専用は三つ）。地震の心配があまりないので、スタンドの傾斜も急で、非常に観やすくなっている。

韓国サッカーは、長年、サッカーインフラの不足に悩んできた。しかし、こうしたワールドカップのスタジアムに加え、二〇〇一年一一月には、悲願の代表専用の練習場も完成しており、インフラは一気に充実した。後は、これらの優れたインフラを、スポーツ発展のために、いかに有効に使えるかである。

今までは、ワールドカップをどう迎えるかが、大切であったかもしれないが、大会後は、ワールドカップ開催都市に相応しいサッカー文化が、いかに根付いていくかが重要になってくる。そうした意味では、二〇〇二年のワールドカップはゴールではなく、スタートである。二〇〇二年から何が変わったか。それが、日韓関係の発展においても、スポーツ文化の確立という面においても、カギを握るのではないだろうか。

ところで、本書はここまで、韓国サッカーの歴史を中心に、日韓サッカーの歴史をたどってきた。韓国サッカーの歴史と言った時、それは朝鮮半島の南側の歴史だけを指すのでは決してない。

平壌とソウルの激しいライバル対決を軸に発展してきた朝鮮のサッカーは、日本統治時代日本のサッカーを席巻し、その事実が、長年、韓国サッカーの精神的支柱になってきたことは、ここまでも触れてきた通りである。しかしながら、南北の交流は、二〇〇〇年六月には、歴史的な南北首脳会談が実現し、シドニーオリンピックでは、南北の選手団が手を取り合って入場するという、感動的な場面もあったものの、なかなか進展しないでいる。

激動の東アジアの歴史の中で、サッカーも政治の波にあまりにも揉《も》まれてきた。しかしサッカーに限らず、スポーツ本来の良さは、そうした壁を越えられるところにあるはずだ。歴史は過去を積み重ねながら、新しい時代を築いていく。朝鮮半島の南北統一チームと日本が、ともに世界の頂きを目指し切磋琢磨する日が、一日も早く来ることを願わずにいられない。

文庫版 あとがき

二〇〇一年一二月一日、韓国有数の海水浴場である釜山《プサン》の海雲台《ヘウンデ》の近くにあるコンベンションセンター・ＢＥＸＣＯにおいて、日韓共催で行なわれるワールドカップの組み合わせ抽選会が行なわれた。対戦相手や試合会場も決まり、大会に向けての気分も、少しずつ盛り上がってきた。

ところで、抽選会場であるＢＥＸＣＯを訪れた人が、まず驚いたのは、その広さと大きさである。完成間もないこの施設は、敷地面積が四万七〇〇坪を超えるという。もっとも、広いのも無理はない。ＢＥＸＣＯはもともと、飛行場のあった土地に建てられたものであるからだ。

一九五四年、史上初の日本との対決に向け旅立つ韓国選手たちは、朝鮮戦争の影響でソウルの飛行場を使うことができなかった。そのため、同年三月一日、決死の覚悟で飛行機に乗り込んだのが、今はＢＥＸＣＯになっている、水営《スヨン》飛行場であった。戦後の日韓対決の出発点とも言える水営飛行場のあった土地で、約半世紀の歳月を経て、日本と韓国が共同で開催するワールドカップが、実質的なスタートを切ったことにも、何かの因縁を感じる。

しかし、植民地支配から、戦後（韓国では解放後）の混乱の中でも、サッカーを通じ、ある時はライバルとして、ある時は友人として、サッカーに情熱を燃やしてきた日韓の先駆者たちは、この半世紀の間に、実に多くの人がこの世を去っている。

本書は、九六年一二月に実業之日本社より出版された旧版を一部修正したものである。そして、旧版においてお世話になった方の中にも、この五年の間に亡くなられた方が何人かいる。韓国側の関係者の紹介から、韓国サッカーに関する、数々のアドバイスをしていただいた『月刊蹴球』社長であった韓洪基《ハン・ホンギ》氏、メキシコオリンピックの予選として行なわれた六七年の日韓戦で、韓国チームのヘッドコーチを務められ、旧版発行後も引き続き取材でお世話になった張慶煥《チャン・ギョンファン》氏、名ウィングとして活躍され、日本側の選手では、最初に取材をさせていただいた加納孝氏、戦前の日本を代表するCFで、今も変わらぬサッカーへの情熱を語っていた二宮洋一氏、日本サッカーの基礎を築いた竹腰重丸氏と同じ東大の出身で、日本代表のHBとして活躍した大埜正雄氏。

日本と韓国で開催されるワールドカップを、是非ご覧になっていただきたい方々であっただけに、逝去が非常に惜しまれる。この場を借りて、ご冥福をお祈り申し上げたい。

ワールドカップを間近に控え、今、日韓ともにサッカーがスポットライトを浴びる存在になっている。しかし、今日のような華《はな》やかさはなくても、サッカーに情熱を燃やし、礎《いしずえ》を築いてきた人たちの存在を忘れてはならない。日本と韓国でワールドカップを開催する意味の一つに、両国にサッカー文化を根付かせることがあるはずだ。サッカー文化とは曖昧《あいまい》な概念ではあるものの、子供から大人まで、より広い層の人たちに、サッカーが生活の一部のような身近な存在になるといった、横の広がりだけではなく、先輩から後輩へと、代々受け継がれた縦の広がりがあってこそ、本当に深みのあるものになるのではないか。

ライターとしては駆け出しであった私に作品発表の機会を与えてくださった実業之日本社の佐藤隆晴氏に改めて感謝するとともに、文庫版でお世話になった集英社の方々に御礼申し上げたい。

二〇〇二年のワールドカップにおける日韓両国の健闘を期待するとともに、この大会が、日韓の友情の新たなキックオフになることを願ってやまない。

大島　裕史

二〇〇一年一二月

❖日韓サッカー関連年表

	サッカー関連	日韓国内での主な出来事
1873	海軍のダグラス少佐、東京の海軍兵学寮でフットボールを教える（日本サッカーの始まり）	日本で征韓論争が起きる 11月　閔妃が実権掌握
1876		2月　日朝修好条規調印
1879	体操伝習所（後の東京高等師範学校。現、筑波大学）の教科にフットボールが取り入れられる	
1882	6月　仁川済物浦に英国軍艦フライングフィッシュ号が入港。乗組員が埠頭でボールを蹴る（朝鮮サッカーの始まり）	4月　朝米・朝英修好通商条約 6月　壬午軍乱
1888	横浜と神戸の外国人クラブの対抗戦が始まる	
1894		8月　日清戦争始まる（～95）

1895		10月　閔妃暗殺事件
1897		10月　国号を大韓帝国と改める
1899	神戸の御影師範に日本人だけの最初のサッカーチームが誕生	
1902	培材学堂にサッカー班創設（記録に残る朝鮮最初のチーム）	1月　日英同盟協約
1904	2月　東京高等師範学校と横浜の外国人クラブの試合が行なわれる	2月　日露戦争始まる（〜05） 8月　第一次日韓協約調印
1905		11月　第二次日韓協約調印
1907		6月　ハーグ密使事件
1910		8月　日韓併合条約
1911	7月　大日本体育協会設立	8月　朝鮮教育令公布

	サッカー関連	日韓国内での主な出来事
1917	5月 東京芝浦で開催された極東選手権大会に東京高等師範学校出場。中国に0—8、フィリピンに2—15の大敗	
1919	2月 朝鮮体育協会結成（日本人中心）	3月 3・1独立運動
1920	7月 朝鮮体育会結成（朝鮮人中心）。在東京朝鮮留学生蹴球倶楽部、母国訪問	3月 朝鮮日報創刊 4月 東亜日報創刊
1921	2月 第1回全朝鮮蹴球大会開催 9月 大日本蹴球協会結成	
1923	7月 東京留学生チーム、母国訪問	9月 関東大震災
1924	10月 明治神宮外苑競技場竣工。明治神宮競技大会開催	
1925	5月 全朝鮮蹴球大会（関西体育会）始まる 10月 京城運動場完成。朝鮮神宮競技大会始まる	5月 治安維持法を朝鮮に施行

1926	1月　全国中等学校蹴球選手権大会に培材高普が朝鮮から初出場（1回戦敗退） 4月　大阪蹴球団、日本のチームとして初めて訪朝 10月　朝鮮蹴球団、日本遠征	12月　大正天皇崩御
1927	9月　極東選手権大会で早大中心の日本チーム、国際試合初勝利。大会後、訪朝	3月　日本で金融恐慌起きる 5月　第一次山東出兵
1928	1月　全国中等学校蹴球選手権大会で崇実中学優勝 朝鮮蹴球団、上海遠征	6月　張作霖爆死事件
1929	1月　全国中等学校蹴球選手権大会で平壌高普が準優勝 5月　日本、ＦＩＦＡ（国際サッカー連盟）に加盟 10月　全京城対全平壌対抗戦（朝鮮日報主催）	11月　光州抗日学生運動
1933	4月　京平（ソウルvs.平壌）対抗戦開催 9月　朝鮮蹴球協会結成	3月　日本、国際連盟脱退
1934	蹴球統制令（案）出される	

	サッカー関連	日韓国内での主な出来事
1935	6月 第1回全日本総合選手権大会で京城蹴球団が優勝 11月 第8回明治神宮体育大会で京城蹴球団が優勝	9月 朝鮮の各学校に神社参拝強要
1936	6月 第2回全日本総合選手権大会で、普成専門準優勝 8月 ベルリンオリンピック開幕。日本サッカー、スウェーデンを破る（ベルリンの奇跡） 11月 日本代表合宿に朝鮮から4名参加	2月 二・二六事件 8月 東亜日報、日章旗抹消事件により無期停刊 朝鮮新総督に南次郎就任
1937	11月 第9回明治神宮体育大会で清津蹴球団が準優勝	7月 日中戦争始まる 10月 「皇民臣民の誓詞」制定
1938	7月 東京オリンピックの開催断念 日本の弾圧により朝鮮体育会解散 8月 第20回全国中等学校蹴球選手権大会で、崇仁商業が準決勝進出 10月 第1回3都市対抗戦（ソウル、平壌、咸興） 12月 全日本3地域対抗蹴球戦で、朝鮮が優勝	2月 朝鮮で陸軍特別志願兵制実施 3月 崇実、神社参拝拒否で廃校 朝鮮教育令改訂公布により、学校教育から朝鮮語教育をなくす 5月 朝鮮に国家総動員法を施行

1939	9月　日満華交歓競技大会（新京） 11月　第10回明治神宮国民体育大会で、咸興蹴球団優勝	10月　国民徴用令を施行、強制連行始まる
1940	6月　東亜競技大会（東京、関西） 8月　第22回全国中等学校選手権大会で、普成中学優勝 10月　第11回明治神宮国民体育大会で、朝鮮の咸興蹴球団、中東中学優勝	2月　創氏改名実施 10月　国民総力連盟組織、皇民化運動本格化
1941	11月　第12回明治神宮国民体育大会で平壌日穀が優勝するが返上 全朝鮮総合蹴球選手権大会中止	2月　朝鮮思想犯予防拘禁令 12月　太平洋戦争始まる
1942	2月　朝鮮蹴球協会解散 8月　満州国建国10周年慶祝・東亜競技大会（新京） 11月　第13回明治神宮国民錬成大会で、平壌兵友優勝	5月　日本政府閣議で朝鮮人に対する徴兵制施行（44年から）議決 10月　朝鮮語学会検挙事件
1945	10月　自由解放慶祝・全国総合競技大会 11月　朝鮮体育会再建。第1回全朝鮮中等学校対抗競技大会	8月　太平洋戦争終結 朝鮮建国準備委員会結成 9月　米ソ北緯38度線分断占領

	サッカー関連	日韓国内での主な出来事
1945	12月　朝鮮蹴球大会再建。普成専門・延禧専門OB戦	10月　在日本朝鮮人連盟結成 12月　モスクワ3国外相会議
1946	3月　京平戦 4月　第1回全国少年蹴球大会開催 5月　朝鮮建国促進青年同盟（建青）主催による国際親善サッカー大会（後楽園球場） 10月　韓国の全国体育大会 11月　第1回全国蹴球選手権大会	2月　南朝鮮民主議院創設（議長・李承晩） 5月　極東国際軍事裁判始まる 10月　大邱人民抗争 在日本朝鮮居留民団結成 12月　李承晩訪米（翌年4月帰国）
1947	4月　昭和天皇臨席のもと東西対抗戦開催 ソウル蹴球団、上海遠征 在日本朝鮮体育協会創立 6月　韓国IOC（国際オリンピック委員会）加盟承認	7月　呂運亨暗殺 米ソ共同委員会決裂 11月　国連、朝鮮半島総選挙案可決
1948	7月　ロンドンオリンピック開幕。8月、韓国、メキシコ戦に勝利 朝鮮蹴球協会監事・玄孝燮、若手選手を連れ越北	4月　済州島4・3事件 8月　大韓民国成立。李承晩、韓国初代大統領就任

	8月　静岡県三島で、日本代表候補合宿 9月　朝鮮蹴球協会、名称を大韓蹴球協会に	9月　朝鮮民主主義人民共和国成立、金日成首相就任 10月　麗水、順天の軍隊反乱
1949	1月　韓国サッカー、香港、ベトナム、マカオに遠征	1月　韓国駐日代表部設置 9月　金九暗殺
1950	6月　第2回学徒体育大会サッカー大学部決勝戦、朝鮮戦争勃発のため、試合途中で中止 12月　横浜・保土ヶ谷公園に初のサッカー場が完成	6月　朝鮮戦争勃発 韓国政府、大田、大邱を経て釜山へ（〜8月） 9月　国連軍、仁川上陸作戦成功
1951	3月　ニューデリーで第1回アジア大会。日本3位 10月　第5回全国蹴球選手権大会（密陽） 第32回全国体育大会（光州） 11月　戦後初の欧州チーム、スウェーデンのヘルシングボリー来日。6戦全勝	1月　朝鮮人民軍・中国軍、ソウルに再侵攻 2月　居昌の良民を韓国軍虐殺 3月　国連軍、ソウル再奪還 7月　開城にて休戦会議開始
1952	10月　全国体育大会（ソウル）	1月　李承晩ライン設定

	サッカー関連	日韓国内での主な出来事
1953	5月　韓国サッカー、東南アジア遠征 在日本大韓体育会創立 8月　日本の若手選手、約2カ月にわたる欧州遠征 10月　在日同胞選手団、ソウルの全国体育大会に初参加	6月　捕虜送還協定調印 7月　板門店で休戦協定に調印 10月　久保田発言により日韓会談決裂
1954	3月　ワールドカップ極東予選で初の日本対韓国戦実現。1勝1引き分けで韓国がワールドカップ出場 6月　ワールドカップ・スイス大会で韓国2戦とも大敗	3月　米国ビキニ環礁で水爆実験。第5福竜丸被曝
1955		5月　在日本朝鮮人総連合会結成
1956	3月　メルボルンオリンピックの出場をかけての日韓対決。1勝1敗。抽選で日本が出場権を獲得 9月　香港で開催された第1回アジアカップ選手権で韓国が優勝。日本は不参加	12月　日本、国際連合に加盟
1958	5月　東京で第3回アジア大会開催。日本サッカー予選敗退。韓国準優勝	4月　日韓会談再開

1959	4月 クアラルンプールで開催された第1回アジアユース選手権で韓国が優勝。日本は3位 12月 ローマオリンピック予選の日韓戦、1勝1敗ながら、得失点差で韓国の勝利	12月 在日朝鮮人の北朝鮮への第一次帰国船が新潟港を出港
1960	4月 第2回アジアユース選手権で韓国2連覇を達成。日本は3位 夏、約50日間、日本サッカー欧州で武者修行。クラマーコーチの指導を受ける 10月 第2回アジアカップ選手権で韓国2連覇。日本は不参加 11月 ワールドカップ・チリ大会の予選で日本、初めてソウルで試合。2対1で韓国の勝利	4月 不正選挙に反発した学生デモにより、李承晩政権崩壊 5月 李承晩、ハワイに亡命 6月 日米新安保条約成立
1961	6月 東京でワールドカップ・チリ大会予選。韓国の勝利 8月 在日朝鮮蹴球団誕生	5月 朴正熙の軍事クーデター
1964	10月 東京オリンピック開催。日本サッカー、アルゼン	6月 日韓条約に反対する学生

	サッカー関連	日韓国内での主な出来事
1964	チンを破りベスト8進出。韓国は3連敗で予選敗退	デモに対し、ソウル一円に非常戒厳令
1965	4月 日本でアジアユース選手権開幕。日韓とも予選敗退 6月 サッカー日本リーグ、スタート	6月 日韓基本条約調印 8月 韓国、ベトナム戦争派兵決定
1966	6月 ソウル・泰陵にスポーツ選手村開村 7月 ワールドカップ・イングランド大会で、北朝鮮がイタリアを破りベスト8進出	
1967	1月 KCIA（韓国中央情報部）に陽地チーム結成 10月 メキシコオリンピック、アジア予選で日韓対決。3―3で引き分けるも、予選全体の得失点差で日本が本大会出場	
1968	10月 メキシコオリンピックで日本、銅メダルを獲得	2月 金嬉老事件

1969	5月　韓国、金融団蹴球大会（リーグ戦）始まる 10月　ワールドカップ・メキシコ大会予選で日韓対決。韓国が1勝1引き分けで勝ち越すも本大会出場ならず	
1970	12月　バンコクアジア大会で韓国、ビルマと決勝戦で引き分け両者優勝。日本は4位	3月　大阪万国博覧会開幕 よど号ハイジャック事件
1972	8月　ミュンヘンオリンピック開催 9月　東京で日韓定期戦、2対2で引き分ける	7月　南北平和統一に関する共同宣言
1973		8月　東京で金大中拉致事件
1974	9月　東京で日韓定期戦、日本4対1で勝利	8月　朴正熙大統領狙撃事件、陸英修夫人死亡
1977	10月　奥寺康彦が日本人プロ第1号として、ドイツのブンデスリーガ・FCケルン入り	
1978	12月　バンコクアジア大会の決勝戦で南北対決。0対0で両者優勝	12月　金大中、約3年ぶりに釈放

	サッカー関連	日韓国内での主な出来事
1979	6月 車範根、ドイツのブンデスリーガ・フランクフルトに入団。ドイツ滞在の89年までに３０８試合出場の98ゴール記録	10月 朴正煕射殺される 12月 粛軍クーデターで全斗煥実権掌握
1980	日韓ともにモスクワオリンピックをボイコット 12月 韓国初のプロサッカーチーム・ハレルヤ誕生	5月 韓国政府、非常戒厳令を全土に拡大。光州事件
1981	2月 第1回トヨタカップ（欧州・南米選手権）開催 韓国、88年のオリンピックと86年のアジア大会招致	3月 韓国大統領に全斗煥就任
1982	11月 アジア大会において日本、日韓戦初勝利	日本の歴史教科書の記述を巡り、韓国・中国などで反日運動激化
1983	5月 スーパーリーグ開幕（韓国プロサッカー時代到来） 6月 メキシコの世界ユース選手権で韓国、ベスト4進出	9月 ソ連戦闘機、大韓航空機撃墜 10月 ラングーンで爆弾テロ。訪問中の韓国副首相ら21名死亡

1984	9月 日本、ソウルで初めて韓国を破る（日韓定期戦）	9月 全斗煥大統領訪日
1985	10月 ワールドカップ・メキシコ大会アジア最終予選で日韓直接対決。2連勝で韓国が32年ぶりの本大会出場	3月 科学万博つくば'85開幕
1986	西ドイツから帰国した奥寺康彦と、木村和司が日本初のプロ登録選手となる 6月 韓国、ワールドカップ・メキシコ大会で善戦するも、2敗1引き分け 9月 ソウルのアジア大会で韓国サッカー初の単独優勝	9月 ソウル金浦空港で爆弾テロ（死者5名、負傷者32名）
1987		6月 盧泰愚、民主化宣言 11月 大韓航空機爆破事件
1988	9月 ソウルオリンピック開幕。韓国サッカー、1敗2引き分けでグループ予選敗退	2月 盧泰愚、韓国大統領に就任
1989		1月 昭和天皇崩御
1990	6月 ワールドカップ・イタリア大会出場の韓国、3戦全敗	9月 朝鮮半島分断後、初の南北朝鮮首脳会談開催

	サッカー関連	日韓国内での主な出来事
1990	10月 南北統一サッカー大会実現	9月 韓ソ国交樹立
1991	5月 ポルトガルで開催された世界ユース選手権で南北統一チーム、アルゼンチンを破りベスト8に進出	9月 国連総会で、南北同時加盟満場一致で可決
1992	8月 北京のダイナスティカップで日本、韓国を破り優勝 10月 広島で開催されたアジアカップで日本初優勝	8月 韓中国交樹立
1993	5月 Jリーグ開幕 10月 ドーハで開催されたワールドカップ・アメリカ大会アジア最終予選で日本、韓国を破るも本大会出場ならず。韓国が出場	2月 金泳三、韓国大統領に就任 3月 北朝鮮、核拡散防止条約脱退 8月 大田エキスポ開幕
1994	7月 ワールドカップ・アメリカ大会で韓国、1敗2引き分け 10月 広島アジア大会で日本、韓国に3対2で敗れ、ファルカン監督更迭	7月 金日成主席死亡 10月 ソウルの聖水大橋崩壊

	高校総体に、朝鮮高級学校参加認可	
1995	9月　福岡で開催されたユニバーシアードのサッカー決勝戦で日本、韓国を破り優勝	11月　江藤発言、問題化 盧泰愚、収賄罪で逮捕 12月　全斗煥、叛乱首謀罪で逮捕
1996	5月　2002年のワールドカップ、日本と韓国の共催に決定 7月　アトランタオリンピックで日本、ブラジルを破る大金星をあげるも、韓国とともに予選敗退 全国高校選手権に、朝鮮高級学校参加認可	9月　韓国に北朝鮮潜水艦が潜入 10月　韓国、OECD（経済協力開発機構）に加盟
1997	10月　ワールドカップ・フランス大会予選で日本、ワールドカップ初出場。韓国も4大会連続出場を決める	12月　韓国、IMF（国際通貨基金）に救済申請。経済危機深刻化
1998	3月　横浜国際総合競技場こけら落としの日韓戦で、日本勝利 4月　ソウル開催の日韓共催記念の日韓戦は、2対1で韓国勝利	2月　金大中、韓国大統領に就任 10月　金大中大統領訪日 申楽均文化観光部長官、日本の大衆文化の部分開放表明

	サッカー関連	日韓国内での主な出来事
1998	6月 ワールドカップ・フランス大会で日本3連敗、韓国2敗1引き分けと、ともにグループ予選敗退	
1999	4月 ナイジェリアの世界ユース選手権で日本、準優勝を果たす	9月 金嬉老仮出獄、韓国へ
2000	9月 シドニーオリンピックで日本、ベスト8 10月 日本サッカー、アジアカップで優勝。韓国は3位	6月 史上初の南北首脳会談実現
2001	3月 サッカーくじｔｏｔｏ、日本で発売開始。10月から韓国でも発売 5月 日韓共催でコンフェデレーションズカップ開催。日本準優勝。韓国は2勝1引き分けながら予選敗退	教科書問題や小泉首相の靖国神社参拝問題などで、日韓関係悪化

❖参考・引用文献（新聞・雑誌を除く）

▽日本語文献

日本蹴球協会編『日本サッカーのあゆみ』講談社／ベースボールマガジン社編集・発行『激動の昭和スポーツ史⑨サッカー』／全国高等学校体育連盟サッカー部編『高校サッカー60年史』講談社／在日本大韓体育会発行『在日本大韓体育会史』／大日本體育協會編集・発行『大日本體育協會史』／財団法人日本体育協会発行『日本体育協会七十五年史』／日本サッカーリーグ編集・発行『JSLイヤーブック89〜90』南雲堂発売／東京教育大学サッカー部編『東京教育大学サッカー部史』恒文社／白宗元著『朝鮮のスポーツ二〇〇〇年〜海を越えて朝日交流』柘植書房／松岡完著『ワールドカップの国際政治学』朝日選書／鎌田忠良著『日章旗とマラソン〜ベルリン・オリンピックの孫基禎』潮出版社／大住良之著『サッカーへの招待』岩波新書／後藤健生著『サッカーの世紀』文藝春秋／堀江忠男著『わが青春のサッカー』岩波ジュニア新書／高橋義雄著『サッカーの社会学』NHKブックス／轡田隆史著『キックオフの笛が鳴る〜サッカーの歩みと魅力』さきたま出版会／加茂周著『モダンサッカーへの挑戦』講談社／竹内至編集・発行『日本蹴球外史』／財団法人日本オリンピック委員会監修『近代オリンピック100年の歩み』ベースボールマガジン社／日本体育学会体育史専門分科会編『日本スポーツのあゆみ』ベースボールマガジン社／岸野雄三編著『新版　近代スポーツ年表』大修館書店／日本体育協会監修『最新スポーツ大事典』大修館書店／橋本一夫著『幻の東京オリンピック』NHKブックス／入江克己著『昭和スポーツ史論』不昧堂出版／伊藤亜人、大村益夫、梶村秀樹、武田幸男監修『朝鮮を知る事典』平凡社／木村誠、吉田光男、趙景達、馬淵貞利編『朝鮮人物事典』大和書房／高峻石監修・文國柱編著『朝鮮社会運動史事典』社会評論社／姜萬吉著・高崎宗司訳『韓国現代史』高麗書林／韓国民衆史研究会編著・高崎宗司訳『韓国民衆史・近代篇』『韓国民衆史・現代篇』木犀社／鄭在貞著・石渡延男、鈴木信昭、横田安司訳『新しい韓国近現代史』桐書房／藪景三著『朝鮮総督府の歴史』明石書房／角田房子著『閔妃暗殺〜朝鮮王朝末期の国母』新潮社／渡部学・文、梅田正・国書刊行会構成・発行『写真集　望郷朝鮮』／白鳥令編『日本の内閣Ⅱ』新評論／大沼久夫著『朝鮮分断の歴史〜1945年—1950年』新幹社／J・ハリディ、B・カミングス著・清水知久訳『朝鮮戦争〜内戦と干渉』岩波書店／山室英男責任編集『《ジャーナリストの証言》昭和の戦争10〜朝鮮戦争・ベトナム戦争』講談社／饗庭孝典、NHK取材班著『NHKスペシャル　朝鮮戦争〜分断三八度線の真実を追う』NHK出版／麗羅・著『体験的朝鮮戦争』徳間文庫／池明観著『韓国民主化への道』岩波新書／金大中著・NHK取材班構成・訳『私の自叙伝〜日本へのメッセージ』NHK出版／金忠植著・鶴眞輔訳『実録KCIA〜南山と呼ばれた男たち』講談社／小林慶二、福井理文著『観光コースでない韓国〜歩いて見る日韓・歴史の現場』高文研／君島和彦、坂井俊樹、鄭在貞著『旅行ガイドにないアジアを歩く　韓国〜ソウル・ソウル郊外・江華島・堤岩里・天安』梨の木舎／朴慶植著『解放後　在日朝鮮人運動史』三一書房／李瑜煥著『在日韓国人60万〜民団・朝総連の分裂史と動向』洋々社／梁泰昊著『Q&A—12　在日韓国・朝鮮人読本〜リラックスした関係を求めて』緑風出版／姜在彦、金東勲著『在日韓国・朝鮮人〜歴史と展望』労働経済社／山田照美、朴鐘鳴編『新版　在日朝鮮人〜歴史と現状』明石書店／金容権、李宗良編『在日韓国・朝鮮人〜若者からみた意見と思いと考え』（韓国と朝鮮は並列で表記）三一書房／信用組合大阪興銀編集・発行『大阪興銀三十年史』／李淳馹著『もう一人の力道山』小学館／牛島秀彦著『力道山〜大相撲・プロレス・ウラ社会』第三書館／山本徹美著『誇り〜人間　張本勲』講談社／趙甲済著・黄民基訳『シャブ！〜知られざる犯罪地下帝国の生態』JICC出版局／彭元順著『韓国のマス・メディア』電通／鄭大均著『韓国のイメージ～戦後日本人の隣国観』中公新書／池東旭『軍服を脱いだ韓国～気になる隣人』時事通信社／李圭泰著・尹淑姫、岡田聡訳『韓国人の情緒構造』新潮選書

▽韓国語文献

大韓蹴球協會編著『韓國蹴球百年史』도서출판라사라／郭亨基、李鎭洙、李學來、林榮茂著『한국체육사』지식산업사／李學來著『韓國近代體育史研究』지식산업사／延世蹴球OB會編『延世蹴球七十年』延世體育會出版部／辛文善著『94U・S・A월드컵가이드북』하늘미디어／大韓體育會發行『體育年鑑1986』／大韓籠球協會編纂・発行『韓國籠球80年』／聯合通信発行『聯合年鑑1994』／趙東彪著『喊聲을뒤로하고～體育記者30年』一潮閣／李台永著『함성의뒤안에서～체육기자30년비망록』경찬문화사／李萬烈編『韓國史年表』역민사／孫仁銖著『韓國近代教育史』延世大學校出版部／金學俊著『해방공간의주역들』東亜日報社／韓國青年文化研究所発行『韓國教育2000年史』／정운현著『서울시내 일제유산답사기』한울／高麗大學校六十年史編纂委員會編纂『六十年誌』高麗大學校出版部／韓國人名大事典編纂室編纂『韓國人名大事典』新丘文化社／崔埈著『新補版 韓國新聞史』一潮閣／金琪彬著『600년서울 땅이름이야기』살림터／서울經濟新聞編著『財閥과家閥～婚脈을통해본韓國의上流社會』지식산업사／김재요著『야구박사』김영사

この作品は一九九六年一二月、実業之日本社より刊行されました。

集英社文庫　目録（日本文学）

大岡昇平　夜の触手
大岡昇平　靴の話　大岡昇平戦争小説集
大鐘稔彦　外科医のセレナーデ
大沢在昌　悪人海岸探偵局
大沢在昌　無病息災エージェント
大沢在昌　ダブル・トラップ
大沢在昌　死角形の遺産
大沢在昌　絶対安全エージェント
大沢在昌　陽のあたるオヤジ
大沢在昌　黄龍の耳
大島　清　脳が快楽するとき
大島裕史　日韓キックオフ伝説　ワールドカップ共催への長き道のり
太田信隆　新・法隆寺物語
太田治子　空色のアルバム
大谷羊太郎　旋律の証言
大谷羊太郎　華麗なる惨劇

大槻ケンヂ　のほほんだけじゃダメかしら？
大鶴義丹　スプラッシュ
大鶴義丹　湾岸馬賊
大友康平　星の向こうのアメリカ
大西赤人　時のながれに足跡を
大西一平　戦闘集団の人間学
大仁田厚　千の傷千の愛
大橋　歩　いってきまぁす
大橋　歩　愛さえあれば
大橋　歩　愛こそすべて
大橋　歩　おしゃれ上手
大橋　歩　おしゃれ読本
大橋　歩　わらべ遊び
大橋　歩　あなたの部屋はごきげんですか
大橋　歩　楽しい季節
大橋　歩　春から夏へのおしゃれ手帖

大橋　歩　秋から冬へのおしゃれ手帖
大橋　歩　おしゃれ大好きノート
大橋　歩　おしゃれのレッスン
大庭みな子　オレゴン夢十夜
大森淳子　ああ、定年が待ち遠しい
大藪春彦　東名高速に死す
大藪春彦　曠野に死す
大藪春彦　狼は暁を駆ける
大藪春彦　復讐に明日はない
大藪春彦　獣たちの墓標
大藪春彦　孤狼は挫けず
大藪春彦　切札は俺だ
大藪春彦　狼は罠に向かう
大藪春彦　狼は復讐を誓う（第一部）
大藪春彦　狼は復讐を誓う（第二部）
大藪春彦　俺の血は俺が拭く

集英社文庫 目録（日本文学）

大藪春彦 非情の標的
大藪春彦 破壊指令No.1
大藪春彦 偽装諜報員
岡崎弘明 学校の怪談
岡嶋二人 珊瑚色ラプソディ
岡嶋二人 ダブルダウン
岡本綾子 AYAKO
岡本五十雄 復活の朝 札幌発リハビリテーション物語
岡本馨 チーチャンへの絵手紙
岡本嗣郎 孤高の棋士 坂田三吉伝
岡本嗣郎 歌舞伎を救ったアメリカ人
小川国夫 流域
小川国夫 アフリカの死
荻原浩 オロロ畑でつかまえて
奥泉光 その言葉を
奥泉光 葦と百合
奥野健男・監修 太平洋戦争
奥本大三郎 虫の宇宙誌
奥本大三郎 壊れた壺
奥本大三郎 本を枕に
奥本大三郎 虫の春秋
奥本大三郎 楽しき熱帯
奥山長春 実戦トラベル英語
小此木啓吾 家庭のない家族の時代
小山内美江子 そして幕があがった(上)(下)
小山内美江子 愛がわたしを
小山内美江子 親と子と 裁かれる明日
小山内美江子 母と子の旅立ち 新しいふれあいを求めて
大佛次郎 赤穂浪士(上)(下)
小沢章友 夢魔の森
小沢章友 闇の大納言
織田正吉 絢爛たる暗号
小田実 世界が語りかける
小田実 天下大乱を行く
落合恵子 そっとさよなら
落合恵子 愛のコラージュ
落合恵子 スプーン一杯の幸せ・愛
落合恵子 スプーン一杯の幸せ・恋
落合恵子 スプーン一杯の幸せ・生
落合恵子 スプーン一杯の幸せ・女
落合恵子 スプーン一杯の幸せ・旅
落合恵子 スプーン一杯の幸せ・今
落合恵子 れんあい一日酔い
落合恵子 白い女
落合恵子 裸足で散歩
落合恵子 恋人たちの時間
落合恵子 愛の素顔
落合恵子 風が咲く時

集英社文庫 目録（日本文学）

集英社文庫

日韓《にっかん》キックオフ伝説《でんせつ》　ワールドカップ共催《きょうさい》への長《なが》き道《みち》のり

2002年1月25日　第1刷

定価はカバーに表示してあります。

著　者　大《おお》　島《しま》　裕《ひろ》　史《し》

発行者　谷　山　尚　義

発行所　株式会社　集　英　社

東京都千代田区一ツ橋2—5—10

〒101-8050

電話　03（3230）6095（編集）

（3230）6393（販売）

（3230）6080（制作）

印　刷　凸版印刷株式会社

製　本　凸版印刷株式会社

造本には十分注意しておりますが、乱丁・落丁（本のページ順序の間違いや抜け落ち）の場合はお取り替え致します。購入された書店名を明記して小社制作部宛にお送り下さい。送料は小社負担でお取り替え致します。但し、古書店で購入したものについてはお取り替え出来ません。

Printed in Japan

ISBN4-08-747406-2 C0195